新版

要説 経営学

片岡信之編著

文眞堂

新版　はしがき

　このたび新版を 17 年ぶりに上梓することになった。

　旧版は，1994 年に刊行以来，それなりに読者から長きにわたって支持を受け，増刷を重ねることができた。当初執筆を引き受けていただいた関西を中心とした若手の先生方も，今では中堅・大家となってご活躍中であり，なかにはすでに退職されたり他地域の大学に移られたりと，かなりの変動があった。また，初版のはしがきで言及した全国四系列（経営学・商学・会計学・情報科学）教育会議は，今では全国ビジネス系大学教育会議と名称を変えて，ビジネス教育のあり方について依然として熱心な研究と議論を続けてきている。そしてまた，この 17 年間は，何よりも経営の現実およびその基盤，さらに経営学にとって，大きな変化が続出した時期でもあった。

　この相次ぐ激変の中で，17 年前の旧版は陳腐化してきたという印象は避け得ず，それゆえ編者としては，かなり前から増刷を中止していたのである。そのまま再び世に出すことを想定していなかった編者に対して，文眞堂専務取締役前野隆氏は，幾度も改訂版を出すよう強く勧められた。そのような中で，しばらく逡巡の後，私は「どうせなら部分改訂でない全面改訂版の出版を」と決意して今回の新版企画となったのである。

　このような事情から本書は，初版の基本的趣旨・基礎理論的骨格は継承するものの，内容的には全く斬新な内容に生まれ変わっている。章別編成の変更（削除と新設），それに伴う執筆者の変更，各章における新しい現実を取り込んだ全面的書き直しないし新稿の書き下ろしなど，経営の現実や理論の新動向が大幅に取り入れられ，全体にわたって今日の最新状況を反映した内容を持つ事実上別種の著作と言ってよいほどのものに更新された。

　初版出版後に大学の状況も大きく変わった。変化の一つに，多くの大学がセメスター制を採用したことがある。この新しい制度の下では 2 単位（週 1 回授業全 15 回）または 4 単位（週 2 回授業全 30 回）授業が行われることになる

が，本書は全25章立てとし，両方に対応できるように配慮している。15回授業の場合には教師の判断で章の取捨選択を随時していただくことができる。それに耐えうるように編集してある。

　内容記述は，各章の内容を簡潔に，要点が目に飛び込む形で一覧できるよう留意している。箇条書きやゴチック文字を多用しているのはそのためである。学生は，講義を聴きながら，板書やパワーポイントに相当する内容を，本書で確認しながら講義について行けるであろう。経営学の内容はきわめて広範で，すべてを伝えるには30回の講義をもってしてもかなり困難であるが，本書の利用によりノートをとる時間のロスを極力少なくすることによって，授業のテンポを速くすることができる。そのため，浮いた時間で授業が相当深い内容にまで立ち入ることを可能にするであろう。

　また，このような記述方法をとったことによって，各種試験等のために短期間に要点整理をし，頭に入れることを希望する独学者にとっても，本書は最終仕上げ参考書として有効に機能すると思う。各章はそれぞれの章の内容を専門とする現役教授によって書かれており，レベルはかなり高いところまで含まれているので，大学院入試準備の参考書としても絶好の書として役立つものと思う。

　この新版が旧版の趣旨と異なる唯一の点は，読者対象を初学者においていないという点である。この変更はここ17年間の大学の状況変化をふまえての変更である。よくいわれるように，大学生の学力低下がこの間に深刻になった。かつての教科書・参考書のレベルから相当に程度を低く下げないと，学生の理解力がついていけない状態である。この状況に鑑み，私も本書とは別に，内容を思い切って削り，表現も易しくした入門テキストを共編著として文眞堂から上梓したことがある。その入門書と比較すれば，本書は質量ともに中〜上級学習者向けの「骨のある本」ということになるであろう。今回の改訂においては，執筆者はそのことを意識して書き直している。読者として想定しているのは，学部上級生，大学院受験準備中の人，入門書では物足りないと感じている社会人，大学院修士課程（博士前期課程）院生などである。

　そのような意図を込めて久しぶりにイメージチェンジして再登場したのが本書である。旧版と同様，読者の支持を得られれば，編者としての喜びこれに勝

るものはない。

　最後になったが，編者のあれこれと注文の多い要請を快く容れて執筆を引き受けて下さった各章担当の先生方，旧版以来たえず本書の企画に理解を示され，無理な注文を聞き入れていただいた文眞堂代表取締役社長前野弘氏，専務取締役前野隆氏，常務取締役前野眞司氏をはじめとする同社各位に，厚くお礼を申し上げて新版のはしがきを擱筆する。

　　2011 年 1 月

片 岡 信 之

本書の使い方

　本書をどのように利用するかは，もちろん読者ごとの自由であるが，次のように利用すれば学習効果が一層高まるであろう。

〔I〕 **経営学総論等の教科書や参考書として利用する場合**
1. 各章の節・項などの見出し相互の関係，ゴチック文字（太文字）の言葉などに注意しながら講義をきく
2. 講義の説明によって補足事項を書き込む
3. 手持ちの類書や経営学辞典を参照しつつ，必要部分を補足的に書き加える（家庭学習）
4. 特に関心をひく章があれば，章末の「より進んだ学習のための文献」リストの中から何冊かを選び，A→B→Cの順に読んでゆく
5. 普段の隙間時間に，既習のどの部分からでもよいから繰り返し頁を開いて見るようにすること（瞬間的に要点が目にとびこんで，復習に時間がかからないのが本書の特長である）
6. 以上は平素の学習法についてであったが，テスト前には以下の(1)(2)(3)のやり方で準備すればよい
(1) 目次を利用して，章・節・項などの見出し間の論理的関連に注意しながら，各見出しを設問に見立てて，答案の要点となる事項をメモ的に書いてみる（書けない場合は該当箇所を再読する）
(2) 索引で言葉の意味の理解度をチェックする（わからない言葉の前には丸印○をつけ，該当ページで意味を確認する。2回目には○印の言葉だけを再チェックし，覚えきれてない言葉は2重丸印◎にする。以後同様にして覚えるまで◎として繰りかえす）
(3) 基本用語は漢字やスペリングを間違えないよう数回は手で書いてみる
7. 各論の講義を聴くばあいにも，それぞれの講義と経営学全体との関係を本書にたちかえって確認しながら進む

8. 卒業前に，各論の諸知識をふまえたうえで，本書を再読して知識を整理する

〔II〕 **独習用の参考書として利用する場合**

経営学について多少とも学んだことのある人なら，本書を高効率な学習参考書として利用することが可能である（いわば大学受験生用の「要点もの」参考書に相当するものと考えていただきたい）

1. 経営学の知識に通暁している人が，既知の知識を整理するために利用する場合は，第1章から順に一気に読んでゆくのがよい（全習法）
2. 未知の事項が多いとか少し難しいとか感じる場合は，とり組み易い部分か興味のある部分から始めて，徐々に拡げてゆく（分習法）。殆どの部分に慣れ親しんだ状態になったら，あらためて最初から通して読む（全習法）
3. 前述〔I〕の1, 3, 4, 5, 6の項で書いてあることは，独習者の場合も基本的には同様である

目　次

新版はしがき
本書の使い方 …………………………………………………………… v

第1編　企業経営の歴史 …………………………………………… 1

第1章　企業経営の発展過程（アメリカ） ……………………… 3
　1.1　企業の盛衰 …………………………………………………… 3
　1.2　企業経営の発展段階 ………………………………………… 8

第2章　企業経営の発展過程（ドイツ） ………………………… 21
　2.1　ドイツ資本主義の発展と企業経営 ………………………… 21
　2.2　独占形成期の企業経営の発展 ……………………………… 21
　2.3　第1次世界大戦前の企業経営の発展 ……………………… 22
　2.4　第1次世界大戦後の企業経営の発展 ……………………… 23
　2.5　第2次世界大戦後の企業経営の発展 ……………………… 29

第3章　日本企業の発展と経営システムの展開 ………………… 34
　3.1　工業化と経営システムの形成 ……………………………… 34
　3.2　近代企業と経営システムの展開 …………………………… 37
　3.3　戦後経営と経営システムの新展開 ………………………… 42

第2編　企業経営体の構造 ………………………………………… 49

第4章　事業構造 …………………………………………………… 51
　4.1　企業経営の基盤としての事業 ……………………………… 51
　4.2　産業―事業構造 ……………………………………………… 53
　4.3　産業構造の変化と事業の盛衰 ……………………………… 55

4.4	今後の産業—事業構造変化の展望	56
4.5	産業構造変化への企業経営の対応	59
4.6	事業面と企業面，経営面の相関	61

第5章 企業構造 …… 64

5.1	個別企業形態	64
5.2	新会社法（2005年公布）のもとでの法律的企業形態	67
5.3	結合企業形態	69
5.4	公企業	73
5.5	協同組合	74

第6章 現代の経営体 …… 77

6.1	現代株式会社の構造	77
6.2	株主からの自立化が進んだ現代経営体の特徴	81
6.3	現代経営体における専門経営者	82
6.4	現代経営体を巡る所有と支配の諸理論	86
6.5	企業統治（コーポレート・ガバナンス）論の台頭と内容	90

第7章 経営体の組織と構造 …… 92

7.1	組織とは何か	92
7.2	経営組織とは何か	93
7.3	組織形態の基本型	95
7.4	組織と環境とのコンティンジェントな関係	96
7.5	組織をめぐる現代的課題	100

第3編 企業経営体の管理 …… 103

第8章 組織の管理 …… 105

8.1	組織の管理とは	105
8.2	「共通目的」の明確化	107
8.3	「協働意思」の確保	110
8.4	「コミュニケーション」の仕組みの整備	113
8.5	道徳的意思決定＝リーダーシップ	116

第9章 マーケティング …… 118

9.1	マーケティングの役割	118
9.2	マーケティング戦略	120
9.3	経営戦略と戦略的マーケティング	122
9.4	マーケティングの新しい方向	123

第10章　R&Dと生産管理　128

10.1	2つの事例	128
10.2	R&Dと生産管理の対象	129
10.3	R&Dマネジメント	130
10.4	生産管理の構成	132
10.5	生産の計画とコントロール	133
10.6	改善	135
10.7	生産実施結果の測定	136
10.8	生産管理の総合化	137

第11章　人的資源管理　139

11.1	人事労務管理から人的資源管理（HRM）へ	139
11.2	人的資源管理の諸制度	141
11.3	賃金管理の日本的展開	149
11.4	人的資源管理と倫理	153

第12章　インセンティブ・システム　155

12.1	インセンティブとモチベーション	155
12.2	マルチ・モチベーション理論	157
12.3	報酬システム（経済的インセンティブ・システム）	160
12.4	対人システム（人間関係インセンティブ・システム）	162
12.5	職務システム（自己実現インセンティブ・システム）	163
12.6	理念システム（意味探求インセンティブ・システム）	165

第13章　リーダーシップ　168

13.1	リーダーシップとグループダイナミックス	168
13.2	リーダーシップ・スタイル研究	170
13.3	リーダーシップ条件適応理論	175
13.4	リーダーシップ過程とリーダーシップ訓練	177

第14章 労使関係と従業員の権利 …………………………… 180
14.1 労使関係の枠組み ……………………………………… 180
14.2 団体交渉と労使協議 …………………………………… 183
14.3 従業員の権利―労働 CSR …………………………… 187
14.4 労使関係の展望 ………………………………………… 189

第15章 財務管理 …………………………………………… 191
15.1 財務管理 ………………………………………………… 191
15.2 資金の需要と調達形態 ………………………………… 192
15.3 主な資金の調達手段 …………………………………… 194
15.4 資金調達手段の特性 …………………………………… 198
15.5 新世紀の企業財務の変化 ……………………………… 198
15.6 配当政策 ………………………………………………… 200
15.7 資産の証券化 …………………………………………… 201
15.8 エイジェンシー理論 …………………………………… 201
15.9 資本構成と資本コスト ………………………………… 202
15.10 企業価値評価 …………………………………………… 203

第16章 企業の情報マネジメント ………………………… 206
16.1 企業を取り巻く環境変化
　　　―工業化時代から情報化時代へ― ……………… 206
16.2 企業経営の課題の変化 ………………………………… 207
16.3 経営品質向上プログラムによる経営革新 …………… 208
16.4 経営品質向上プログラム ……………………………… 209
16.5 アセスメント基準 ……………………………………… 211
16.6 アセスメント基準の枠組みにおける情報マネジメントの
　　　役割 ………………………………………………………… 213

第17章 経営管理のための会計 …………………………… 218
17.1 経営管理と会計 ………………………………………… 218
17.2 戦略会計 ………………………………………………… 220
17.3 戦術会計 ………………………………………………… 224
17.4 統制会計 ………………………………………………… 229

第4編　企業経営体の発展 ……………………………………………… 233

第18章　経営環境と経営戦略 ……………………………………… 235
18.1　現代社会と経営戦略の重要性 …………………………… 235
18.2　技術革新と多角化戦略 …………………………………… 238
18.3　乱流的環境と戦略経営 …………………………………… 240
18.4　現代の経営戦略 …………………………………………… 244

第19章　経営のグローバル化と社会 ……………………………… 249
19.1　企業経営のグローバル化と社会 ………………………… 249
19.2　経営のグローバル化の歴史 ……………………………… 250
19.3　東西冷戦構造終焉と経営のグローバル化 ……………… 252
19.4　新自由主義・市場原理主義と経営のグローバル化 …… 254
19.5　東西冷戦構造の終焉と国際経営 ………………………… 255
19.6　経営のグローバル化と社会 ……………………………… 257
19.7　これからの経営とグローバルな社会 …………………… 260

第20章　企業文化の変革 …………………………………………… 263
20.1　企業文化の特質 …………………………………………… 263
20.2　企業文化の形成 …………………………………………… 265
20.3　企業文化の機能 …………………………………………… 267
20.4　企業文化の発展 …………………………………………… 269
20.5　新たな企業文化へ ………………………………………… 271
20.6　企業文化論のメイン・ストリーム ……………………… 273

第21章　日本的経営とその展望 …………………………………… 275
21.1　日本的経営とは何か ……………………………………… 275
21.2　日本的経営の形成史 ……………………………………… 276
21.3　経営家族主義と戦後型集団主義経営 …………………… 279
21.4　終身雇用と企業内福祉 …………………………………… 281
21.5　年功的人事管理 …………………………………………… 283
21.6　企業内組合と系列システム ……………………………… 286
21.7　日本的経営の問題点と今後の展望 ……………………… 287

第22章　ステイクホルダー・マネジメント型企業への転換 …… 290

22.1　ストックホルダー企業からステイクホルダー企業への転換 …………………………………………………………………………… 290
22.2　ステイクホルダー・マネジメントの展開 ……………… 293
22.3　ステイクホルダー・マネジメントとしてのCSR ………… 297
22.4　ステイクホルダー型コーポレート・ガバナンスの展望 …… 300

第5編　企業経営理論の発達史 …………………………………… 303

第23章　経営学の歴史（アメリカ）……………………………… 305

23.1　アメリカ経営学の生い立ち ………………………………… 305
23.2　科学的管理（Scientific Management）…………………… 306
23.3　人間関係論（Human Relations School）………………… 307
23.4　現代組織論（Modern Organization Theory）…………… 309
23.5　ファヨールと管理過程学派（Management Process School）
　　　 ………………………………………………………………… 311
23.6　アメリカ経営学の発展 ……………………………………… 313

第24章　経営学の歴史（ドイツ）………………………………… 318

24.1　ドイツ経営学の特徴 ………………………………………… 318
24.2　生成期のドイツ経営学 ……………………………………… 319
24.3　両大戦間のドイツ経営学 …………………………………… 320
24.4　第二次世界大戦後のドイツ経営学 ………………………… 322

第25章　経営学の歴史（日本）…………………………………… 330

25.1　経営学成立前史 ……………………………………………… 330
25.2　経営学の誕生―大正期（大正1～15年，1912～1926）…… 332
25.3　不況と戦争下での転変（昭和1～19年，1926～1944）…… 335
25.4　敗戦後復興期（昭和20～29年，1945～1954）…………… 337
25.5　高度経済成長・開放経済体制期
　　　（昭和30～48年，1955～1973）……………………………… 338
25.6　高度経済成長の終焉と経営合理化・怒濤的輸出・対外
　　　進出期（昭和48年～昭和61年，1973～1986）…………… 340

25.7　バブル経済—バブル景気—期
　　　（昭和62年～平成2年，1987～1990）……………… 343
25.8　「バブル崩壊」と「失われた10年（平成不況)」以後
　　　（平成3年～，1991～）……………………………… 344
索引 ……………………………………………………………… 350

第1編
企業経営の歴史

第1章
企業経営の発展過程（アメリカ）

《中心的論点とキーワード》

　企業の歴史的発展を，理念に基づき，人を育て，組織を創り上げる視点から現代まで見る。企業家が，社会の変化・発展の中で，どのように起業し，企業を成長させて行くのかを，産業の発展と近代的経営管理制度の成立と共に見る。キーワード：企業理念，一貫性，互換部品制，アセンブリー・ライン・システム，垂直的統合，分権的事業部制，モジュール化，アウトソーシング

1.1　企業の盛衰

1. **アメリカにおける偉大な企業への道**
   (1) **規律ある文化を育てる**……適切な人材を採用し，真実に耳を傾ける社風を作る。
   (2) **適切な人を選び，その後に目標を選ぶ**……謙虚でかつ職業人として意思が強い人を選ぶ。最高の人材を最高の機会の追求に。
   (3) **厳しい現実を直視する**……意思決定の全過程でその姿勢を貫き，道をたえず見直す。
   (4) **単純明快な戦略を追求する**……自社の事業の原動力を理解し，世界一になれる部分に，情熱を持って取り組む。
   (5) **人ではなく，システムとして管理する**……常に改善を志し，集中強化か完全廃止。
   (6) **技術を促進剤として，弾み車を回し続ける**……静かに努力し，考え抜いた手段で，弾み車を同じ方向に，ずっと押し続ける。
2. **永続する卓越した企業への道**

(1)　企業と企業文化を創る……時代・世代を超えて受け継ぐ基本的価値観を組織の中に深く根づかせる。
(2)　会社が存在している真の理由を見つけ出す……自らの道を照らし続ける光を追い求める。
(3)　基本理念を維持しながら，進歩を促す……進歩を求める内なる力に身を委ねる。
(4)　社運を賭けた大胆な目標に挑む……目標そのものを仕組みの中に残す。
(5)　強い**企業理念**の下，残る者だけが自主的な管理……権限の分散と業務上の自主性。
(6)　大量に試み，成功したものを残す……変異と選択の進化のシステムを創る。
(7)　生え抜き経営陣に後を委ねる……人材の育成と後継計画により，経営の継続性を保つ。外部から CEO を招かない。
(8)　決して満足しない……不断の改善と人・教育・研究開発への長期的な投資。
(9)　**一貫性の追求**……全体像を描き，小さなことにこだわり，集中砲火を浴びせる。自分自身の流れに従い，矛盾をなくす。そして一般原則を維持しながら，新しい方法を編み出す。

3. 衰退への道

(1)　企業文化の変質……傲慢になり，弾み車を無視し，深い理解と見識を忘れる。
(2)　手持ちの人材を超えた無理な拡大……非関連分野への飛躍と基本的な業務管理のほころび。
(3)　経営陣内部の行動様式が，成功に導いた経営陣の行動様式から離れる……論拠もなく自説を主張し，質問は減り，現実の直視を止める。外部のせいにし，犯人を探す。そして組織再編に着手する。
(4)　一発逆転を狙う……スター経営者を雇い，特効薬に頼る。リストラを繰り返し，財務力が低下して行く。そして人材が消えて行く。
(5)　普通の企業への転落か消滅……リスクと問題を否認し，選択肢がなくなり，戦いは終焉する。

(以上，『ビジョナリーカンパニー ①②③』から)

4. ランキングから見た趨勢

(1) 1917年トップ20社の93年間

① 継続して20位以内にいた企業は3社……AT&T，エクソン・モービル，ゼネラル・エレクトリック。

② 合併・買収された企業は8社……業種は鉄鋼3社，電機1社，石油1社，精肉1社，商船1社，精銅1社。

③ 名称を変更した企業は5社……企業のイメージアップや社名が企業実体に合わなくなったため変更。(インターナショナル・ハーベスターは主力農機部門を1986年スピンオフ。)

(2) 生き残り企業……2010年に40位以内で継続して93年間100位以内にいた企業は6社。

① 現代社会が必要としている業種……石油（2社），家庭用品，テレコミュニケーションズ，自動車。

② 時流に乗って柔軟な企業経営……時代・危機に対応して企業内革新をしてきた。ゼネラル・エレクトリックは電機からコングロマリットへ。

(3) 新参企業の特徴

① コンピュータ関連8社……マイクロ・ソフト，アップル，グーグル，IBM，シスコ・システムズ，オラクル，ヒューレット・パッカード，インテル。

② 医薬品・バイオ技術7社

③ 食品・飲料・タバコ5社……コカ・コーラ，ペプシコ，フィリップ・モリス・インターナショナル，クラフト・フーズ，アルトリア・グループ。

④ ディスカウントチェーン3社……ウォルマート・ストアーズ，ホーム・デポ（家庭用品の倉庫式チェーン店），CVSケアマーク。

⑤ コングロマリット3社……ゼネラル・エレクトリック（自社の業種が複合化），ユナイテッド・テクノロジー，3M。

⑥ メディア2社……ウォルト・ディズニー，コムキャスト（CATV最大手）。メディアの多様化。

図表1-1 1917年のトップ20社のその後

	1917	1945	1967	1987	1992	2010	
USスチール	1	9	35	55	364	—	
AT&T	2	1	2	4	2	10	1984年企業分割
スタンダード石油（ニュージャージー）	3	4	5	2	1	1	現エクソン・モービル
ベスレヘム・スチール	4	50	62	—	474	—	
アーマー	5	—	—	—	—	—	1970年グレイハウンドに買収
スイフト	6	59	—	—	—	—	1989年コンアグラに買収，1994年ポーク事業部から再び現社名に変更
インターナショナル・ハーベスター	7	31	—	—	—	—	現ナビスター・インターナショナル
デュポン	8	3	11	6	12	50	
ミッドベイル・スチール	9	—	—	—	—	—	1923年ベスヘレム・スチールに買収
USラバー	10	—	—	—	—	—	後のユニロイヤル，1986年グッドリッチと合併
ゼネラル・エレクトリック	11	5	8	3	4	7	
インターナショナル・マーカンタイル・マリン	12	—	—	—	—	—	1969年ウォルター・キッドに買収
アメリカン・スメルティング＆リファイニング	13	—	—	—	—	—	現アサーコ
アナコンダ・コッパー・マイニング	14	34	97	—	—	—	1977年アトランティック・リッチフィールドに買収
スタンダード石油（ニューヨーク）	15	18	15	14	16	—	後のモービル，1999年エクソンと合併
フェルプス・ダッジ	16	71	—	—	245	—	
シンガー	17	44	—	—	—	—	
ジョンズ＆ラフリン・スチール	18	—	—	—	—	—	1974年LTVに買収
ウェスチングハウス・エレクトリック	19	24	28	49	177	—	2006年東芝77％の株を買収，支配下に
アメリカン・タバコ	20	32	—	—	126	—	現フォーチュン・ブランズ

（注）1945～1987年は100位まで，1992年は500位まで，2010年は51位までの時価総額で追跡。2010年は総合ランキングとなっていて，もはや時価総額での追跡は世界企業200位，アメリカ企業51位以下は困難。
（出所）『フォーブス』1987年7月13日号，1993年4月26日号，2010年4月21日号より作成。

第1章　企業経営の発展過程（アメリカ）

図表1-2　アメリカ企業トップ40社のランキングの推移

	業種	1917	1945	1967	1987	1992	2010
エクソン・モービル	石油・ガス	3	4	5	2	1	1
マイクロ・ソフト	ソフトウェア・サービス					25	2
ウォルマート・ストアーズ	小売				20	3	3
アップル	技術ハードウェア・設備						4
P&G	家庭用品・パーソナル製品	59	27	19	23	9	5
ジョンソン&ジョンソン	医薬品・バイオ技術			50	24	20	6
ゼネラル・エレクトリック	コングロマリット	11	5	8	3	4	7
グーグル	ソフトウェア・サービス						8
IBM	ソフトウェア・サービス		40	1	1	13	9
AT&T	テレコミュニケーションズ	2	1	2	4	2	10
シェブロン	石油・ガス	39	13	14	12	19	11
ファイザー	医薬品・バイオ技術			60	38	35	12
シスコ・システムズ	技術ハードウェア・設備						13
オラクル	ソフトウェア・サービス						14
コカ・コーラ	食品・飲料・タバコ		11	21	19	6	15
ヒューレット・パッカード	技術ハードウェア・設備				18	37	16
メルク	医薬品・バイオ技術				8	7	17
インテル	半導体				98	22	18
ペプシコ	食品・飲料・タバコ				44	11	19
フィリップ・モリス・インターナショナル	食品・飲料・タバコ						20
アボット・ラボラトリーズ	医薬品・バイオ技術				28	31	21
ベライゾン・コミュニケーションズ	テレコミュニケーションズ						22
コノコ・フィリップス	石油・ガス						23
マクドナルド	ホテル・レストラン・レジャー				41	32	24
オクシデンタル・ペトロリアム	石油・ガス						25
ユナイテッド・テクノロジーズ	コングロマリット						26
ウォルト・ディズニー	メディア					24	27
ユナイテッド・パーセル・サービス（UPS）	運輸						28
3M	コングロマリット			13	25	23	29

アムジェン	医薬品・バイオ技術					30
ホーム・デポ	小売				29	31
ボーイング	航空宇宙・防衛					32
CVS ケアマーク	小売					33
コムキャスト	メディア					34
クラフト・フーズ	食品・飲料・タバコ					35
アルトリア・グループ（旧フィリップ・モリス）	食品・飲料・タバコ			11	5	36
ブリストル・マイヤーズ・スクイブ	医薬品・バイオ技術		38	27	14	37
フォード・モーター	自動車	21	22	23	7	21	38
イーライ・リリー	医薬品・バイオ技術					39
ユナイテッド・ヘルス・グループ	ヘルスケア設備サービス					40

(注) 1917年は資産額。1945年以降は時価総額。2010年は"The Global 2000"の上位世界企業200社中のアメリカ企業から作成。2010年初出企業は，それ以前は未追跡。
(出所) 『フォーブス』1987年7月13日号，1993年4月26日号，2010年4月21日号より作成。

1.2 企業経営の発展段階

1. 植民地時代

(1) ゼネラル・マーチャント
　① 沿岸都市のビジネスを支配した定住商人。
　② あらゆる事業活動を行った。
　③ ゼネラル・マーチャント成立の理由
　　㋑ 市場が小さく，輸送手段が不備
　　㋺ 金融機関，信用機関の未発達 ➡ 資本入手困難

(2) 大農園主
　① 南部は主要作物，中部・北部は煙草を生産。
　② 商品作物以外はだいたい自給自足で，小規模な様々な製造所を所有……鉄の鋳造所，醸造・蒸留所，製粉所。
　③ 商品作物を輸出し，ヨーロッパからぜいたく品や製造品を輸入 ➡ 植民

第1章　企業経営の発展過程（アメリカ）

地は赤字で外貨不足。
- (3) 職人と製造業者

    小規模の職人が地域市場のニーズを満たしていた……製粉，製材，なめし革，鍛冶屋，醸造所，蒸留所，印刷屋，製鉄。
- (4) 行商人

    ① 商品を小規模に売買しながら巡回していた。

    ② 沿岸の町と内陸部を結びつけていた。

    ③ 内陸部に定住する商人もいた。
- (5) 植民地時代のビジネスの特徴

    ① 事業機会に制約が多く，1つの業務に**専門化しなかった**。

    ② 海運業，製造業，商品販売を含む**多様な活動**に投資。

    ③ ビジネスの**速度**は**遅く**，ビジネスの関係は**私的で非公式的**。

    ④ 事業機会の多くは，**海外取引**に関係していた。

2. **独立戦争以後から19世紀半ばまで**
- (1) 専門化企業の形成

    ① イギリスとの断絶が新たな事業機会を拡大した。

    ② 国の成長に応じて，専門化して利益のあがる機会が増えた。

    ③ 1840年代までに異なった業務は様々な種類の専門企業によって遂行されるようになった。

    　㋑ 銀行，保険会社，一般輸送業者が出現。

    　㋺ 商人たちは1つか2つの商品系列に専門化し始めた。

    　㋩ 商人たちは小売，卸売，輸出，輸入といった単一機能に力を注ぐようになった。
- (2) **輸送革命**➡内陸輸送の障害を克服し，国内市場の取引を増加。

    ① 道路……1800年代に有料道路（ターンパイク）建設始まる。

    ② 蒸気船……1807年のフルトンの実験成功以来，急速に展開。

    　➡内陸部に新しい事業機会を生み出した。（ミシシッピ川流域）

    ③ 運河……1825年のエリー運河開通以来，1840年までに3000マイル以上の運河が建設され，長距離輸送が主。

    　➡東西の交易が可能となったが冬季は凍結のため通航不能。

④ 鉄道……四季を問わず，歴史上初めて馬よりも早い速度で運搬。
　　(イ) 1830 年代に建設始まる。
　　(ロ) 最初は運河の補助的，近距離輸送機関だった。
　　(ハ) 1840 年代建設技術が完成，有望な陸上輸送手段となった。
　　(ニ) 1850 年代前半，東部と西部を結ぶ巨大な幹線鉄道が開通。
⑤ 通信……交通網の改革は国内の**通信網の改革**を促した。
　　(イ) 郵便……1790 年全国で 75 の郵便局を駅馬車がつないでいたが，1813 年蒸気船が導入され，1837 年郵便列車が走り始めた。（1840 年の郵便局 13,468）
　　(ロ) 電信……1837 年モールスが発明，1846 年郵政省は民間の手に電信を委ねる。1861 年太平洋岸に到達，1866 年三大電信会社合同してウェスタン・ユニオン社発足。

(3) **農業革命**
・交通革命はアメリカの内陸部を開拓し，農業の潜在力を発展させた。
① **イーライ・ホイットニー**（Whitney, E.）……1793 年綿繰機を発明➡原綿コスト引下げで利益，綿花は南部の主要作物となった。
② **サイラス・マコーミック**（McCormick, C.）……農業機械（収穫機）を 1840 年から生産，1850 年代末には全国で 73,000 台の収穫機が稼働。西部の小麦の 70％ が収穫機によって刈り取られていた。
　➡生産性は向上し，農民の所得も向上した。

(4) **産業革命**
① 産業革命（工業化）の特徴
　　(イ) 自動機械の導入➡熟練工の排除，半・未熟練工の雇用，標準品生産。
　　(ロ) 新しい原料と動力……化学薬品，石炭，ガソリン，電力，蒸気機関，内燃機関
　　(ハ) 工場生産……家内制生産から労働者となり，工場で働く。
② **アメリカ的生産方式**の拡大
　　(イ) 互換部品制……作業工程分割化の原理。ホイットニーは 1798 年連邦政府と 10,000 挺の銃製造の契約。
　　《大量生産のための問題点》

　　　　ⓐ すべての銃を同じ規格で製造し，どの部品も相互に交換可能にする。
　　　　ⓑ 非熟練工でも精密部品の製造が可能な工作機械・工具を製作する。
　　➡この考え方の下，1809 年 10,000 挺の銃が完成。
　　㋺ アセンブリー・ライン・システム……作業工程連続化の原理。
　　　オリバー・エバンスは 1787 年製粉工程の自動化のためベルト・コンベアー・システムを採用。
　　㋩ 互換部品制とアセンブリー・ライン・システムが組み合わされ大量生産方式としてアメリカ工業の中に拡大。
　　　　互換部品制➡兵器，時計，木工，靴，農機具。
　　　　アセンブリー・ライン・システム➡製粉，瓶詰，缶詰，包装，精肉。
　　㊁ 工作機械工業の発達……1818 年ホイットニーはフライス盤発明。
　③ **ボストン商人たちの活躍**
　　㋑ 商業資本家（商人）が貿易で得た金で製造業に参入，産業資本家になっていった。
　　㋺ ロードアイランドで始まった織物産業に手を出していった。
　　㋩ 1813 年ボストン製造会社設立，1817 年出資者に 17％の配当，1823 年利益を再投資して工場町ローウェルを建設（6 棟からなる一貫工場）。
　　㊁ 綿織物業は南北戦争前にアメリカ最大の製造分野となっていた。

3. ビッグ・ビジネスの時代
　(1) 鉄道と近代的経営管理の始まり
　　① 1820〜1830 年代に**アメリカ陸軍**は，戦略的意思決定を行なう司令部の**スタッフ**の将校と戦術的意思決定を遂行する戦場の**ライン**の将校に分かれた組織機構を持っていた。
　　② 多くの鉄道は軍関係者，大学の工学部出身の技師によって，成長が促進された。
　　③ ウェスタン鉄道……1830 年代に軍将校と民間人が測量，設立された。

1841年事故の後，**管理組織**が体系化。（3つの地域管区に各々運転副部長，保線区長，上級技師が配置，本社に毎日業務の報告。権限と責任のラインが整備。）

④ ボルチモア＆オハイオ鉄道……1830年代，軍隊の**会計**と**報告技術**を導入。1840年代後半，**官僚制組織**が創られ，財務部門と現業部門の2つの責任単位に分かれた。

⑤ ニューヨーク＆エリー鉄道……1850年ダニエル・マッカラムは**経営管理の一般原則**を明確にし，多数の管理者の業績を評価する内部情報の流れを完成。

⑥ ペンシルベニア鉄道……1840～50年，陸軍士官学校出身のハーマン・ハウプトが**官僚制組織**を発展。1857年からは後任のエドガー・トムソンが**ライン・スタッフ制**を導入。

⑦ 近代的経営の特性
　㋑ 日常業務から**政策決定が分離**
　㋺ **官僚制組織**の形成……**中間管理者層**の育成
　　ⓐ 管理者の階層的組織が創られ，**職能別組織**が創られた。
　　ⓑ **専門経営者**の台頭……専門的な職業訓練を受け，専門技術を身につけ，専門家気質にあふれるサラリーマン経営者。
　㋩ **財務報告**が整備

⑧ **近代会計を開発**……1850～60年代，統計を用いた企業統制
　㋑ **財務会計**……財務取引の記録，収集，照合，監査，貸借対照表の作成，収益性分析のための営業比率の使用。
　㋺ **固定資産会計**（資本会計）……取替会計（減価償却）➡建設費を営業費に繰入れ，偶発損失準備金等の項目で内部留保。
　㋩ **原価会計**……トン／マイルの単位当りの原価の測定。
　　➡新しい会計方法は，1880年代にビッグ・ビジネスとなる製造業メーカーにいち早く採用されていった。

⑨ 鉄道会社は他産業の会社に経営のモデルを提供した。

(2) ビッグ・ビジネスの拡大
① **水平的統合**……1つの機能を果たす様々な企業を1つに統合する。

（例）　スタンダード石油➡石油精製で水平的統合
　　1839年　ジョン・D・ロックフェラー（Rockefeller, J. D.），ニューヨーク州に生まれる。
　　1855年　父親蒸発のため高校中退，3ヵ月商業専門学校に行き，農産物仲買商に就職
　　1858年　農産物委託商，クラーク＆ロックフェラー商会設立
　　1863年　石油精製業に参入
　　1865年　委託商止め，ロックフェラー＆アンドリュース商会設立
　　1870年　スタンダード石油設立
　　1871年　自社の支配下に入れば低運賃が適用されると誘う
　　1877年　全石油生産量の90％を支配
　　1879年　パイプライン完成
　　1882年　スタンダード・オイル・トラスト形成
　　1911年　独占禁止法で38社に分割
　　1913年　ロックフェラー財団設立
　　1937年　98歳で死去
② **垂直的統合**……原材料の獲得から製品の販売まで1企業内に統合する。
　（例）　**スイフト社**……グスタフ・スイフトはニューイングランドで食肉問屋を営んでいた。
　　1875年　シカゴに移住，牛の移送を始める。
　　1878年　北東部に支店網創り，冬季に精肉を輸送
　　1881年　冷蔵貨車が出現➡全国に支店網創り，各支店に冷蔵庫を設置し，自社の冷蔵貨車で冷蔵肉を輸送，販売
　　以後，家畜フロンティア沿いの6都市に精肉工場建設，購買部門のエキスパート養成
　　1890年代　低価格で高品質の精肉業のトップメーカーとなる。
③ **科学的管理法の産業への拡大**
　㋐　フレデリック・W・テイラー（Taylor, F. W.）は，作業の細分化，物の流れの速度の記録，詳細な内部原価計算を主張➡経営管理能率・作業遂行能率を高めた

図表 1-3 水平的統合と垂直的統合

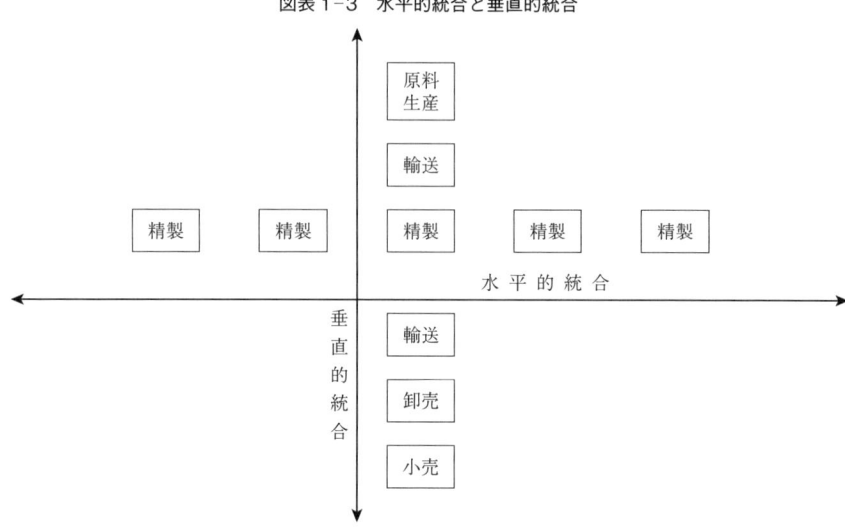

　　㊁ 1901〜17年の間に科学的管理法を導入したのは 48 企業
　④ **集権的職能部制の採用**
　　㋑ 垂直的統合によって大企業となった企業は，次に組織管理の問題に直面した。
　　㊀ すなわち，垂直的統合は企業規模の拡大だけでなく，業務の複雑化をもたらした。
　　㋩ そこで，各職能を総合本社で集権的に組織化した集権的職能部制が生まれた。
　　㊁ 単一の製品系列を扱う企業で，
　　　　{ 全社的な業務を統括する**総合本社**
　　　　　日常の現業を推進する**現業部門組織** }
　　　の2つよりなる集権的職能部制が拡がって行った。
4. **多角化・分権化した巨大企業の時代**
　(1) 多角化の進展
　　① **多角化戦略**とは，更に企業成長するために新製品や新しいサービスを既存の事業分野に付け加え，新市場に販売しようとする戦略である。

② 第1次大戦後，1920年代に入ると大企業の経営者たちは，既存の設備や管理能力を活用しようと，新製品や新市場を探し始めた➡企業の長期的な健全性を保持するため。

③ 1930年代以降，多くのアメリカ企業が新しい事業部門に進出していった。……とくに化学会社が他の産業部門より多くの新しい製品系列を付加。

(2) **分権的事業部制の普及**

① 複数の事業部門を持つと，従来の集権的職能部制では巧く管理できないことが判明……㋑ 各職能部門間の調整が困難，㋺ トップが忙しく戦略的意思決定もできない。

② そこで多角化戦略を遂行する新しい組織，分権的事業部制が生まれた。

③ **製品**または**地域**毎に**部門化**し，各事業部が**管理責任単位**，また**利益責任単位**となった。

㋑ 製品別事業部制……製品事業部毎に権限と責任が配分

　㊟　デュポン社

　　1802年　デラウェア州ウィルミントンに火薬工場設立，創業
　　1911年　集権的職能部制確立
　　1914年以降，戦争により業務急速に拡大➡従業員数1914年秋5300人が1918年12月27日2万8000人。
　　1917年　化学工業への多角化決定
　　1921年　5つの製品事業部門と8つの補助部門をもつ総合本社からなる組織改革

㋺ 地域別事業部制……地域毎に権限と責任を委譲

(3) **多国籍企業**……2カ国以上で事業活動を行なう企業

① 1890年代，海外直接投資始まる。

② 1920年代，製造業が主流となり，工場建設と現地生産始まる。

③ 1950年以降，アメリカ企業は海外直接投資を本格化，多国籍企業化。

(4) **コングロマリット**……複合企業（関連性のない事業部門を8以上保有）

① 1950年代から1960年代末にかけブームとなる。

② コングロマリットの登場により，経営者は業種に固執しなくなった。

③ 企業は自由に製品分野の付加と切り離しを始めた。

④ 経営者は最も収益の上がる買収を選び，財務データの解釈に没頭。

(5) 企業再生

① 1970年代末までにアメリカの大企業は危機的状況に達しつつあった。

② 原因は主に，㋑ 短期的利益の重視により，長期的設備投資が行われなかった。㋺ 多角化戦略により，本業のビジネスの競争力が落ちていた。㋩ 企業買収のマネーゲーム化により，消費者のニーズの把握に欠けた。㊁ 多国籍化による産業空洞化。

　　➡これらにより，アメリカ企業の国際競争力が低下。

③ 企業再生の努力

　㋑ 脱コングロマリット化……伝統的な生産部門への回帰

　㋺ リーン組織化……レイオフを通じての職務削減，外部スタッフ化，早期定年，採用縮小。

　㋩ 積極的な企業家精神

　（例）　GE（ゼネラル・エレクトリック社）

　　1879年　トーマス・エジソン（Edison, T.），エジソン電灯会社設立

　　1890年　エジソン・ゼネラル・エレクトリック社設立

　　1892年　トムソン＝ヒューストン社と合併，GE 成立

　　1951年　分権的事業部制完成

　　1960年　イリノイ大学で化学工学の博士課程のジャック・ウェルチ（Welch, J.）入社，プラスチック開発担当。

　　1973年　ウェルチ，部品材料グループ副社長兼グループ取締役。

　　1981年　ウェルチ，GE の会長兼 CEO に就任。（売上高 272 億ドル，利益 16.5 億ドル，事業部数 350）

　　　➡リストラに着手，その分野でトップとなれる事業部門だけ残す。

　　1990年代初め，13 の事業部門（350 の事業を 43 の戦略的事業単位に統合）で従業員数を 25％縮小。（1991年の売上高 602 億ドル，利益 44 億ドル）

　㊁ 生産性向上運動……QC サークルの導入，「カイゼン」運動。

5. 情報化とグローバル化の時代

第 1 章　企業経営の発展過程（アメリカ）

(1) 情報化の進展
　① 情報化時代の到来
　　　(イ) データ処理の迅速化の必要性……1930 年代社会保険制度のデータ処理の必要性から，IBM 社大企業化

　　　1940 年代主要防衛契約で IBM より大規模化
　　　(ロ) 大型コンピュータ化……1950 年代，IBM はマーケティングと顧客関係をてこに電子コンピュータで覇権握る

　　　1960 年システム 360 シリーズ……互換機の開発と販売
　　　(ハ) IBM 互換機はあらゆる種類・大きさのハードウェア・ソフトウェア企業と周辺機器その他製品を生み出した
　② パソコン（PC）時代の到来
　　　(イ) ミニコンピュータの登場……1974 年アルテア販売
　　　(ロ) ソフトウェア企業の誕生……19 才のハーバード大学生ビル・ゲイツはポール・アレンとアルテア用ベーシック開発，起業（後マイクロソフト社となる）と大学中退
　　　(ハ) パソコンの発売……1977 年アップル II，1981 年 IBM のパソコン発売（アップル社は基本ソフト（OS）のライセンス供与拒否，IBM 社はオープンアーキテクチュアで他社の応用ソフト利用可能）
　　　(ニ) パソコンの進展……1980 年代アップル社と IBM 社は多額の利益を得たが，パソコンの中核，中央演算装置のインテル社とソフトウェアのマイクロソフト社も急成長と巨額の利益
　③ 群雄割拠の時代
　　　(イ) 活発な企業者活動……カリフォルニア州パロアルト，スタンフォード大学隣接のシリコンバレーから 6000 社強のハイテク会社創業
　　　(ロ) ソフトウェアの制覇と IBM のパソコンからの離脱……マイクロソフトによる OS，Windows95 の発売，2004 年中国の lenovo（連想集団）による IBM のパソコン部門買収
　④ **インターネットの時代**
　　　(イ) インターネットの誕生……1960 年代国防高等研究計画局（DARPA）で協調的研究開発用のコンピュータ・ネットワークとして生まれる

㊦インターネットの成長……4台のホストコンピュータから，1980年代半ば約2000台のコンピュータに拡大，米国科学財団（NSF）はシステムの商業利用を禁止．
　㋩インターネットの爆発……1989年最初のプロバイダーが商業利用開始，1990年インターネット民営化，1995年NSF撤退（44,000ネットワーク），2000年3億2700万人が使用．
⑤ **情報技術（IT）の融合化**……様々な産業がITと融合化を始める
　㋑自動車産業……安全運転システム（衝突防止）
　㋺金融業……ネット証券，ネットバンキング，電子決済，電子商取引
　㋩教育産業……e-learning（遠隔地授業）
　㊁娯楽産業
　　ⓐ仮想現実（ヴァーチャル・リアルティ）の産業化……コンピュータ・グラフィクスの利用
　　　・アニメ
　　　・ゲーム
　　　・3D
　　ⓑコンテンツ配信
　　　・映像……ユーチューブ
　　　・音楽……iTunes
　　　・書籍……電子書籍
　㈽　アップル
　　1968年　**スティーブン・ウォズニアク**（Wozniak, S.），コロラド大学進学，電子工学とコンピュータ科学を同時専攻（転学の後，中退．ヒューレット・パッカード（HP）社入社．）
　　1971年　**スティーブン・ジョブズ**（Jobs, S.），高校の先輩ウォズニアクと知り合う．
　　1976年　ウォズニアク，自作コンピュータをHPに提案，却下．製造・販売の権利取得の後，ジョブズとウォズニアク，アップル社創業．
　　1977年　ウォズニアク，アップルⅡ開発，出資者募り株式会社化，

ウォズニアク，HP 退社。工場生産開始，初年度 7000 台販売。
1980 年　アップル社，株式公開。アップル II，月に 2 万 5 千台販売。
1983 年　前ペプシコーラ社長ジョン・スカリー（Sculley, J.），アップル社社長就任。
1985 年　ウォズニアク退社。ジョブズ，執行副社長から解任。ジョブズ退社，ネクスト社創業。
1986 年　ジョージ・ルーカスからピクサー社買収
1991 年　ピクサー，ディズニーと契約
1995 年　映画「トイ・ストーリー」大ヒット，ピクサー株式公開
1996 年　ジョブズ，アップル社復帰。
1997 年　アップル社，ネクスト社買収。ジョブズ暫定 CEO に。
2000 年　ジョブズ，正式に CEO 就任。
2001 年　iPod 発売
2006 年　ディズニー，ピクサー買収。
　　　　　ジョブズ，ディズニーの筆頭株主取締役に。
2007 年　iPhone 発売
2010 年　iPad 発売，9 月期決算時，時価総額 2800 億ドル（22 兆 4000 億円），マイクロソフトを抜く（3 月末，エクソンモービル 3087 億ドル，マイクロソフト 2540 億ドル，アップル 1895 億ドル）。

(2)　グローバル化
① 外部環境とインフラの整備
　㋑ 冷戦の終結……政治による不安定要因の除去……1989 年鉄のカーテン崩壊
　㋺ 国際機関・制度の整備……1995 年世界貿易機関（WTO）発足
　　 2001 年中国 WTO 加盟
　　 2005 年繊維・衣料分野の輸入割当制度撤廃
　㋩ インフラの整備……遠隔地で経営を行なう費用とリスクは，IT と輸送技術の革新によって著しく減少。

② 産業のモジュール化とその影響
　㋑ 産業のモジュール化……製造工程の大部分が機能毎に分離独立され，製造サービスが商品化
　㋺ 業務のアウトソーシング化（外部委託）……請負業者の出現，相手先ブランド製造業者（OEM），相手先ブランド設計製造業者（ODM）
　㋩ 業務のオフショア化（国外移転）……生産・サービスの海外への流出

【より進んだ学習のための文献】
A. J.C.コリンズ，J.I.ポラス著（山岡洋一訳）『ビジョナリー・カンパニー』日経BP出版センター，1995年。
A. J.C.コリンズ著（山岡洋一訳）『ビジョナリーカンパニー 2』日経BP社，2001年。
A. J.C.コリンズ著（山岡洋一訳）『ビジョナリー・カンパニー 3』日経BP社，2010年。
B. M.G.ブラックフォード＝K.A.カー著（川辺信雄監訳）『アメリカ経営史』ミネルヴァ書房，1988年。
B. 安部悦生・壽永欣三郎・山口一臣著『ケースブック　アメリカ経営史』有斐閣，2002年。
C. A.D.チャンドラー，Jr.著（鳥羽欽一郎・小林袈裟治訳）『経営者の時代（上・下）』東洋経済新報社，1979年。
C. J.ジョーンズ著（安室憲一・梅野巨利訳）『国際経営講義』有斐閣，2007年。
C. S.バーガー，MIT産業生産性センター著（楡井浩一訳）『MITチームの調査研究によるグローバル企業の成功戦略』草思社，2006年。

（小林啓志）

第2章
企業経営の発展過程（ドイツ）

《中心的論点とキーワード》

　この章ではドイツにおける企業経営の歴史的な発展過程を同国の資本主義の発展の特質との関連で考察。この点を戦前と戦後，さらに1990年代以降の時期について，アメリカの影響という点も考慮に入れて分析していく。キーワード：ドイツ資本主義，企業集中，技術，労働組織，管理，「アメリカ化」，株主価値経営

2.1　ドイツ資本主義の発展と企業経営

ドイツ資本主義発展の特殊性

　「資本主義生産への移行」および「資本主義的農業の発展」における**改良的な道**
- ➡旧制度とのからみあいを残したままの資本主義発展
- ➡低い賃金水準➡**国内市場の狭隘性**，不十分な弱い**資本蓄積**
- ➡銀行業務の特殊性（銀行の発起業務）と**独占資本主義への早熟な移行**

2.2　独占形成期の企業経営の発展

1. 金融資本主義の組織性

　ドイツの国内市場の狭隘性➡高い輸出依存度➡国外市場におけるダンピング輸出➡利潤の縮小➡それを補うための国内での高利潤の確保の強い必要性➡国内における独占化による高利潤の確保の強い要請➡高価格の維持を目的とした**カルテル（シンジケート）**の普及

2.「技術と生産」におけるアメリカに対する劣位性

広大な国内市場と豊富な天然資源をもち，潜在的労働力不足をかかえる**アメリカ**では，**生産の合理化の必要性・可能性は大きく**，そこでは，労働生産性をいかに高めるかという問題に主たる関心がおかれていた。

ドイツでは，カルテルによる市場支配に重点がおかれており，傾向的には**流通面での取分に主たる関心がおかれていた**

→ドイツでも，今世紀に入ってから「技術と生産」の領域における発展のための取り組みがおしすすめられるようになる

2.3　第1次世界大戦前の企業経営の発展

1．アメリカとの相違点

アメリカにおける生産の合理化の発展とドイツの相対的な立ち遅れ……とくに**労働組織＝生産と労働の管理における立ち遅れ**

> アメリカ……F. W. テイラーの科学的管理法の展開と普及（第1次大戦前にすでに約20万人の従業員をもつ約150の工場に普及した）
> 　→内部請負制度のもとでの間接的・分散的な管理の消滅と，企業による直接的・集中的な管理体制の確立へ
> 　　→作業の標準化，計画機能と執行機能の分離

2．ドイツの企業経営の特徴

(1) 伝統的な労働組織の残存

ドイツでは，内部請負制度にほぼ匹敵する工場親方制度による**伝統的な労働組織が根強く残存**→企業による直接的・集中的管理体制への移行の不十分性

(2) 労働組織革新の動き

第1次大戦前のドイツ企業における労働組織革新の取り組み
- ① 工場管理の発展のためのドイツ独自の取り組み
- ② テイラー・システムの導入のための取り組み

(例) レーベェ，AEG，ジーメンス，ボッシュ，ボルジィヒなどの輸出志向の強い電機産業，機械産業などの一部の主要企業……ボッシュ社

第2章　企業経営の発展過程（ドイツ）　　　23

は第1次大戦前にテイラー・システムの全面的な導入・実施を試みたが例外的。ほとんどの企業はテイラー・システムの諸要素を個別的に導入・実施（とくに時間・動作研究はゆっくりとしか普及しなかった）

(3) 労働組織変革と工場管理発展が不十分だった理由
　① 市場的諸条件……大量生産を可能にするだけの市場，とくに国内市場の欠如
　　　　　　　　→輸出依存度の比較的に高い電機工業，機械工業の一部の大企業のみを中心に労働組織の合理化が進展
　② 労働面の問題
　　㋑ 豊富な労働力の存在と低い賃金水準
　　　　　→機械化，専用機械の導入に対して阻止的に作用するだけでなく，内部請負制度を根強く残存させる要因にもなった→工場内分業に基づく新しい労働組織の新編成は，ごく限られた経営においてのみ。
　　㋺ 労働者・労働組合の反対……社会民主党（SPD）系の労働組合関係者の多くはテイラー・システムを「アメリカの細菌」として拒否。但し，テイラー・システムそれ自体を全面的に否定していたわけではなく，労働者の立場から否定すべき側面や要素を経営参加などによってなくし，犠牲が労働者に転嫁されなければその導入には必ずしも反対しない，という二面的態度。
　　　（例）　1913年のボッシュ社の労資紛争

2.4　第1次世界大戦後の企業経営の発展

1. ドイツの特殊的諸条件と合理化運動
　(1) 戦後ドイツの特殊的諸条件
　　① ヴェルサイユ条約による敗戦国ドイツの国際的位置……領土の割譲，巨額の賠償金支払いの強制など→国内市場の狭隘化，インフレ昂進

② 11月革命によってドイツ独占資本に課せられた国内的制約……8時間労働日，賃金制度の改善，労働組合と賃金協定の承認，失業保護など
(2) 合理化運動の展開
生産コストを引き下げ，ふたたび対外進出に乗り出すことが急務となる
→そのための重要な手段が「合理化」
→**合理化運動**（1924〜29年）のかたちでひとつの国民的運動として展開（アメリカに対するそれまでのドイツの企業経営の立ち遅れを克服するための諸努力が本格的におしすすめられた）

2. 企業集中——**本格的なトラスト化の進展**

(1) 1920年代ドイツのトラストの特徴
コンビネーション（工場結合体）レベルのトラスト化（産業の再編成と合理化＝過剰生産能力の整理と製品別生産の集中・専門化を行うための手段）
(2) （事例）**1926年設立の合同製鋼**（重工業）
4つの石炭・鉄鋼結合の混合大企業のグループのトラスト化→戦後の混乱・インフレ期に蓄積された過剰生産能力の整理が目的
→市場，輸送，工場用水の利用などからみて最も立地条件が良く，技術水準が高く，生産性の高い工場に**特定の製品の生産**を集中し，**専門化**させる
→トラスト化された合同企業内部での**生産の分業化**（図表2-1参照）
① ドルトムント・ヘルデ・グループ……ライン河畔のグループのように輸送上の利点をもたないので主として国内市場向けの生産を行う
② ライン・グループ
③ ハムボルン・グループ
※②③のグループはともにライン川を利用した輸送が有利であったので，できる限り輸出向けの生産に集中・専門化する
④ ボフーム・グループ……立地条件から輸送上の利点をもたなかったので，高い輸送費を負担することができる高級鋼の生産に重点をおいた

3. 技術的発展と合理化

(1) 労働手段の技術的発展の歴史
① 第1次産業革命＝蒸気機関を動力機とする作業機の発展

図表2-1　合同製鋼における生産の集中・専門化の事例

③ ハムボルン・グループ
① ドルトムント・ヘルデ・グループ
④ ボフーム・グループ
② ライン・グループ
ライン川

② 第2次産業革命＝電化，化学化，内燃機関の発展
③ 機械の発展傾向
　㈠ **動力機**……蒸気機関➡電力・電動機
　㈡ **伝達機**……蒸気機関による機械の集合駆動➡電動機による機械の集合駆動➡電動機による機械の個別駆動
　㈢ **作業機**……**汎用機械➡専用機械**
④ 1920年代の労働手段の技術的発展
　㈠ 電力・電動機の利用による伝達機構の発展（個別駆動方式への転換）
　㈡ 工具鋼の改良（硬質合金の利用）
　㈢ 専用機械の普及
(2) 産業電化の進展と駆動方式の転換
　① **産業電化の進展**
　　アメリカ……1907年＝55％➡25年＝77.7％
　　ドイツ……1907～25年に電力利用馬力数は8.7倍に増大
　② 駆動方式の転換

㋑　世紀転換期……電力・電動機への動力源の転換がすすむが，多くの場合，**集合駆動方式**

　　　㋺　1920年代……小型電動機（主に交流電動機）による**個別駆動方式**への転換がおしすすめられていく（アメリカでは20年代，ドイツでは30年代後半までに本格的な普及）

　(3) 工具鋼の改良による労働手段の技術的発展

　　　工具鋼の素材は**炭素鋼→高速度鋼**（世紀転換期）**→硬質合金**（1920年代）へと発展（但しドイツでは，硬質合金を工具鋼に利用した労働手段の技術的発展が本格的に導入されるのは，1930年代，40年代に入ってからのことであり，1920年代はまだその準備，研究開発の年であった）

　(4) 専用機械の普及

　　① ドイツにおける専用機械の普及の立ち遅れを克服するための諸努力が1920年代におしすすめられていく

　　② しかし，アメリカとは異なり，自動車のような消費財の大量生産の立ち遅れは，機械製造業の汎用主義の克服にブレーキをかけることになった

　　③ このため，ドイツでは，汎用機械が比較的に遅くまで残存しただけでなく，汎用機械と専用機械との中間的領域の機械が多くのところで利用されていた

4. 労働組織の変革と合理化

　(1) **テイラー・システムの修正**と**レファ・システム**

　　① **ドイツ労働時間研究委員会（REFA）によるテイラー・システムの修正**

　　　㋑　課業の基準について……テイラーの一流労働者の「最大給付」から平均的労働者の「正常給付」へ変更

　　　㋺　差別（異率）的出来高給制度の廃止

　　② レファ・システムへの修正の意義

　　　㋑　計画と執行の分離**→**企業による**集中的・直接的管理体制の確立**

　　　㋺　フォード・システム導入の基礎（フォード・システムでは，時間研究は諸作業のライン化の編成基準として利用される）

　(2) **フォード・システムの導入**

① 1920年代＝アメリカにおけるフォード・システムの本格的展開
② ドイツでは，この時期に電機産業，自動車産業，機械産業などにおいてフォード・システムを導入（但し，市場の諸条件から大量生産の推進には大きな限界）
③ ドイツでは，より少ない生産量に対しても大量生産の一定の効果をもたらすような諸方式が実施された。
　　㋑ **品種別生産**への移行
　　㋺ 機械加工工程では**組別生産**，組立工程において**流れ生産**を行う方式
　　㋩ 複数の種類の労働対象を同一のコンベアで生産する方式
　　（注）例えば1年の前半にA製品，後半にB製品を生産するという方式のように，今日みられる混流生産方式とは異なる方式も展開された。
(3) ドイツにおける市場問題と大量生産への制約
　① 内外市場の困難性による制約
　　国内市場の狭隘性 ⎫
　　輸出市場の困難性 ⎭ → 大量生産の限界
　② アメリカとは異なり，自動車のような消費財の大量生産の立ち遅れ
　③ それゆえ，ドイツでは，ナチスの経済の軍事化のもとでの市場，とくに軍需市場の拡大を基礎にした大量生産がおしすすめられた。
　　→しかし，軍需市場を基礎にした大量生産は，㋑ その時間（期間），㋺ 規模の2点において一定の限界をもっただけでなく，軍備計画の頻繁な変更にみられるような軍需市場のいわば質的条件によっても，限界につきあたることになった。
　④ 結局，ドイツにおいて消費財の大量生産を基礎にした大量生産体制の確立・普及は，第2次大戦後，とくに1950～60年代になってからのことである。

5. 組織革新と全般的管理の展開――IGファルベン（化学産業）の事例
　(1) 組織革新の3つの段階
　　　第1段階（1925年頃），第2段階（1930年代初め），第3段階（1937年）
　(2) 全般的管理の発展を促進した要因……企業集中と合理化（生産の集中・

専門化および多角化）
(3) 第1段階の組織革新

企業集中と合理化（生産の集中・専門化）にともなう企業管理の問題への対応

① 「分権的集権」の原則に基づく**地域別の事業共同体**（経営グループ）の形成……各グループにおいて独自の生産計画を立て，生産活動の分権化をはかる

② 取締役会の代表執行組織である**業務委員会**（経営執行委員会にあたる）の設置

③ 販売部門の集権化……5つの**製品別**の**販売共同体**の設置

④ **中央本部**（スタッフ部門）の設置

しかし，この組織革新では，合理化過程においておしすすめられた多角化にともなう企業管理の問題には手がつけられていない。

(4) 第2段階の組織革新

① 第1段階の管理機構では，職能部制組織において複数の製品系列を扱うさいの管理上の諸困難に直面

$\begin{cases} \text{ミドル……生産・販売の諸条件の異なる製品を扱うことから生じる諸困難} \\ \text{トップ……ミドル以下のレベルの管理の不完全さのために日常的業務に忙殺されざるをえない} \end{cases}$

② 多角化のすすんだ IG ファルベンでは，本来のトップ・マネジメント機能である**経営戦略の策定と現業レベルの諸活動との明確な分離**をはかることが重要な課題となった。

$\left.\begin{array}{l}\text{ⓐ 事業部（Sparten）} \\ \text{ⓑ 中央委員会}\end{array}\right\}$ から成る新しい管理機構の形成

㋑ 3つの**製品別の事業部の設置**

$\begin{cases} \text{第1事業部＝窒素，ガソリン，メタノール，石炭，褐炭などを扱う} \\ \text{第2事業部＝化学品，医薬品，溶剤などを扱う} \\ \text{第3事業部＝人絹，フィルム，香料などを扱う} \end{cases}$

㊁中央委員会の設置

業務委員会よりも少人数で構成される，経営戦略の策定に専念する代表執行組織の設置
(5) IGファルベンの組織革新の限界

① 同社の管理機構はデュポン社の事業部制組織と非常に類似したものであったが，大きな限界をもっていた。

㋑3つの各事業部は複数の製品系列を扱わざるをえず，職能部制組織で複数の製品系列を扱う場合と同様の管理上の問題に直面

㋺同社の事業部長には利益責任がなく，**利益責任単位制**が採用されていなかった

㋩トップの長期的・全社的な経営計画の策定を補佐する**ゼネラル・スタッフ**としての機能を果す組織が確立していなかった

②アメリカのデュポン社では，1事業部においてひとつの製品系列を扱い，投下資本利益率のような統制手法に基づくトップによる利益責任単位としての各事業部の業績評価および統制のシステムが確立していた。IGファルベンでは，中央委員会のメンバーを中心とする本社幹部は，経営戦略を策定し，長期的・全社的な立場から経営資源の配分を行うといったトップの本来的な諸職能に十分に専念することはできなかった。
(➡世界恐慌期およびナチス期における同社の投資決定の失敗)

2.5　第2次世界大戦後の企業経営の発展

1. 戦後の「アメリカ化」（1970年代初頭まで）と企業経営の発展
    (1) 戦後の条件変化

    ①市場条件の変化……労資の同権化による国内市場の拡大，自由貿易体制と国際通貨体制の構築，欧州の共同市場化

    ②アメリカの生産力基盤の導入の条件の変化

    ➡マーシャル・プランと生産性向上運動のもとでのアメリカによる同国の**技術と経営方式の学習・導入機会**の提供
    (2) アメリカ的経営方式の導入の主要領域

当時のアメリカ的経営方式は，1) **管理システム・生産システム**（IE, ヒューマン・リレーションズ，フォード・システム，統計的品質管理），2) **経営者教育・管理者教育**，3) **市場適応策**（マーケティング，PR など），4) **管理機構**（事業部制組織）の４つの分野におよぶ

　　➡生産のレベルでの経営方式の導入を中心としていた戦前との相違

(3) アメリカ的方式の導入・移転の全般的状況

　・生産性向上という至上命令のもとで，**生産力の発展（能率向上）に直接つながる部分の方策・要素，原理の比較的積極的・広範な導入**

　　（例）1) 大量生産方式としてのフォード・システムの流れ作業機構
　　　　　2) IE のような生産管理・労働管理の基本原理
　　　　　3) マーケティングの基本的な考え方・方策
　　　　　4) 企業の多角的事業構造に適合的な事業部制の組織の編成原理

　・これに対して，そのような**生産力的方策，市場適応策の背景をなすアメリカ的な条件の部分**については，その導入・移転がすすまなかったり，修正されながらの導入とならざるをえなかったという面も強い

　　（例）労使関係や労使慣行といった制度的・慣習的あり方，経営観，管理のスタイル・伝統，経営の文化・価値観・規範などの面のアメリカ的特質を反映した部分

　・生産力的要素や市場への対応・適応策でも，その効率性（能率）を引き上げるためのしくみ，原理の導入・適用をはかりながらも，その具体的な利用においては，ドイツ的なあり方が模索・追求されたケースも多かった

　　➡現実には，現地の環境に合わせたアメリカの技術と経営の**選択的な適応，創造的な修正や革新的なハイブリッド化**

(4) アメリカ化におけるドイツ的適応を規定した諸要因

　① 企業経営の伝統・文化的要因

　　技術・品質・生産重視の経営観，経営者・管理者に占めるエンジニアの比率の高さ

　　　➡マーケティング志向よりも技術や品質，機能を重視した生産志向や

製品志向の貫徹
　　（例）　計画的陳腐化のような方策，あり方よりはむしろ，顧客の利益を優先する製品政策や販売のあり方の重視
② 制度的要因の影響
　・労使関係の影響……共同決定制度（➡第25章参照）の成立によるヒューマン・リレーションズ導入の限界
　・教育制度の影響……経営教育における大学の役割の低さと実務的教育の欠如➡実務的な観点重視のアメリカ的な経営者教育・管理者教育への抵抗感
③ 生産力構造的特質の影響
　戦前のフォード・システムの修正版にみられるドイツ的方式の影響
　　　➡ドイツに特有の専門技能資格制度や職業教育制度にも支えられるかたちでの**品質重視・機能重視の生産体制**の構築
④ 産業構造的特質の影響
　・伝統的な生産財産業優位の産業構造とアメリカに比べての消費財産業の発展の遅れによる工作機械産業のような生産財産業の国際競争力強化の課題
　・電機，自動車といった産業の国際競争力
　　　➡**製品差別化的な品質や機能に重点をおいた生産のあり方**の重視
　　　　➡**熟練労働力に依拠した部分を多分に残した生産のあり方**
⑤ 市場構造的特質の影響
　・労働市場の特質の影響
　　経営者／管理者に求められる素養や内部昇進型の昇進システム➡ビジネス・スクールの普及の遅れ
　・商品市場の特質の影響
　　ドイツと欧州の技術・品質・機能重視の**市場特性**➡製品差別化の重要性➡**資本財・投資財，耐久消費財の分野での競争優位**➡欧州内での「**棲み分け分業的**」な貿易の相互補完体制の確立➡ドイツ的経営，共同決定制度による高コスト構造のもとでの資本蓄積（「ドイツ・モデル」）の基盤➡**日本との大きな相違**（戦後当初から欧州に

匹敵する市場をアジア地域にもたずアメリカへの輸出依存度が高くならざるをえなかった日本）

2. 1990年代以降の「アメリカ化」の再来とドイツ的経営の変容

1990年代以降には，グローバリゼーションの大きな動きと資本市場の圧力の増大のなかで，アメリカ的な「合理性原理」を全面に押し出した企業経営（**株主価値重視の経営**）の展開への圧力が強まり，ドイツ的な経営の変容を迫るという状況が現われてきた（「アメリカ化」の**再来**）。

(1) 株主価値重視の経営への転換をめぐる問題

ドイツの伝統的なコーポレート・ガバナンスのシステム（企業金融と監査役会における銀行の支配的な役割，共同決定制度，生産重視の企業経営システムという3つの柱）の動揺・変容

→株主価値経営の考え方は，「留保利益の確保と利益の再投資」を基礎にした生産重視ではなく「ダウンサイジングと利益の分配」というかたちで企業の戦略転換を達成しようとするもの

→株主価値重視の経営への戦略転換は，1）投資家広報活動／会計，2）将来キャッシュフロー重視の事業の経営，3）経営者へのストック・オプションの導入，4）株主価値向上のためのリストラクチャリングによる事業再編・企業構造の再編とそのための企業集中の展開にみられる

(2) 株主価値重視の経営への圧力とドイツ的経営の動揺

・企業の所有構造の変化……機関投資家の所有比率の上昇とファンドなどの新しい投資家（「モノ言う株主」）の台頭

・銀行の役割の変化……ハウスバンクのパラダイムから投資銀行のそれへとドイツの大銀行の経営行動が変化

→監査役派遣も含めて産業企業との関係の後退の傾向，銀行が敵対的買収を支持するケース

・共同決定の変容

(3) アメリカ的経営モデルへの転換とドイツ的経営の相克

しかしまた，アングロアメリカ・モデルへの全般的な収斂化というかた

ちには必ずしもなってはいないという面も強い。
　　➡むしろ経営者間や経営側と労働側との間の交渉での合意のようなドイ
　　　ツの伝統的なステイクホルダーの慣行との結合というかたちでの企業
　　　組織のハイブリッド・モデルの採用となっているという面もみられる
〈要因〉・銀行を基礎にした資金調達，産業の共同決定や生産重視の経
　　　　　営志向は株主価値の前進を妨げる要因となってきたという面
　　　　・1990年代以降になっても，生産重視の経営観，企業経営の
　　　　　伝統，それらを反映したエンジニアの地位の高さなどがトッ
　　　　　プ・マネジメントの人事構成ともなお深い関係をもっている
　　　　　傾向
　　　　・取締役会内部における合議制に基づく意思決定の志向や，そ
　　　　　れをも反映したCEO（最高経営責任者）のアメリカと比べ
　　　　　た場合の相対的に弱い地位

【より進んだ学習のための文献】
B. R. ツーゲヘア著（風間信隆監訳）『ライン型資本主義の将来』文眞堂，2008年。
C. 山崎敏夫著『ドイツ企業管理史研究』森山書店，1997年。
C. 山崎敏夫著『ヴァイマル期ドイツ合理化運動の展開』森山書店，2001年。
C. 山崎敏夫著『ナチス期ドイツ合理化運動の展開』森山書店，2001年。
C. 山崎敏夫著『戦後ドイツ資本主義と企業経営』森山書店，2009年。
C. 山崎敏夫著『現代経営学の再構築』森山書店，2005年。

　　　　　　　　　　　　　　　　　　　　　　　　　　　（山崎敏夫）

第3章
日本企業の発展と経営システムの展開

《中心的論点とキーワード》

日本企業と経営システムのダイナミズムを考察。後発国としての工業化過程における企業家と政府の役割の重要性。財閥の形成過程と専門経営者の果たす役割。財閥解体，企業集団の形成，近代的マネジメントの受容と変容，技術革新・マーケティングなど経営システムの展開。キーワード：工業化，財閥，専門経営者，企業集団，産業政策，技術革新，流通革新，海外進出

3.1 工業化と経営システムの形成

1. 工業化過程における政府の役割：官業と官業払下げ
   (1) **殖産興業の特徴**……在来産業の近代化＜近代工業の移植
       後発国日本にとって西欧諸国に対抗するためには急速な工業化が急務。
   (2) 工部省，内務省の設立と役割
       ① 工部省……1870（M3）大隈重信らによって設立。業務：工学，勧工，鉱山，鉄道，電信，土木，燈台，造船，製鉄，製作の十寮と測量司（とくに鉄道と鉱山に力点）。
       ② 内務省……1873（M6）に大久保利道らによって設立。業務：インフラストラクチャーの整備，物産の繁盛と貿易の拡大のための技術指導・模範勧業，**官営模範工場**の建設。
   (3) **官業の実態**……鉱業，鉄道，海運，紡績などにおいて民間資本を誘導しつつ，保護政策を展開。「模範官業」と「利潤追求」のディレンマ。大阪紡績や日本鉄道などの民間企業の方が好成績。つまり政府は，一定の民間企業の育成とそれを活用した助成を行うことで工業化の達成を企図。その

さい保護を与えた企業家の経営手腕を高く評価。
(4) **官業払下げ**……財政逼迫から3段階に分けて払下げを実施（高島炭礦はM7に先行実施）。

第1段階：事業の継続を未考慮で実施。払下げ希望者なし。

第2段階：資本の回収を第一義とせず，無利息，長期年賦などの条件で払下げを実施。事業の継続可能者への払下げ。品川硝子，長崎・兵庫両造船所など。

第3段階：軍事予算拡大の中での優良鉱山（三池炭礦，佐渡金山，生野銀山）などを有力企業へ払下げ。

(5) 官業払下げの評価……① 近代民間企業のモデル。② 先行投資の不可避的損失の吸収。③ 技術上の問題点の明確化。④ 事業の継続可能者の経営手腕を評価。

2. 株式会社制度と企業勃興

(1) 会社制度は近代ビジネスの象徴であったので，遅れて工業化をスタートした日本経済の近代化には必要不可欠な制度＝乏しい資本とチャレンジングな人材とを結合する役割。導入に際して，その歴史性や複雑なメカニズムが障害。

(2) 株式会社の初期形態

1866（慶応2）年に福沢の「西洋事情」による制度の紹介や1871（M4）年明治政府による「立会略則」による紹介，移植・普及が行われ，為替会社と通商会社を設立。ただし株式会社制度の概念を正しく理解せず。

(3) 国立銀行の設立と株式会社制度の確立・普及

1872年に国立銀行条例を制定。第一国立銀行を設立（1873年）し，株式会社化を模索。

国立銀行の性格は，5人以上の発起人と一般からの株主の公募，確定資本金概念（資本金を株式に分かつ），5人以上の取締役を株主から選任し，経営を委ねる等かなり進歩的。ただし株式の譲渡自由性がないことや借金による出資が認められないなどが問題。1876年の国立銀行条例改正により国立銀行数激増（4→149行）。株式取引所条例発布（1878年）により東京株式取引所開業➡東京海上保険，東京馬車鉄道，日本鉄道，大阪紡績な

ど大会社や地方の養蚕，製糸，織物，水陸運会社など多くの企業が株式会社で設立。しかし，こうした企業の設立は投機的利得獲得を狙ったものもあったので，松方デフレ（M14～18）で淘汰。

(4) 第2次株式会社ブーム

明治20年代に入って，鉄道，紡績，銀行，保険，電灯などの有力企業が株式会社を採用。会社総数の約半数が株式会社。株式会社は，西欧からの移植産業分野に普及。技術と資本を結合する役割を果たし，未成長の個別資本の大規模投資を補完。

3. 財閥の形成

(1) **財閥の定義**

「家族ないし同族が封鎖的に支配する多角的事業体」

「それぞれの産業部門において寡占的地位を占める」

(2) **財閥の起源**

政治権力者との特殊な人的結合による政商活動：① 公金取扱の金融業者（三井，安田）。② 用達業者（大倉，藤田）。③ 特権的海運業者（三菱）。鉱物資源の有限性を活かした鉱山経営：鉱山業者（住友，古河）。

(3) **初期の多角的事業経営**

政商活動や鉱山経営を通じて富を蓄積した企業家が**多角経営**を展開。

三井，三菱，住友が積極的に銀行，鉱山，炭坑経営に進出したが，工業部門への展開は射程外。

三菱のケース：政商活動のリスクから脱却するために，「海から陸への転進」を図り，海運業の周辺事業を中心に鉱礦山，銀行，商事，造船，地所，農業などの事業を展開。

(4) **財閥の組織**

1893（M26）の商法施行により財閥も会社制度を採用したが，株式会社は未採用＝外部資本の調達が不必要。

三井は合名，三菱は合資を採用＝同族財産を非公開のままで，一括して共同所有する形態を維持し，支配下の企業の損失に対して同族の責任を有限とすることが理由。

4. 工業化過程における経営テクノクラートの発生

(1) 「番頭経営」とその限界

経験主義的熟練の積み重ねによって形成された経営能力＝経験と勘では，工業化に立ち向うことが不可能（ex.三野村利助（三井），広瀬宰平（住友））。

(2) 工業化過程における管理者的人材へのニーズと調達

新しい時代にふさわしい産業➡新技術，ニーズ，制度，新時代などに関する知識。

「管理者的人材」の調達は，外留者，国内学卒者←高等教育の整備，官庁や官業経験者も採用。

(3) 経営テクノクラートの採用企業と職務

近代産業の建設を目的として設立され，新しい制度，技術，知識を必要とした企業や財閥が多く採用。

経営テクノクラートは，大企業の中でミドル・マネジメントを形成，技術系（のちには事務系）で多く採用。

(4) 経営テクノクラートの特徴

ミドル・マネジメントにもかかわらず，ビッグ・ビジネスの政策意思決定に強力な発言権を保有。

3.2 近代企業と経営システムの展開

1. 専門経営者の抬頭

(1) 専門経営者とは……資本家の資格を持たず，資本家に雇われて，大企業における最高レベルの政策決定，調整，評価機能を担当する役員。

(2) 初期のトップ・マネジメント……資本家優位

投資型資本家の経営姿勢：事業を株式投資の対象としかとらえず，事業業績いかんでは，いつでも株式を売却して，他の安全有利な事業に投資対象を切り替え，高配当に関心。

↓

長期的視野に立った経営戦略の構築が不可能。

(3) 専門経営者抬頭の必然性

① 国内外の競争の激化，競争に打ち勝つためのテクノロジーの導入と消化，製品の販路開拓，資金調達などの問題に直面。
② 経済の拡大基調，人口の増加，都市化の進展，ホワイト・カラーを中心とした新中間層の形成，植民地獲得による海外資源・市場・投資先の拡大。
③ 労働者層の組織化に対応できる人材の必要性。
④ 経営体制の再編・強化と財閥のコンツェルン化・事業部制化，大企業の集中・合併。

↓

経営環境の変化に柔軟に適応，新しい組織づくりを指向し，組織を指導できる人材。

(4) 専門経営者の抬頭と特徴
① 昭和初期（1930年）には，銀行・鉄道，鉱工業（払込資本金2000万円以上，それ以外1000万円以上）会社158社中，90％弱の企業で専門経営者が支配的。
② 財閥系大企業や財界有力者のいる企業に輩出。
③ 高学歴で技術者。
④ 経営内部で育成・登用というビジネス・キャリアが定着。

2. 財閥の発展と多角化

(1) 財閥の発展

明治末にその経営基盤を確立していた主要財閥は，第1次大戦期の輸出の急増，工業製品の輸入途絶，国産品の内需拡大というビジネス・チャンスに積極的に対応することにより事業を多角的に展開し，**コンツェルン体制**を整備。さらに昭和恐慌期から満州事変にかけても新たに生じたビジネス・チャンスを活かして発展。

(2) 重化学部門への**多角化**

鉄鋼部門に三井，三菱，住友，浅野などが進出。三菱が造船部門を独立（1917年）させたのをはじめ，三井物産が同分野を新設，川崎造船所が大きく飛躍。電気機械工業の分野では芝浦製作所，日立製作所，三菱電機といった企業が事業を拡大したほか，住友，古河も同分野に参入。さらに三

井，三菱が石炭化学工業分野に，三菱が航空機分野に，新興財閥が電気化学分野に進出。
(3) 商事部門への展開
　　各財閥は大戦ブームに乗って，商社活動を強化もしくは創設。三井物産が著しく伸長したのをはじめ，三菱は商事部門を独立（1918年，三菱商事設立）。ほかにも，大倉，古河，浅野，久原，鈴木などが商社活動に新規参入（ただし，住友を除く）。大戦後の反動不況に対する対応に失敗し経営破綻を招いた企業も現出。
(4) 金融部門の拡充
　　三井，三菱，住友，安田の**四大財閥**は，大戦後に銀行をはじめとする金融部門の拡充に精力を注ぎ，その基盤を不動のものにしたほか，信託，生保，損保の各分野に積極的に多角化。
(5) 財閥のコンツェルン化
　　事業の多角化・拡充に対応して，財閥は持株会社を中心とするコンツェルン体制を確立。三菱は，事業拡大にともなう資金需要の増大と人事面での合理的統制を図るために三菱合資のもとに造船，鉱業，商事，銀行，電機などを株式会社化。新興財閥も同様にコンツェルン化を模索。

3. 経営管理技術の展開

(1) **テイラー・システム**の導入の背景
　① 日本において機械化の進展と工場内分業が発展したのは明治20〜30年代であるが，経営の合理化など経営管理の問題が企業によって意識的に研究され，適用されたのは大正年代から昭和初頭。
　② 機械化＝量産体制の進展，大量の不熟練労働者の存在，労働運動の高揚による労使協調の必要性，生産性の増進など経営の合理化が日本企業へのテイラー・システムの導入を促進。
(2) 導入のプロセスと日本的特徴
　① 大正末から昭和初期にかけての企業環境（不況，合理化の追求，企業間競争の激化，労働運動の高揚など）が導入を促進。
　② 紡績業や電気機械工業などで導入。
　③ 日本の場合，賃金刺激による課業の達成を「不況」脱出のための一手

段として利用。
④ テイラー・システム本来のアメリカ的合理主義での適用ではなく共同体意識＝「家」概念に支えられた**日本的労使関係**のなかでの適用。
(3) **科学的管理運動の普及**

講演やパンフレットを通して軍工廠や鉄道省に普及。➡教育を受けた技術者などがスピン・オフして，企業に普及。政府も臨時産業合理局を設置して民間の能率増進運動を支援。

4. 新興財閥の発展

(1) **新興財閥とは**

1931（S6）年の満州事変前後から急速に多角的に事業を発展させた企業群：**日産，日窒，森，日曹，理研**など。

(2) **新興財閥の発展：日産のケース**

久原房之助が久原鉱業所日立鉱山設立（M38）➡久原鉱業に改組（T1）➡第1次大戦期には5大産銅業者に成長，高利潤をバックに海運，造船，商事部門などへ多角化➡大戦後の反動恐慌で破綻➡鮎川義介が経営を継承，公開持株会社日本産業に改組（S3）➡鉱業部門を日本鉱業として分離（S4），コンツェルン体制を確立➡日本鉱業，日立製作所の株式をプレミアム付きで公開し，多額の資金を獲得➡この資金を企業買収・合併に活用，事業分野を拡大。

(3) **新興財閥の特徴と限界**

特徴：
① 重化学工業のウェートが高い……技術的関連の多角化を通じた産業型コンツェルン。
② 外部資金依存型……内部に銀行を持たなかったので，持株会社の株式の公開を通じて社会資本を動員。
③ 技術者が創業……鮎川義介（日産），野口遵（日窒），中野友礼（日曹），大河内正敏（理研）など。
④ 植民地への進出と軍部との結合……朝鮮，満州に積極的に進出。軍部とも友好関係。

限界：

① 軍需生産の本格化に伴う過剰電力の解消と電力の国家管理による発展の隘路。
　　② 戦時体制下における株式市場の統制による資金調達機構の崩壊と特殊銀行への依存。
5. **マーケティング・オリエンティッド・ファームの出現**
　(1) マーケティング・オリエンティッド・ファーム出現の背景
　　① 新製品，技術的に複雑で高価，ペリシャブルという洋風消費財の特徴と分散的小規模市場から集中的大規模市場，都市市場への変化という市場の性格。
　　② マーチャンダイジングにおける中間商人（問屋）の不適切。
　　③ 商人よりも安価に卸売する製造業者の存在。
　　④ 第1次大戦以降の生活の洋式化，近代化の進行，都市への人口の集中，消費の量的・質的向上。

　　　　　　　　　　　↓

　　洋風消費財産業において，自らマーケティング機能を担う企業が出現（ビール，洋酒，洋菓子，ミシン，化粧品，電球など）。
　(2) **洋風消費財産業のマーケティング活動**
　　　当時のマーケティング技術：広告活動と販売経路政策（包装，割賦販売，セールスマン教育，デモンストレーションなど）。
　　　広告活動の定着：広告代理店（電通，博報堂）の成長とともに，新聞・雑誌広告を多用（薬品，化粧品，食品，百貨店など）。
　　　スローガンやキャッチ・フレーズ，登録商標なども採用。
　(3) 販売経路の定着
　　　製品の性格によって，製造業者が自らマーケティング機能を担当。

　　　　　　　　　　　↓

　　洋菓子や化粧品業では，特約店を専属化し，または小売店を系列化する傾向。資生堂は1923（T12）年に**連鎖店制度（チェーンストアー）**，蛇の目ミシンは月賦販売。

3.3 戦後経営と経営システムの新展開

1. 財閥解体と企業集団の形成
(1) 財閥解体と過度経済力集中排除法
　①「持株会社の解体」(1945 (S20) 年 11 月) により日本経済に強大な支配力 (日本全体の資本力の 16％強) を有していた戦前の財閥は, 全面的に解体。
　②三井, 三菱など 10 大財閥は, 保有株式を持株会社整理委員会に譲渡 (46 年 5 月), 続いて㈱三井本社, ㈱三菱本社, ㈱住友本社, ㈲安田保善社, 富士産業㈱, ㈱日産, ㈱浅野本社, 川崎重工業㈱, ㈱日立製作所, 東京芝浦電気㈱, 日本製鉄㈱, 三菱重工業㈱, 三菱鉱業㈱, 三井物産㈱, 三菱商事㈱など合計 83 社を持株会社に指定, 株式保有を通した支配を全面解体。
　③「**過度経済力集中排除法**」(47 (S22) 年 12 月) により鉱工業関係 257 社, 配給・サービス関係 68 社, 合計 325 社を指定→対日占領政策の転換により最終的に 18 社の企業分割, 工場, 保有株式を処分。
　④解体の特徴……人事権からの解放, 安定株主の消滅, 企業間の利害調整・情報交換の場の消失, 内部取引組織の弛緩。
(2) 人的支配の切断
　「関係会社の役員中財閥一族関係者, 並びに財閥本社及び財閥系会社の代表的色彩を有するものその他財閥的色彩の濃厚なるものは全員退任せしむること」(45 年 10 月), 第 2 次**公職追放措置** (47 年 1 月), **財閥同族支配力排除法** (48 年 1 月) により人的支配を切断。
(3) 新経営陣の特徴と直面した問題
　特徴：① 専門経営者の制覇。② 世代交代。③ 経験の不足。
　直面した諸問題と対応：
　　① 過度経済力集中排除法への対応。
　　② 労働争議と人員整理問題→信任の獲得と労使協調路線。
　　③ 株式放出とテイク・オーバー→株式相互持ち合いと社長会。

④ 財務的危機➡系列融資と役員派遣。
　　⑤ 経験の不足➡情報交換と社長会の機能。
　(4) 企業集団の形成
　　① 企業集団：「多様な業界の有力企業が相互に株式を持ち合うことによって成立した集団で，大株主会として社長会をもつ」。
　　② 住友系……白水会（1951（S26）年），三菱系……金曜会（54年頃）
　　　 三井系……二木会（61年），富士銀行系……芙蓉会（66年）
　　　 三和銀行系……三水会（67年），第一勧銀系……三金会（78年）
　　③ 企業集団の形成要因と機能：戦後財閥解体による株式公開を経験した旧財閥系企業の経営基盤の確立，資本の自由化・証券不況による株価の低迷（銀行系）……同一系列企業の株式保有による**株主安定化**。新経営者の経験不足の補完：社長会の**情報交換機能**，**取引コスト**の削減，リスク・シェアリング。

2. 近代的マネジメントの導入

　(1) アメリカ式管理技術の導入
　　　1948年頃から現場を中心とした人事管理，労務管理，品質管理，作業管理の導入：CCSによる統計的品質管理，職階制，教育訓練。
　　　アメリカ的合理主義と個人主義の発想⟷**日本的集団主義**。
　　　　　　　　　　　　　　↓
　　　労使協調，企業への帰属意識など日本的に修正。
　(2) 全般管理と管理会計の導入
　　① 常務会を中心とするトップ・マネジメントの改革。
　　② 部長会，課長会などの連絡調整委員会などの組織改革。
　　③ **コントローラー制度**や**内部統制方式**など管理会計的方式の導入。
　　　　　　　　　　　　　↓
　　　企業の管理における予測と計画機能と統制機能の重要性
　　　　　　　　　　　　　∥
　　　利益計画や経営計画，予算制度の採用とこれらを有効に機能させる管理スタッフとしてのコントローラー。
　　④ 予算統制と原価管理を結合し，これを部門管理に適用して管理統制の

効果を強化＝内部統制。
(3) **生産性向上運動**
① 日本生産性本部の発足：1955（S30）年。
② 大規模な啓発宣伝活動……経営，労務，生産の科学的管理方式の普及，企業内訓練，情報センター，海外視察団の派遣や海外専門家の招聘など。

評価……アメリカ的管理技術をたとえ模倣的であれ受容することによって，生産性向上による経済成果を大きくし，その配分を増大させることに暗黙の合意。

3. 通商産業政策と企業経営
(1) 戦後日本の産業政策
輸出競争力の強化，欧米諸国へのキャッチ・アップという特殊な政策目標を実現するために動員された政策手段。多くの政策が通産省主導。
$$\parallel$$
「政府と経済界の絶えざる協調関係」＝「**日本株式会社**」

(2) **輸入統制政策と外資法**
① 経済安定九原則の実施とドッジ・プランによる経済自立化と輸出競争力強化……為替レートの設定：1ドル＝360円（1949年4月），外国貿易管理法に基づく輸出原則自由，輸入貿易の民間への移行（1949年12月）。
② **通産省**（現経済産業省）設立（1949（S24）年5月）。
③ 民間貿易は再開されたが，「外国為替及び外国貿易管理法」によって輸入統制は継続。
④ 外資法（1950年）……日本企業を外国企業との競争から遮断。

(3) **産業育成政策**
①「わが国産業合理化方策について」（1951（S26）年）
㋑ 産業機械の合理化，近代化を促進するための企業優遇税制。㋺ 国家資金配分のための新機構。㋩ インフラ整備のための財政資金の重点配分。㋥ 技術開発促進のための助成措置。㋭ エネルギー費軽減のための電源開発。㋬ 資産再評価。㋣ 独禁法の改正。㋠ 基幹産業への傾斜的資

第3章　日本企業の発展と経営システムの展開　　　　　　　　　　　45

金配分。
② 国家資金の確保……日本輸出銀行（1950年）と日本開発銀行（51年）の設立＝電力，海運（造船），鉄鋼，石炭への重点配分➡経済効果：重要産業が必要とする合理化資金，近代化資金の直接供給による設備の近代化の促進，開銀融資の波及効果➡民間金融機関による資金の供給と企業の資金調達の円滑化。
③ **資産再評価**（1950，51，53年）……減価した資産を再評価することによって資本蓄積を容易にし，再評価差額を資本に組み入れることにより自己資金の充実。
④ 税制上の特別措置……租税特別措置による特別償却，重要機械類の輸入税免除，近代化設備や研究開発などに対する各種税の減税および補助金の交付。
⑤ 独禁法の改正（1953年）……不況克服や合理化達成のためのカルテルの容認，株式保有や役員兼任などの規定の緩和，不公正な取引方法の禁止と**再販価格維持**の容認。

(4) 産業政策の評価
① 国際競争力の強化という優先目標が設定された上での産業政策であったので，競争制限的枠組みの中でも，競争促進的な企業行動を現出。
② 輸入統制や外為法も競争力強化という枠組みの中で，弾力的に運用。
③ 本来国家収入となるべき各種税を企業に無償貸与したので企業の資本蓄積を助長。資金調達コストが軽減されて，その分投資促進的に作用。
④ 企業の将来に対する不確実性の軽減とリスク・ヘッジ効果。

∥

設備投資主導型の企業体質と競争的な経済機構を創出

4. 技術革新と設備投資

(1) 戦後日本の技術革新

戦中・戦後の技術的空白を埋めるために，1950年代後半から60年代にかけて重化学工業分野を中心に多くの外国技術（一般機械，電気機械，化学製品など）を導入。また自主開発を促進する「中央研究所」体制も進展。

(2) **技術革新の背景**
　① 外資法と育成政策。② 国内・国外市場の拡大と企業間競争の激化。
　③ 軍需技術の民需転換。④ **スケール・メリット**の追求と大型設備投資。
　⑤ 旺盛な企業家精神。

(3) **高度成長**と設備投資：1950年代から60年代にかけて「投資が投資を生む」という合理化，近代化を目的とする民間設備投資ブームがほぼ全産業にわたって進展し，高度成長が定着。鉄鋼業のホット・ストリップミル，石油化学コンビナート，造船業の溶接・ブロック工法などが代表的。

(4) **多品種少量生産体制の構築**
　技術導入の模倣的受容→創造的消化（現場の工程技術の重視）へ。
　トヨタ生産方式（ジャスト・イン・タイム，**自働化**）が代表的。
　技術開発を促進するシステム＝長期的視点からの経営目標の設定，水平的で柔軟な組織構造，長期雇用などの雇用慣行，**長期相対取引**や複数企業による共同研究開発。

5. 流通革新

(1) **マネジリアル・マーケティング登場の背景**
　昭和30（1955）年代に入って，量産型耐久消費財の登場が新しいマーケティングを誘発。① 消費財産業の広範囲な発展，② 消費財分野への大企業の参入，③ 消費財産業における大量生産方式の採用，④ 生産高の急速な増大，⑤ 多数の新製品の導入などが登場の背景。
　家電，合成繊維，洗剤，カメラ，ビールなどの産業で現れ，40年代には自動車の分野で顕著。

(2) **製品計画**と**流通系列化**
　① 昭和30，40年代にかけて科学的な市場調査と需要予測に基づく**マーケティング・ミックス**としての製品計画，価格政策，販売経路政策，販売促進政策，広告政策が統一的に展開され，計画的陳腐化政策，市場細分化，製品差別化戦略，それにともなう販売促進政策も進展。
　② 各メーカーは専属（系列，直営）販売経路を整備して，量販体制を構築。昭和30年代にはディーラー・ヘルプス，系列化政策を強化し，最終消費者までをも系列化。

小売業主導の流通チャネル➡メーカー主導の流通チャネル形成へ。
　(3) スーパーチェーンの発展
　　① 昭和30年代半ばまで保守的な経営を行っていた百貨店の間隙を縫って，40年代以降ダイエー，西友ストアー，ニチイ，イトーヨーカ堂といったスーパーチェーンがナショナルチェーン展開を図って急成長。1972（S47）年にはダイエーが売上高で三越を凌駕➡メーカー主導が小売業へ移行。
　　② 業態の多様化
　　　　コンビニエンスストアー，ショッピングセンター，量販店，専門店チェーン，ショッピングモールなど小売業態が多様化➡メーカー側も製販一体化など流通チャネルを再編成。

6. **日本企業の海外進出**
　　① 1970年代までの日本企業の海外直接投資は，国際収支上の理由から抑制。
　　② 1970年代以降，輸出主導型へ変化（➡貿易摩擦の熾烈化＝日米間での繊維や鉄鋼分野➡カラーテレビ，工作機械，半導体などへ拡大，地域もアメリカからEC諸国へ拡大）。
　　③ 「海外投資元年」（1972（S47）年）：背景　政府規制の緩和，大幅な円高，国内実質賃金の上昇など。
　　④ 1981年以降，自動車をはじめとする製造企業や金融，不動産などの第3次産業の対外投資が活発化。地域も北米，欧州など先進諸国向けが特徴。背景：一層の円高，金融の国際化，貿易摩擦の高まり，開発途上国の投資環境の悪化など。
　　⑤ 「プラザ合意」以降，アジア諸国，とりわけ中国に対する進出が顕著。

7. **金融システムの特徴と展開**
　　特徴：相対的**間接金融**システム（企業の借入金依存体質➡オーバーローン➡証券市場の未成熟。
　　メインバンクの存在（＝系列融資と協調融資）➡株式相互持合いとモニタリング機能。
　　政府金融当局による「護送船団方式」。

展開：ニクソンショック（1971（S46）年），オイルショック（1973，79 年）

　プラザ合意（1985（S60）年）（＝円高をめぐる国際的為替介入）➡金融の自由化・グローバル化進展➡バブル崩壊➡証券（山一）・金融機関（北海道拓殖銀，長期信用銀など）の経営破綻（整理統合）➡2000 年代に入って，4 メガバンクの登場（みずほ，三井住友，三菱東京 UFJ，りそな）

8. 1985 年以降の経済状況と企業経営

　プラザ合意以降の「円高不況」➡「バブル景気」➡バブル崩壊以降の長期不況（失われた 10 年）➡「いざなぎ景気」超えの長期好況➡アメリカ発の世界同時不況（リーマンショック）・**経済のサービス化・環境経営への配慮・コーポレート・ガバナンスの変化・情報革新への対応・グローバル化への対応・エクイティーファイナンスの拡大**。

【より進んだ学習のための文献】
A． 森川英正編『ビジネスマンのための戦後経営史入門』日本経済新聞社，1992 年。
A． 経営史学会編『日本経営史の基礎知識』有斐閣，2004 年。
A． 宇田川勝・中村青志編『マテリアル日本経営史』有斐閣，1999 年。
B． 宮本又郎他『日本経営史　新版』有斐閣，2007 年。
C． 橘川武郎・久保文克編著『グローバル化と日本型企業システムの変容』ミネルヴァ書房，2010 年。

　　　　　　　　　　　　　　　　　　　　　　　　　　　　　（藤田誠久）

第2編
企業経営体の構造

第4章
事業構造

> 《中心的論点とキーワード》
>
> 会社（企業経営体）は，事業，企業，経営の3つの側面に分析されうる。第4章では，まず事業を取り扱う。第5章では企業を説明する。第6章で事業と企業を結びつけて動かす経営管理機能（経営機能）で統一された企業経営体を見ていくことを狙いとしている。従って，この3つの章は，関連づけて理解していただきたい。キーワード：事業，企業，経営（経営機能），経営体

4.1 企業経営の基盤としての事業

1. 事業とは何か
(1) 一定の目的（利潤目的，公共目的など）と計画によって，人間の社会生活に必要な商品やサービスを，一定の主体（個人，法人）が継続的に提供する経済的活動をする場合，その活動対象となる分野を**事業**（business）という。例えば工業，商業，農業，林業，水産業，運輸業，金融業，倉庫業，保険業などの諸分野。
(2) 事業は企業（者）にとっては**投資の対象**となり，経営者にとっては**経営の対象**となる。
(3) 近年，経営環境への対応，経営戦略と関連して，事業問題に関心が注がれてきている。例えば新規事業分野への進出による事業の多角化，消費の高級化・多様化にあわせた事業の細分化，既存事業の統廃合による事業体系の再編成，異業種交流による複合事業化，R&D（研究開発）の活発化による新規事業（新規商品）の開発など。

2. 事業・企業・経営—3つの分析視点—

(1) **企業**（enterprise）……本来は，自らの**危険負担**に基づき，独立の**資本計算単位**として，収益性を目指して独立の事業活動をする経済単位を意味した。➡企業の大規模化・**継続企業**（ゴーイング・コンサーン）化に伴い危険負担の要素が薄れ，単に資本計算単位，損益帰属の財務単位，**資本結合単位**（**出資，財産帰属，所有の単位**）を意味する用語に転化。具体的には第5章参照。

(2) **経営**（management）……次の①〜⑫のように多義的な意味で使われることのある概念。経営学文献を読む際には，どの意味で使われているかを見極めつつ読む必要がある。① 現場作業活動とは区別されるものとしての経営管理活動，② 他人を通じて物事をなさしめる機能，③ 部門的管理（生産管理，財務管理等）とは区別された全般的経営管理，④ 経営する主体としての経営者層，⑤ 経営者の役割ないし機能，⑥ 経営者の経営能力，⑦ 経営者という専門的職業（profession），⑧ 経営管理の技術・技能，⑨ 経営管理のための組織（経営管理組織），⑩ 経営者が経営管理の対象とする物的・技術的設備，商品生産の作業場（ドイツ経営学で伝統的だった理解），⑪ 以上の①〜⑨の動的経営機能（**経営作用**）と⑩の経営対象（経営客体。前述の事業的側面）と企業の三者が統一された存在（**経営体，経営存在**），⑫ 経営実践に役立つ一連の経営学的な体系的知識。➡「経営」とは，**狭義**には経営する機能（経営作用）を指し，広義には事業・企業・（狭義）経営の三者の統一である経営体（経営存在）を指す。〔このような二重の意味で理解する方法が故山本安次郎によって提唱された。また，バーナード（Barnard, C. I.）の**協働体系**（cooperative system）もほぼ同様な内容を意味している。第7-8章を参照のこと〕

(3) 経営学は広義の経営（経営体）を対象とする学問である。➡どんな事業に対し，どんな出資形態・資本結合形態を通じて投資し，どう運用してゆくかに関する学問（つまり事業，企業，狭義経営の3側面に関わる学問）。

(4) 本書の内容構成との関係では，
　　事業面に深く関わる論述➡4章，18章に関係
　　企業面に深く関わる論述➡5章，6章，15章に関係
　　経営体（広義の経営）に深く関わる論述➡6章，7章，18〜22章に関係

（狭義の）経営に関する論述➡7～18章に関係

4.2　産業—事業構造

1. 産業（industry）の定義と分類基準

事業と類似の概念に産業がある。産業は社会的分業の一端を担う経済活動を意味し，分類基準としては，① 需要者側から見て同質的ないし代替的商品群をまとめる（食品産業，鉄鋼産業など），② 生産者側の生産技術・生産プロセスの共通性・類似性でまとめる（化学産業，機械産業など），③ 機能中心でまとめる（システム産業，知識集約産業など）がある。詳しい産業分類は「**日本標準産業分類**（JSIC, Japan Standard Industry Classification）」（1949年制定）や「**国際標準産業分類**（ISIC, International Standard Industry Classification）」（1948年制定，JSICはこれに依拠））」によるのが一般的。最新の日本標準産業分類（2007年第12回改訂版））では，次のように大分類20が挙げられ，そのもとに中分類99，小分類529に仕分けられ，最終的には細分類1,455にのぼる諸産業が表示されている（具体的な詳細は「日本標準産業分類」というキーワードによって，簡単にネット上で見ることが出来る）。また，**第1次産業**（農業・林業・水産業），**第2次産業**（鉱業・製造業・建設業），**第3次産業**（商業・運輸通信・サービス等）の分類もよく行われる。いずれも，絶えざる技術変化の中で，新産業が生まれ，既存産業が衰退していくという新陳代謝が激しい。この激変にどう対処するかは経営にとって重要事である。このことは経営学に事業選択論，経営戦略論という研究領域を生み出したが，そのことは後に取り上げられる。

以上の多様な産業が全体経済の中でどういう組合せになっているかという意味での組合せ状態を**産業構造**という（社会全体の経済中で各産業の総生産高，従業者数，所得，使用総資本などが占める構成比で示される）。

2. 産業と事業の区別と関連

産業概念は全体経済ないし部門経済レベルでの社会的分業の視点からとりあげられた集合概念。事業概念は個別経済主体（会社，官公庁など）が継続的に提供する商品やサービスで，個別主体別の個別概念。個別主体の事業

（業種）は単一の産業にのみ属することもあれば，いくつかの産業にまたがって多角化された事業の場合もある。

3. 事業分類と事業構造

　山本安次郎は，企業の行う事業について，次のような分類を行っている（『増補　経営学要論』1976年）。

　(1) **業種別分類**（生産事業，商業事業，サービス事業，あるいはまた，第1次産業事業，第2次産業事業，第3次産業事業），(2) **性質別分類**（公益事業，私益事業），(3) **市場地位別分類**（独占事業，競争事業），(4) **構造別分類**（基礎産業事業，上屑産業事業），(5) **製品の単複による分類**（単一事業，複合事業），(6) **費用構造による分類**（比例費産業事業，固定費産業事業，逓増費産業事業，逓減費産業事業），(7) **費用要素による分類**（原料指向事業，労賃指向事業），(8) **成衰別分類**（成長産業事業，斜陽産業事業など。

　さらに狭く工業のみに限定しても，次のような分類がされる。(9) **技術史的分類**（手工業事業，家内工業事業，工場制手工業事業，工場制工業事業），(10) **製造方法による分類**（機械工業事業，装置工業事業），(11) **技術的特色による分類**（組立工業事業，進行工業事業），(12) **生産方式による分類**（個別生産工業事業，組別生産工業事業，大量生産工業事業），(13) **原料の性質による分類**（重工業事業，軽工業事業），(14) **製品の性質による分類**（消費財工業事業と生産財工業事業，個性品工業事業と代替品工業事業，総合工業事業と単純工業事業，必需品工業事業と奢侈品工業事業，内需工業事業と輸出工業事業），(15) **官庁統計等に依拠した分類**（金属事業，機械器具事業，化学事業，ガス電気事業，窯業事業，紡績事業，製材木製品事業，食料品事業，印刷製本事業など）。

　科学技術の進歩，産業構造・需要構造変動に伴ってリーディング・インダストリー（トリガー・インダストリー）＝**主導産業**が変化する➔企業は時代に合った産業を取り込み，新事業に進出する必要性➔1企業1事業（1業種）から1企業多事業（多業種）へと事業の組み合わせ状態（**事業構造**）が変わる。

4.3 産業構造の変化と事業の盛衰

1. 日本の産業構造変化

(1) 戦前……炭鉱・鉱山，紡績・製糸，雑貨，食料品，軍需産業中心
(2) 戦後……① 紡績，石炭，鉄鋼，化学繊維，セメント，肥料，砂糖など素材産業中心（昭和20年代敗戦直後の衣食住，戦後復興）➡② 組立加工産業（設備投資関連），電機器（設備投資・耐久消費財ブーム関連），鉄鋼（産業のコメ），合繊（技術革新），石油（エネルギー革命），石油化学などが中心（昭和30年代の戦後新産業中心）➡③ 家電および自動車（高級耐久消費財ブームと輸出），造船（輸出），エレクトロニクス（技術革新），鉄鋼などが中心（昭和40年代～47年）➡④ エレクトロニクス革命・メカトロニクス革命関連産業（省力化，省エネ化，省資源化，高付加価値化，技術集約化関連），ファインケミカル（高付加価値），第3次産業化などが中心（昭和48年オイルショック～平成元年）➡エレクトロニクス産業，情報産業，輸送機械，環境・グリーン産業（平成3年バブル崩壊以後～）。

　このほか，今後は，環境産業（大気汚染防止・水処理分野，廃棄物処理・リサイクル分野，クリーンエネルギー，環境修復・環境創造分野），生命科学，情報通信，ナノテクノロジー，深海開発，宇宙開発，住宅・都市産業，医療，介護，健康，保育，観光，新興国インフラ事業（電力，鉄道，水，省エネ，都市開発），新興国ボリュームゾーン需要，等が有望産業としてあげられることも多い。しかしこれらは，かつてのような圧倒的な力量感のあったリーディング・インダストリーと比べると，小型であり，決定的なリーディング・インダストリーを見つけること自体が困難な時代になったと言えるかも知れない。

2. 産業構造変化と花型事業の変遷

　産業構造の変化とともに発展する事業もあれば衰退する事業もある。明治29年の最大100社のうち57社は繊維事業会社であったが，76年後の昭和47年には，最大100社に入った繊維会社はわずか8社に減少した。鉱業では7社がゼロになった。これに対して，金属工業・鉄鋼・輸送機械・電気機

器・一般機械はあわせて6社から46社へと大きく増えている。石油・科学も，あわせて5社から17社へと増えている。

注目されるのは，この産業変化の速度が，時代が進むにつれてますます加速してきているということである。上記の戦後日本における産業構造変化の波は，10年前後を周期にして変わってきた事が読み取れる。技術革新の加速化により，今後も産業構造変化の速度はいっそう速くなり，花形事業，従って花形企業は，変遷するだろう。

3. 産業構造変化の一般的傾向

これまでの歴史の示すところによれば，産業構造変化には一定の傾向が見られる。

(1) **ペティ＝クラークの法則**（Petty-Clark's law）……一般にどの国でも，経済発展によって国民所得水準が高まると，労働力と産業構造の比重は第1次産業➡第2次産業➡第3次産業へと移動する。W.ペティ（1623～1687，英），C. G. クラーク（1905～1989，英）らの経済学者が提唱。若干の例で見ると，日本（2007年）は第1次産業4.3％，第2次産業27.3％，第3次産業67.2％，同様にイギリス（2007年）1.8％―23.6％―74.2％，アメリカ（2007年）1.9％―20.1％―78％，中国（2002年）44.9％―17％―16％，韓国（2007年）7.4％―25.9％―66.7％，タイ（2007年）41.8％―20.6％―37.5％となっている（就業人口基準）。

(2) **この傾向が生じる理由**……① 第1次産業よりも第2次産業の方が成長速度が速い➡両者間に所得格差➡第2次産業へ移動，② 所得水準向上に伴い，需要構造が食糧等（必需的消費）➡資本財・耐久消費財等の工業製品（選択的消費）へと変動，③ 所得水準向上に伴い非物質的対象の需要が増大する，などのため。

4.4 今後の産業―事業構造変化の展望

1. 今後の産業構造変化の動因予測

(1) **需要構造の変化**……① 所得水準の向上・ライフスタイルの多様化・個性化・高級化・本物志向・ゆとり重視・快適性・楽しさ・コミュニケー

ション，② 高齢化・出生率低下➡健康・医療サービス，安全・安心関連需要（買い物支援・防犯サービス等），福祉事業，新薬，③ 企業経営合理化➡省力化，合理化，ロボット化，高付加価値化（デザイン，ソフト），流通合理化，情報ネットワーク化，④ 女性の社会進出➡コンビニ用食品，無店舗販売など時間節約型消費，⑤ 余暇拡大➡スポーツ・レジャー施設，旅行，文化・教育など時間消費型消費，⑥ 生活基盤充実➡住宅，都市環境，公共施設，地域開発，⑦ 環境問題関連

(2) **技術革新**➡情報（コンピュータ，テレコミュニケーション），メカトロニクス（ロボット，多様なメカトロニクス製品），素材の高機能化（半導体。液晶あるいはアモルファス物質，バイオチップ，複合材料，ファインセラミックス，ファインケミカルズ，超電導物質など），光技術（レーザー利用の各種計測・加工，医療，画像処理，光ファイバーケーブルによる光通信網，光ディスクなど），バイオテクノロジー（遺伝子組換え，細胞融合，細胞大量培養，バイオリアクター等の医療・食品・基礎化学品への応用），宇宙産業（ロケット・人工衛星・宇宙基地の製造，宇宙輸送システム，通信・放送・資源観測・新素材開発・新薬開発などへの宇宙利用），海洋開発（海洋牧場，海中・海底希少資源開発，石油・天然ガス採掘，波力・潮力・海水温度差利用の発電）

(3) **クリーンテック関係**➡ソーラー発電，風力発電，燃料電池，グリーンIT，水・空気・土壌の浄化，次世代自動車，新素材関連

(4) **国際貢献**➡新興国向けシステム・インフラ整備関係（原子力発電，送電，鉄道敷設，交通網整備，情報通信，都市開発，工業団地建設，給水事業，廃棄物処理，リサイクル体系）。

2．企業の事業構造変化

産業構造の激変は，企業に**新しい事業機会**（ビジネス・チャンス）の探求を迫る➡**事業戦略，業際化，異業種交流**等の動きへつながる（図表4-1）

図表 4-1　異業種交流によるハイブリッド事業機会の探求

（原資料出所）　JMAC NBP リサーチセンターデータベース。
（出所）　ダイヤモンド社昭和ビジネス研究会編著『昭和ビジネス 60 年誌』同社，1987 年，274 ページ。

4.5 産業構造変化への企業経営の対応

1. 事業の多角化
(1) 企業が本来の事業以外の新規事業分野を開拓して，複数の事業を経営するようになることをいう。
(2) 多角化すれば企業成長に有利で，**範囲の経済**効果も生れる。(⇔**規模の経済**)
(3) 産業構造変化が激しい時代には，本業が急速に衰退する可能性があり，そのリスクにそなえる意味もある (**危険分散**)。
(4) 多角化は**本業の関連事業への参入から始める**ことが多い。これまでに蓄積してきた諸経営資源（生産技術，情報，ノウハウ，販売網，顧客，人材，ブランド等）が利用できて，まったくの無関連事業に乗り出すよりも有利だから。
(5) 図表4-2, 4-3は合成繊維メーカーの旭化成工業（戦前は人造絹糸「ベンベルグ」，戦後はアクリル繊維「カシミロン」で有名）が繊維不況の中で非繊維事業に多角化し，総合化学会社に変貌した姿を示している。

2. リストラクチャリング (restructuring, 事業構造の再構築)
産業構造変化への対応は，単なる事業多角化では不十分➡思いきった前進と思いきった見直し・撤退の同時的実行の必要。
(1) 新規事業分野への進出，成長事業分野への経営資源（ヒト・カネ・モノ・情報）の重点的投入等による事業拡大，脱本業化
(2) 既存事業のスリム化・統合・再編，不振事業分野からの撤退も考える
(3) 以上の(1)(2)に伴う分社化，財務戦略変更，組織体質変革，業務提携，**M&A** (merger & acquisition, 企業合併と買収)，企業分割（事業部門や子会社の売却, divestiture)，海外現地法人設立
(4) 以上の(1)(2)(3)によって事業構成・製品構成を変え，経営資源（ヒト・モノ・カネ・情報）の適正な再配分を行い，企業経営の構造・体質・行動等を変革することをリストラクチャリング（略して**リストラ**）と呼ぶ。

図表 4-2 旭化成の多角化の概要

(欄外はその分野の関連会社)

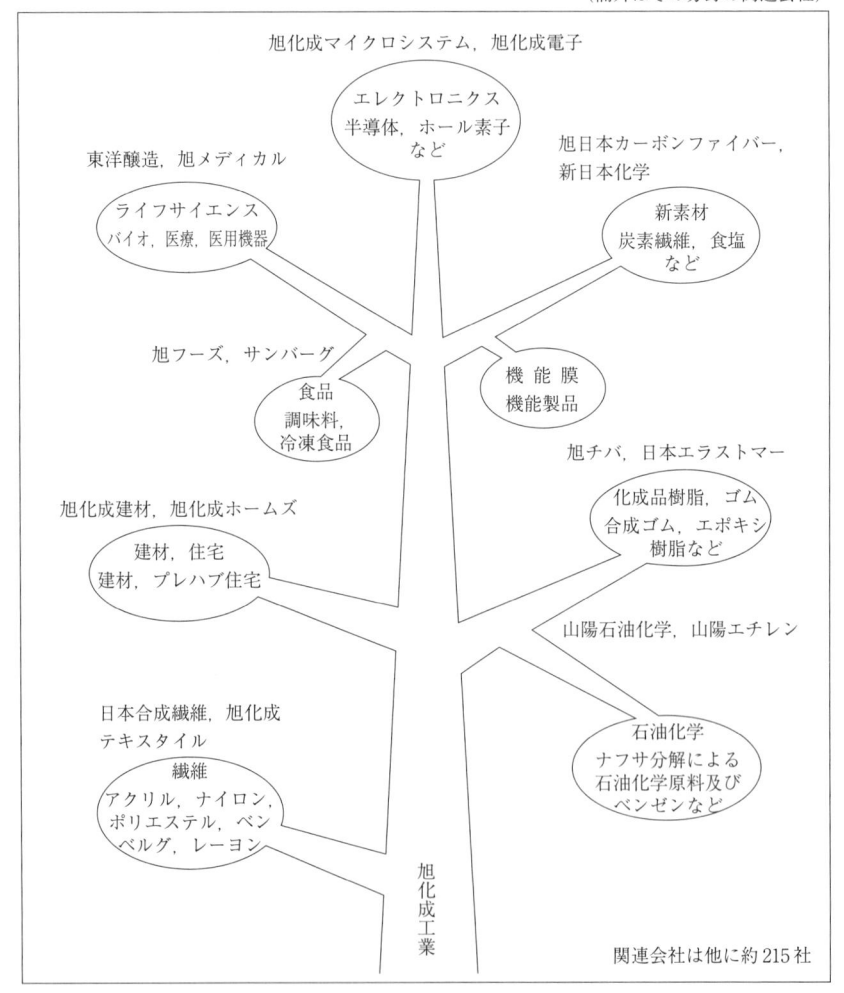

旭化成マイクロシステム，旭化成電子
　　　エレクトロニクス
　　　半導体，ホール素子
　　　　　　など

東洋醸造，旭メディカル
　ライフサイエンス
　バイオ，医療，医用機器

旭日本カーボンファイバー，新日本化学
　　新素材
　　炭素繊維，食塩
　　　など

旭フーズ，サンバーグ
　　食品
　　調味料，
　　冷凍食品

機　能　膜
機能製品

旭チバ，日本エラストマー
　化成品樹脂，ゴム
　合成ゴム，エポキシ
　　樹脂など

旭化成建材，旭化成ホームズ
　建材，住宅
　建材，プレハブ住宅

山陽石油化学，山陽エチレン
　石油化学
　ナフサ分解による
　石油化学原料及び
　　ベンゼンなど

日本合成繊維，旭化成テキスタイル
　　繊維
　アクリル，ナイロン，
　ポリエステル，ベンベルグ，レーヨン

旭化成工業

関連会社は他に約215社

(原資料出所)　NEXT87年1月号「日本—企業の組織と人を探る—『旭化成』の宮崎輝会長と10年社員の『いもづる経営』成功術」。
(出所)　上之郷利昭著『変身する実力企業』PHP研究所，1988年，41ページ。

(5) 欧米では **M&A&D**（merger, acquisition & divestiture）によるリストラが多い。divesture は多角化している部分の一部を分割し，手放すこと。

図表4-3　旭化成の売上げ構成の推移

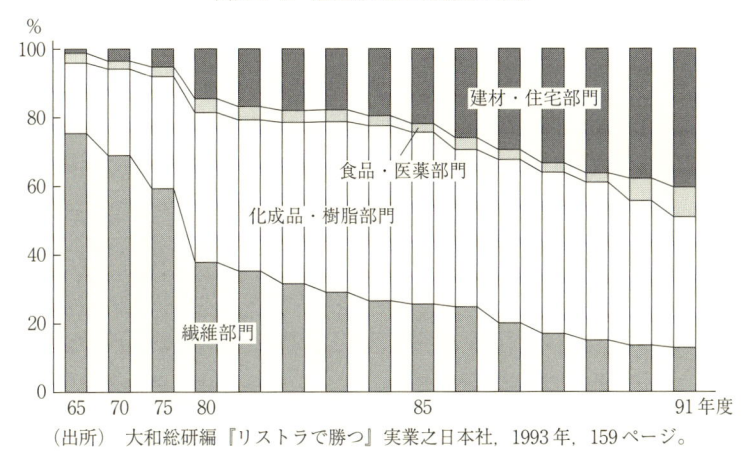

建材・住宅部門
食品・医薬部門
化成品・樹脂部門
繊維部門

(出所)　大和総研編『リストラで勝つ』実業之日本社，1993年，159ページ。

(6) 企業のリストラにあたっての手順は，① 戦略的ドメイン（domain, 事業活動の範囲）の決定（例えば NEC が打ち出した C&C ＝コンピュータ＆コミュニケーションに相当するもの。どのような顧客に，どのような範囲の顧客価値を，どのような持てる経営資源で，競争力のある事業群として展開するか）➡② ドメインに対応する**事業ポートフォリオ**（諸事業の適切な組合せ）案の作成➡③ PPM 等による経営資源配分のシミュレーション➡④ 事業ポートフォリオの決定➡⑤ M&A&D の実行，となる。

4.6　事業面と企業面，経営面の相関

1．事業展開上の諸問題
(1) 上述のような事業展開（多角化，リストラを推進していく上で，多様な要因が関連してくる。
(2) 事業展開面の事柄は企業面（資本調達や企業形態の面）や経営面（管理運営面）の事柄と深く関連している。
　　① 企業面との関連……資金調達力，企業提携，M&A，分社化，系列会社再編

②経営面との関連……組織体制，経営陣と基本方針，人材育成，新技術開発力，情報収集力，資本運用力

2. 事業の企業面や経営面への影響

(1) 事業の企業面との関連……【事業面】大規模事業と中小規模事業，機械工業事業と装置工業事業，重工業事業と軽工業事業等の相違➡【企業面】最低限必要資本調達額，調達方法，投資回収期間，投資家の質と量などに影響➡企業形態，資本構成に影響

(2) 事業の経営面との関連……①【事業面】技術や市場の変化の速い不確実性の強い事業➡【経営面】経営管理組織は有機的管理システム，【事業面】技術や市場の変化の遅い比較的確実性のある事業➡【経営面】経営管理組織は機械的管理システム，②【事業面】製品・事業の多角化度が低く技術的に安定した業種，経営規模の小さい事業➡【経営面】職能別組織，【事業面】製品・事業の多角化や地域的拡大度が大きい事業➡【経営面】事業部制組織，③個別生産事業と大量生産事業，機械工業事業と装置工業事業など事業特性が異なる➡経営戦略，組織等のあり方が異なる

3. 事業別経営学の成立

以上の事情により，経営学は，諸事業に共通するレベルを扱う**一般的経営学**のほかに**事業別（業種別）経営学**が成立する……機械工業経営学，化学工業経営学，繊維工業経営学，鉱業経営学，卸売経営学，小売経営学，銀行経営学，証券業経営学，保険経営学，貿易経営学，交通業経営学，公益事業経営学，農業経営学，漁業経営学など。

4. 経営学の研究対象

経営学は事業・企業・経営の3者の統一である経営体（経営存在）を研究対象とする。即ち企業が特定の事業に投資対象を求めて資本投下し，経営してゆく姿をとらえる学問である。

【より進んだ学習のための文献】

A. 経済企画庁総合計画局編『図説 2000 年の日本』日本経済新聞社，1987 年。
A. 矢矧晴一郎著『事業革新の戦略：現場を活かす実戦マニュアル』ダイヤモンド社，1987 年。
A. 通商産業省編『創造的革新の時代　中期産業経済展望研究会報告書』通産資料調査会，1993 年。

B. 竹内　宏監修，長銀総合研究所著『日本の産業全マップ　1992年版』東洋経済新報社，1991年。
B. 日本能率協会『直面する企業経営課題に関する調査報告書：今後の事業構造改革にむけての新事業・新商品の開発』日本能率協会経営革新研究所，2002年。
C. 鶴田俊正・伊藤元重著『日本産業構造論』NTT出版，2001年。
C. 山本安次郎・加藤勝康編著『経営学原論』文眞堂，1989年。

（片岡信之）

第5章
企業構造

》》》》》》《中心的論点とキーワード》《《《《《《

今日の経済社会には多様な企業形態が存在する。各々の企業形態において形成される企業構造は，出資と経営の構造として把握される。これを理解することによって，社会人として必要な判断力・問題解決能力を養う。キーワード：合名会社，合資会社，合同会社，株式会社，出資，危険負担，企業集団，公企業，協同組合

5.1 個別企業形態

1. **個人企業：最も単純な企業形態**
   (1) **出資の形態**……ひとりの個人資本家による出資。出資額はその個人資本家の資力に依存
   (2) **危険負担**……個人資本家に集中，無限責任
   (3) **経営の形態**……個人資本家への管理権限の集中，少数の労働者の雇用，少量の物的要素の利用，単純な経営組織
   (4) **その他の特徴**……資本所有者と経営者との人格的一致（所有と経営の一致）
   (5) **制約**……資本の大きさの点での制約，狭い信用基盤，企業の存続が個人資本家に過度に依存

2. **合名会社（人的集団企業）：個人企業の「単純合計」**
   (1) **出資の形態**……少数の複数出資者による出資
   (2) **危険負担**……無限責任（直接，連帯）
   (3) **経営の形態**……複数出資者による共同経営（合議制）

（4）その他の特徴……資本所有者と経営者との人格的一致，歴史的起源は中世ヨーロッパ内陸商業都市で家族・血縁関係を基礎に発達した「ソキエタス」
　（5）制約……出資者数の限定性（親類，知人等）

3. 合資会社（混合的集団企業）：有限責任制の一部導入
　（1）出資の形態……**無限責任出資者（社員）＋有限責任出資者（社員）**
　（2）危険負担……**無限責任＋有限責任**
　（3）経営の形態……無限責任社員による経営
　（4）その他の特徴……所有と経営の部分的分離（有限責任出資者における）歴史的起源は中世ヨーロッパ海岸商業都市の海上輸送事業で発達した「コンメンダ」
　（5）制約……出資者数の限定性，人的信用基盤への依存

4. 有限会社（混合的集団企業）：中小企業のための形態
　（1）出資の形態……一定数以下の（日本では50人以下の）有限責任出資者，株式会社形態を中小企業向けに簡素化したもの
　（2）危険負担……全出資者（社員）の有限責任制
　（3）経営の形態……出資口数に比例した支配権
　（4）その他の特徴……持分譲渡の制限（社員総会の承認による第3者への持分譲渡）
　（5）制約……出資者数の限定性，人的信用基盤への依存
　　＊なお，新しい会社法施行にともない，有限会社法が廃止され，有限会社は新たに設立できないことになった。

5. 株式会社（物的多数集団企業）：資本主義企業の典型
　（1）出資の形態……多人数の有限責任出資者による出資
　（2）危険負担……出資額を限度とした全社員の有限責任負担
　（3）経営の形態……**会社機関**（株主総会，取締役会，代表取締役，監査役等）による経営，1株式1議決権の原則
　（4）その他の特徴……営利社団法人，譲渡自由な等額株式制（投下資本の回収可能性と現実資本量の安定性の両立），擬制資本の成立（資本の二重化），所有と経営の分離の進展，物的信用基盤の形成・充実（資本確定の

図表5-1　各企業形態の特徴

	個人企業	合名会社	合資会社	有限会社	株式会社
出資形態	単独資本家の出資	少数の出資	有限責任出資の導入	一定数以下の有限責任出資	多数の有限責任出資
危険負担	無限責任	無限連帯責任	有限責任の一部導入	有限責任	有限責任
経営形態	個人経営	共同経営	無限責任社員による	多口数出資者による	会社機関による

図表5-2　企業の経済的形態と法律的形態

経済的形態	法律的形態
単独企業 ………………………………	個人企業（個人商店）
集団企業	
└ 少数集団企業	
├ 人的集団企業 ………………	合名会社
└ 混合的集団企業 ……………	合資会社，有限会社
└ 多数集団企業 …………………	株式会社

図表5-3　組織別・資本金階級別法人数（2009年7月31日現在）

区　分	1,000万円未満	1,000万円以上1億円未満	1億円以上10億円未満	10億円以上	合　計	構成比
（組織別）	社	社	社	社	社	%
株式会社	1,399,628	1,067,558	31,045	6,901	2,505,132	96.6
合名会社	4,238	1,442	0	2	5,682	0.2
合資会社	23,524	2,024	0	2	25,550	1.0
合同会社	3,946	6	44	2	3,998	0.2
その他	21,853	30,077	1,430	492	53,852	2.1
合計	1,453,189	1,101,107	32,519	7,399	2,594,214	100.0
（構成比）	56.0	42.4	1.3	0.3	100.0	—

（注）「その他」としては，協業組合，特定目的会社，企業組合，相互会社，医療法人が含まれる。なお，株式会社には旧有限会社が含まれる。
（出所）「会社標本調査・税務統計から見た法人企業の実態（平成20年度分）」2010年3月公表，国税庁ホームページより。

原則，資本充実維持の原則，資本減少制限の原則），歴史的起源は1602年のオランダ東インド会社

5.2 新会社法(2005年公布)のもとでの法律的企業形態

1. **新しい会社法の制定のポイント**
   (1) 利用者の視点に立った会社類型の見直し
      ① 株式会社と有限会社の統合(有限会社形態の廃止):事業主の志向性の高い株式会社の設立を容易にした。既存の有限会社は,特例有限会社として存続しうる。それは,概念上株式会社として区分される。
      ② 柔軟な経営が可能な**合同会社**の新設:ベンチャー企業等からの要請
      ③ 中小企業の成長に対応した株式会社類型の配列(株主総会と取締役のみからなる基本形➡成長によって必要になる機関を追加的に設置した複雑形へのステップアップ),機関設計の柔軟化
   (2) 会社経営の健全性の確保
      ① 大会社における内部統制システム構築の義務化
      ② 会計参与制度の創設:公認会計士または税理士が取締役等とともに計算書類を作成する制度
2. **新会社法における株式会社の種類**
   (1) **株式譲渡制限会社と公開会社**
      ① 株式譲渡制限会社(非公開会社):すべての株式について譲渡制限を設けている株式会社。現実の多くの小規模株式会社はこれにあてはまる。
      ② 公開会社:すべての株式または一部の株式について譲渡制限を設けていない会社。公開会社は必ず取締役会,代表取締役を設けなければならない(ただし,後述の委員会設置会社においては代表取締役ではなく代表執行役を設ける)。
   (2) **大会社と中小会社**
      ① 大会社:資本金5億円以上または負債総額が200億円以上の会社。大会社の場合,その社会的影響の大きさから監査制度の充実(会計監査人の設置)が図られている。
      ② 中小会社:大会社でない会社(資本金5億円未満かつ負債総額200億円未満)

(3) 委員会設置会社と監査役（会）設置会社

　コーポレート・ガバナンスの方法による分類で，委員会設置会社はアメリカ型の執行と監視の分離をする会社。取締役会のほかに，取締役3名以上で構成される3つの委員会（指名委員会，監査委員会，報酬委員会）が設置される。社外取締役が各委員会の過半数を占める。実際の経営の執行は，執行役（代表執行役）が行う。

　公開会社は，委員会設置会社を除いて必ず監査役を設置しなければならない（監査役設置会社）。さらに，公開会社でありかつ大会社であれば，監査役会を置かなければならない（監査役会設置会社）。

3. 持分会社と有限責任事業組合

　従来の合名会社，合資会社に加えて，新しく合同会社形態を設け，これらの総称として**持分会社**とした。持分会社の内部規律は自由度の大きい組合形態と同様で，定款自治が尊重される。社員の責任については，図表5-4のように，合名会社では無限責任社員のみであるが，合資会社では無限責任社員と有限責任社員が並存し，合同会社では有限責任社員のみで構成される。業務執行については，業務執行社員を定款で定めることができる。業務執行社員は持分会社を代表する。

　持分会社の定款の変更は，定款に別段の定めがある場合を除いて，総社員の同意によって行われる。

図表5-4　持分会社の無限責任社員と有限責任社員

	合名会社	合資会社	合同会社
無限責任社員	○	○	×
有限責任社員	×	○	○

(1) 合名会社

　社員は，会社の債務について会社の債権者に対して連帯して直接に無限責任を負う。社員は，通常は会社の業務を執行し，その際社員の過半数の原則をもって決定する。持分の他人への譲渡に関しては，他の社員全員の承諾を必要とする。

(2) 合資会社

無限責任社員と有限責任社員とで構成される。無限責任社員と同じように有限責任社員も直接・連帯責任を負うが，それは定款に記載された出資額の限度内の有限責任である。業務執行については，通常は無限責任社員が全員で担当し，過半数原則に従う。持分譲渡に関しては，無限責任社員の場合には社員全員の承諾が必要であるが，業務を執行しない有限責任社員の場合には業務を執行する社員全員の承諾があれば譲渡できる。

(3) **合同会社**

アメリカのLLC（Limited Liability Company）をモデルにした日本版LLC。社員全員の有限責任＋定款自治（株式会社と組合の特徴のハイブリッド型）。したがって，社員全員の有限責任の下で出資割合とは独立に議決権や利益配分の割合を定款で自由に決めることができる。ただし，日本の場合には法人税の支払いが必要。

(4) **有限責任事業組合**

イギリスのLLP（Limited Liability Partnership）をモデルにした日本版LLP。「有限責任事業組合契約に関する法律」（2005年施行）に立脚している。組合であって法人格を有していないので，法人税課税の対象ではない（パススルー課税）。

合同会社と同様に，組合員（出資者）全員の有限責任＋定款自治（株式会社と組合のハイブリッド型）。

5.3 結合企業形態

1. 取引系列

大企業が取引先の諸企業を自社の傘下に入れた結合企業形態。基本的には取引関係を通じて結合し，資本関係（所有関係）を基礎とはしないが資本関係を伴うこともある。1990年代以降の長期不況や経済構造の変動とともに，取引系列にも変化・再編の動きが見られる。

(1) 下請系列

巨大な完成品メーカーと多数の部品製造企業との継続的結びつき。日本の自動車製造業界で典型的に見られる。そこでの継続的取引関係の多くは

「タテ」の階層関係である下請関係になっている。
(2) 販売系列

　　製品の販売過程の「川上」に位置する大企業が，「川下」の諸企業を系列化した形態。典型的例としては，巨大メーカーによる自社製品を取り扱う流通業者（小売店）の系列化（総合家電業界，化粧品業界），総合商社による小売業者の系列化がある。

(3) 仕入系列

　　巨大な流通企業が，自社に出荷する「川上」のメーカーを傘下に入れた系列。典型的例としては，大手スーパーマーケットによる中小規模食品加工メーカーの系列化，そこでのプライベートブランド商品の製造がある。

(4) 融資系列

　　銀行と事業会社の融資関係を基礎とした系列。**メインバンク制**とも呼ばれ，事業会社は特定の銀行（メインバンク）と長期にわたって金融取引を継続する。1990年代以降の不況による銀行の経営状態悪化に伴って，銀行による融資先事業会社の選別が見られた。

2．個別企業集団

　巨大産業企業が，その支配下に子会社（親会社が過半数の株を所有），関連会社（親会社が20％以上50％以下の株を所有し，重要な影響を与えることができる会社）を配置した集団。親会社による一方的株式所有に基づいた階層的支配関係。

図表5-5　個別企業集団の階層構造

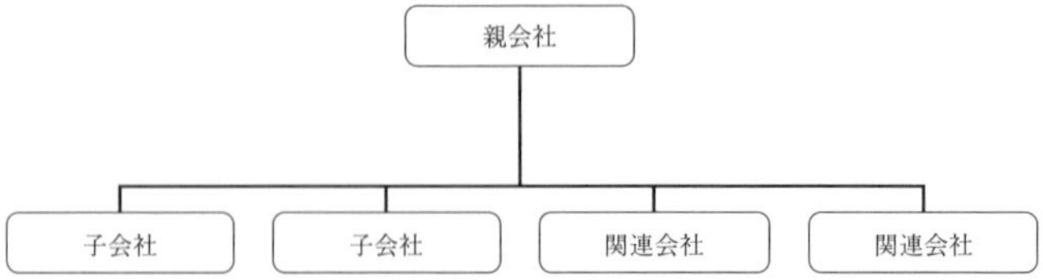

```
            ┌─────────┐
            │  親会社  │
            └────┬────┘
     ┌──────┬───┴───┬──────┐
  ┌──┴──┐┌──┴──┐┌──┴──┐┌──┴──┐
  │子会社││子会社││関連会社││関連会社│
  └─────┘└─────┘└─────┘└─────┘
```

　1997年に，**純粋持株会社形態**が解禁された。これは，金融システム再編の過程で純粋持株会社形態による経営統合が強く要請された結果でもあるが，巨大事業会社中心の個別企業集団にも適用されるようになった。

　従来の個別企業集団では，親会社は**事業兼営持株会社形態**をとっていた。こ

の場合，親会社は自ら事業を営みながら企業集団全体に関する重要な意思決定を行う。純粋持株会社形態を採用すれば，親会社は企業集団全体に関する重要な意思決定のみに専念することができる。つまり，企業集団全体の管理と個々の集団内会社の管理を明確に分離し，意思決定の効率化を図ることができる。

ただし，純粋持株会社の形成によって事業支配力の過度の集中が生じる場合は従来どおり禁止されている。

3. 総合企業集団（6大企業集団）

大企業（その多くは個別企業集団の親会社）が，株式持合い等を通じて水平的に結合して産業横断的な集団を形成。公正取引委員会による6大企業集団の調査報告（1979年から2001年までの全7次の調査報告）がある。

(1) 6大企業集団の構成

　①旧財閥系企業集団：戦前の旧財閥以来のつながり

　　三井，三菱，住友の3企業集団。

　②銀行系企業集団：融資系列から発展

　　芙蓉，三和，第一勧銀の3企業集団。

(2) 企業集団の結合の方法

　①**社長会**：定例の会議体（図表5-6を参照）

　②**株式持合い**：相互に大株主

　③**役員派遣**：同一集団内企業からの役員の受け入れ

　④集団内取引

(3) 企業集団の動揺・弱体化

　①長引く経済不況と国際競争の激化➡集団の枠を超えた業界再編：小野田セメント（三井系）と秩父セメント（第一勧銀系）の合併等。

　②集団の中核である銀行の再編成：6大都市銀行➡3メガバンク体制に。

　　＊東京三菱銀行，三和銀行➡三菱UFJフィナンシャルグループ（三菱東京UFJ銀行）

　　＊さくら銀行（三井系），住友銀行➡三井住友フィナンシャルグループ（三井住友銀行）

　　＊第一勧業銀行，富士銀行（芙蓉系）➡みずほフィナンシャルグループ（みずほ銀行，みずほコーポレート銀行）

第2編　企業経営体の構造

図表5-6　6大企業集団の社長会メンバー

(1999年10月1日現在)

産業別	三井系 (二木会25社) 発足1961.10	三菱系 (金曜会28社) 発足1954頃	住友系 (白水会20社) 発足1951.4	芙蓉系 (芙蓉会28社) 発足1966.1	三和系 (三水会44社) 発足1967.2	一勧系 (三金会48社) 発足1978.1
銀行・保険	さくら銀行 三井信託銀行 *三井生命保険 三井海上火災保険	東京三菱銀行 三菱信託銀行 *明治生命保険 東京海上火災保険 (日本信託銀行)	住友銀行 住友信託銀行 住友生命保険 住友海上火災保険	富士銀行 安田信託銀行 *安田生命保険 安田火災海上保険	三和銀行 東洋信託銀行 *日本生命保険 (*大同生命保険)	第一勧業銀行 *朝日生命保険 *富国生命保険 日産火災海上保険 大成火災海上保険
商社	三井物産	三菱商事	住友商事	丸紅	ニチメン ☆日商岩井 岩谷産産	伊藤忠商事 兼松 ☆日商岩井 川鉄商事 イトーチュー
農林業・鉱業	三井鉱山		住友石炭鉱業			
建設	三井建設 三機工業	三菱建設	住友建設 住友林業	大成建設	大林組 鍋高 東洋建設 積水ハウス	清水建設
食料品	日本製粉	キリンビール		日清製粉 サッポロビール ニチレイ	伊藤ハム *サントリー	
繊維	東レ	三菱レイヨン		日清紡 東邦レーヨン	ユニチカ 帝人	
パルプ・紙	☆王子製紙 日本製紙	三菱製紙		☆日本製紙		☆王子製紙
化学	三井化学 ☆電気化学工業	三菱化学 三菱ガス化学 三菱樹脂	住友化学工業 住友ベークライト	昭和電工 呉羽化学工業 日本油脂	トクヤマ 積水化学工業 宇部興産 日立化成工業 田辺製薬 藤沢薬品工業 関西ペイント	旭化成工業 ☆電気化学工業 協和醗酵工業 日本ゼオン 旭電化工業 旭三電化工業共同 資生堂 ライオン
石油		日石三菱		東燃	コスモ石油	昭和シェル石油
ゴム					東洋ゴム工業	横浜ゴム
ガラス・土石	☆太平洋セメント	旭硝子	日本板硝子 住友大阪セメント	☆太平洋セメント		☆太平洋セメント
鉄鋼		三菱製鋼	住友金属工業	NKK	☆神戸製鋼所 日新製鋼 中山製鋼所 日立金属	川崎製鉄所 ☆神戸製鋼所 日本重化学工業
非鉄金属	三井金属	三菱マテリアル 三菱伸銅 三菱電線工業 *三菱アルミニウム	住友金属鉱山 住友軽金属工業 住友電気工業		日立電線	日本軽金属 古河機械金属 古河電気工業
機械	日本製鋼所	三菱化工機	住友重機械工業	クボタ 日本精工	NTN	新潟鐵工所 井関農機 荏原
電気機器	東芝	三菱電機	NEC	☆日立製作所 沖電気工業 横河電機	☆日立製作所 岩崎通信機 シャープ 京セラ 日本電工	☆日立製作所 富士電機 神奈川電機 富士通 日本コロムビア
輸送用機器	三井造船 ☆石川島播磨重工業 トヨタ自動車	三菱重工業 三菱自動車工業		日産自動車	日立造船 新明和工業 ダイハツ工業	川崎重工業 ☆石川島播磨重工業 いすゞ自動車
精密機器		ニコン		キャノン	HOYA	旭光学工業
百貨店	三越				高島屋	*西武百貨店
金融					オリックス	勧角証券 オリエントコーポレーション
不動産	三井不動産	三菱地所	住友不動産	東京建物		
運輸・倉庫	☆商船三井 三井倉庫	日本郵船	住友倉庫	東武鉄道 京浜急行電鉄	阪急電鉄 ☆商船三井	☆日本通運 川崎汽船 澁澤倉庫
その他		*三菱総合研究所			大阪ガス	東京ドーム

(注) 社長会メンバー企業数の総数は193社であるが，複数のグループに属する企業(☆印の企業)があるため，その実数は181社である。*印は未上場会社，( )内の会社は社長会メンバーではないが，参考として掲載。三井系では電気化学工業，石川島播磨重工業が91年10月に加councilます。日本製紙は94年1月に加盟。休会中だった北海道炭礦汽船は96年9月に退会。トヨタ自動車はオブザーバー参加だが，社数に加えてある。三菱系では90年6月に三菱モンサント化成が脱会し，90年9月に三菱伸銅，三菱総合研究所が加盟。一勧系のイトーチューが92年4月に加盟。三和系では98年4月に住友大阪セメントが脱会。99年10月に大阪ガスが加盟。芙蓉系では98年10月に昭和海運が合併にともない退会。

(出所) 『企業系列総覧2000』東洋経済新報社，1999年，41ページ。

③ 総じて，集団内株式持合い比率の低下に見られるように6大企業集団の結びつきの弱体化傾向が見られる。その中で，旧財閥系の3企業集団では，情報交換，ブランド力の利用，経営悪化時の支援の点で集団を維持しようとする傾向もある。（平成13年度公正取引委員会調査）

　他方，旧財閥系企業集団と比較すると銀行系企業集団においては，結びつきの弛緩・空洞化がより進行している。ただし，メガバンクと事業会社の双方に関係存続のメリット・動機もあることに留意しなければならない。

5.4　公企業

1．公企業の種類

　公企業は公（行政府）によって設立され，原則的に**公的資本**によって運営される企業，私企業の補完的役割。

　平成12（2000）年の特殊法人改革が決定・実行される以前は，以下のような公企業があった。

(1) 政府公企業
　① 国営企業（現業官庁，非法人）：郵便，国有林野，紙幣印刷，造幣
　② 政府出資型法人公企業（**特殊法人**）
　　＊公庫：社会政策的な融資（補完金融）
　　＊政府系銀行：産業政策的な融資
　　＊公団：国家的規模の基盤整備事業
　　＊事業団：その他の国の政策に沿った事業
　③ 自立資本型法人公企業：NHK，政府の出資を受けない，公共的中立性の確保。
　④ 部分公企業：政府の出資に民間の出資を加えた半官半民の企業形態
　　＊日本銀行：半官半民の株式会社として設立，→現在は「認可法人」，政府出資比率は55％。
　　＊**特殊会社**：特別立法によって設立，会社法上の株式会社形態をとる。日本たばこ産業株式会社，日本電信電話株式会社等。

(2) 地方公企業
　① 地方公営企業：地方公営企業法に基づく，地方公共団体の直営組織で非法人（水道事業等の8事業）。企業的性格を持たせる。
　② 法人公企業：地方公共団体の完全出資によって設立された法人（土地開発公社，地方住宅供給公社，地方道路公社等）。
　③ 部分公企業（第3セクター）：地方公共団体と民間の共同出資，民間の資本と経営ノウハウの導入。

2. 公企業の再編成：独立行政法人制度の導入

行政改革大綱（平成12年12月1日閣議決定）による特殊法人改革：特殊法人の事業および組織形態の見直し➡廃止・統合，民営化，**独立行政法人化**。
特殊法人の問題点と独立行政法人制度導入による改善の方向性。
(1) 経営の自律性の欠如➡法人の長への裁量権付与と目標管理の導入
(2) 経営責任の不明瞭性➡事後評価結果の法人経営への反映（法人の長の交代等）
(3) 事業運営の非効率性➡弾力的財務運営の導入（年度繰越が可能になる）
(4) 経営内容の不透明性➡独立行政法人会計基準の策定，情報の積極的公表
(5) 組織・業務の自己増殖性➡業務範囲の限定，定期的見直し
　　地方公企業においても，地方の公営企業等が担当している公益的事業の民間委託，民営化といったアウトソーシングによる効率向上の試みや国の独立行政法人制度にならった地方独立行政法人制度の導入の試みも行われている。

5.5　協同組合

(1) 経済的弱者の**非営利協同組織**
(2) 役割：協同組合構成員に対する奉仕，組合員の地位向上
(3) 種類：**消費生活協同組合（生協）と生産協同組合**
　① 消費生活協同組合：消費生活協同組合法に基づく消費者のための組合組織
　　＊地域生協➡一定地域を単位とする生協，例：「生活協同組合コープこ

うべ」
＊職域生協➡企業や大学を単位とする生協，例：各大学の生協

図表 5-7　組合種類別組合数と組合員数（平成 21 年度）

	地域生協	職域生協	連合会	計
組合数	524	428	84	1,036
組合員数（万人）	5,541	793	—	6,334

（出所）「平成 21 年度消費生活協同組合（連合会）実態調査」（政府統計の総合窓口より）

②生産協同組合：第一次産業従事者，中小零細企業者のための組合組織
　＊農業協同組合（農協），森林組合，水産業協同組合（漁協，水産加工業協同組合），中小零細事業者のための各種協同組合（事業協同組合等）
(4) 経営原則
　1844 年にイギリスのランカシャー地方の町ロッチデールで設立された「ロッチデール公正開拓者組合」の 8 原則：今日の協同組合の経営原則の原点
　① 民主的運営（1 人 1 票制）
　② 自由加入制（新規加入者と既存加入者との平等処遇）
　③ 出資に対する配当金の制限（固定化）
　④ 購買高比例方式による剰余金配分
　⑤ 現金売買
　⑥ 高品質商品の販売
　⑦ 組合員教育のための資金積み立て
　⑧ 政治的・宗教的中立性
(5) 消費生活協同組合法の抜本的改正（2008 年 4 月 1 日施行）：社会環境の変化，生協の事業の多様化への対応
　① 組織・管理体制の強化・明確化
　② 購買事業における県域規制の緩和（県境を越えた活動が可能になる）
　③ 組合員以外の利用規制の緩和
　④ 共済事業における契約者保護の強化

＊第64回国連総会（2009年12月開催）において，2012年を「国際協同組合年」とする総会宣言が採択された。

【より進んだ学習のための文献】
A. 小松　章著『企業形態論（第3版）』新世社，2006年。
A. 下谷政弘著『持株会社の時代』有斐閣，2006年。
B. 岸田雅雄著『ゼミナール会社法入門（第6版）』日本経済新聞社，2006年。
B. 植竹晃久著『現代企業経営論：現代の企業と企業理論』税務経理協会，2009年。
C. 鈴木　健著『六大企業集団の崩壊』新日本出版社，2008年。
C. 菊池浩之著『企業集団の形成と解体』日本経済評論社，2005年。
C. 岡本義朗著『独立行政法人の制度設計と理論』中央大学出版部，2008年。

（小田福男）

第6章

現代の経営体

***

《中心的論点とキーワード》

「事業」は資本を使って実施される。その資本の集め方によって「企業形態」は多様である。企業がさまざまな事業を取り込んで経営していくのが経営体である。現代の経営体は，株式会社の大規模化につれて，株主から相対的に自立した運動体になっていく。キーワード：株式会社，物的会社，会社支配論，専門経営者，経営目的，コーポレート・ガバナンス

***

6.1 現代株式会社の構造

1. 株式会社化による物的会社化と株主からの相対的自立

企業の株式会社化の道のりは，第5章を参照。

株式会社化によって，企業は下記のような特徴を持つようになる。

(1) 全出資者（株主）の**有限責任制**……株主は出資額（引きうけた株式の金額）を限度とし，それ以上は会社債務に対して何の責任も負わない（**会社の債務は会社自体がみずからの財産で弁済する**）→対応措置として次の(2)(3)が必要となる。

(2) 会社財産だけが企業存続と企業債務弁済の唯一の財産的基礎であるから，会社債権者の地位を保証するために→① **資本確定の原則**（財産的基礎を欠く無責任な会社設立や資本増加を防止するため，資本金額を定款に記載し，資本総額にあたる株式の引受けが確定されていることを要するとする原則），② **資本充実維持の原則**（会社は常に資本の額に相当する財産を現実に所有しなければならないという原則），③ **資本減少制限の原則**（いったん確定された資本額は任意に変更されてはならず，資本減少には

厳重な法的手続きを必要とするという原則），④ 株主への利益配当は，会社の純資産額が資本額を超過する場合に，超過部分の中から行う，など（**確定資本金制**）

(3) 法律で企業に権利能力（権利や義務の主体となる能力）を与え，株式会社がみずから契約を結び，財産の所有者や債務者となりうる人格（法人格）を与え，責任主体たらしめる➡**法人性**（営利社団法人）

(4) **譲渡自由な等額株式制**……**株主権**（株式）は有価証券（株券）に化体＝**物象化**され，自由に譲渡される➡**資本の証券化**（**資本の動化**），証券市場を通じた全面的売買・流通，株主の投下資本回収が容易化，多数一般投資家から遊休貨幣資本を集中する機構の形成➡個人的富豪の投資限界をこえて巨大資本を集積することが可能➡大企業設立の容易化

(5) **資本運動の二重化**（**擬制資本の成立**）……**現実資本**の運動（$G_1-W<{P_m \atop A_r}$ $\cdots P \cdots W'-G_1'$）と**株式資本**（$A_k-G_2-A_k$）の運動との二重化（図表6-1

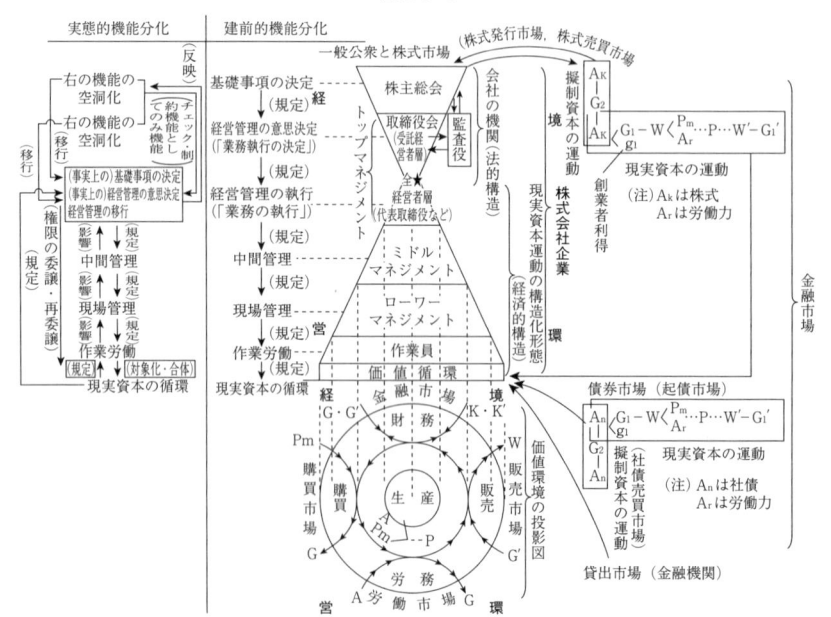

図表6-1

(出所) 山本安次郎著『経営学本質論』森山書店，1961年，239ページより引用（ただし，大幅な加筆，削除がなされている）。

参照）。➡株式資本の証券市場での運動は，事業現場での現実資本の実際の資本循環とは別の・分離した運動となり，金額的にも異なるものとなる。例えばトヨタ自動車の企業時価総額（株価×発行済株式数）は13.38兆円（2009年末），総資本（総資産，現実資本）は29.7兆円（2009年度平均額）➡株式資本は擬制資本（架空資本，空資本）と呼ばれる。

(6) 株式会社が多数株主の出資によって成立し，しかも株主が絶えず流動的に変っているというなかでの会社の意思決定・経営管理主体の確定をどうするかという問題➡**会社機関**設置の必要性

① 特定日で一時的に固定された株主全員をもって構成され，最高議決機関として会社の組織や運営の根本事項の決定を行うことを建前とする**株主総会**

② 株主総会で選ばれた取締役で構成され，業務執行の決定と監査の機関として機能することを建前とする**取締役会**

③ 取締役会で選ばれ，業務執行を担当することを建前とする**代表取締役・業務担当取締役**

④ 株主総会で選ばれ，会計監審と業務監査を行うことを建前とする**監査役会**

　　以上の①②③④からなる**監査役会設置会社型**（従来の日本企業はこれだった）のほかに，新設（2006年施行の会社法）の《株主総会─取締役会（内部に**指名委員会・報酬委員会・監査委員会**を設ける）─執行役》という仕組みをとる**委員会設置会社型**がある➡いずれの型においても意思決定・管理の主体は，個々の自然人というよりも，会社機関として**組織化・制度化された主体**になっており，その中で所与の職務をこなすことが期待される担い手として個々の自然人管理者は位置づけられて配置されるため，個性的な属人的要素は薄らぐ➡**組織人**としての特徴。

(7) 株式会社の**物的会社性**……① 多数にのぼる株主相互間の人的関係が喪失，② 出資者と企業との間の人的関係の希薄化（株主の有限責任制，出資者の投資家化，それに関連して出資者・投資家利益を守る制度例えば確定資本金制・会計公表制度・担保制度などの設置），③ 企業は出資者（株主）たちの個人的債務の弁済とは無関係に。➡**無限責任的人的会社・人的**

支配から有限責任的物的会社（資本的会社）・物的支配機構へと移行。企業が出資者の所有物として両者が統一されていた状態から，企業が物的会社として制度化されて出資者から相対的に自立的な運動体化して，やがては現実資本運動の場から出資者（株主）を疎外・外在化してゆく形へ移行➡経営体の自立化
- (8) **出資者と経営者の分離**……個人企業や合名会社では出資者と経営者は同一人物➡合資会社で部分的な分離➡大規模株式会社で分離が全面的に進展

2．経営体の自立化と「資本」概念の変化・多様化
- (1) **現実資本**の運動の場と**擬制資本**の運動の場との隔絶➡株主の「現実資本に対する利用・収益・処分権」の間接化・希薄化，株主権の収益請求権への収斂，会社自体が株主から相対的に自立した運動体化
- (2) **自己資本**と**他人資本**の区別の意義の変化……① 株主にとっての自己資本・他人資本概念（伝統的概念）から会社自体にとっての自己資本・他人資本概念へと視点が転換，② 会計学的には**資本主体理論**から**企業主体理論**（会社財産に対する請求権を株主持分，債権者持分，会社持分の３つでとらえる）へ，③ 株式プレミアムは，かつては**創業者利得**として社外へ流出，今日では**資本剰余金**として企業内に残留，④ かつての**企業者利得**は，利益剰余金として企業内に残留，⑤ **株式と社債の相互接近化**（配当の利子化傾向，利潤参加社債・非参加優先株・償還株・転換社債・新株引受権付社債・永久社債など折衷的形態の出現）
- (3) **機能資本**（家）と**無機能資本**（家）の概念……4説あり
    - ①「**所有資本家（支配的大株主）＝機能資本家，投資株主（機関投資家，一般群小株主）＝無機能資本家**」とする説
    - ②「**自己資本（出資者資本）＝機能資本，他人資本（債権者資本）＝無機能資本**」とする説
    - ③「**現実資本充用者（資本機能の担い手）＝機能資本家。単なる資本所有者（単なる株主，債権者）＝無機能資本家（所有資本家，擬制資本所有者）**」とする説
    - ④ 基本的には上述 ③ の立場に立つが，ただし，現代企業ではかつての「機能資本家」にあたる存在が自然人としての単一個人資本家ではなく，

多重階層的に管理組織化された形（会社機関）に転化し，そこに配置された専門経営者以下の多数管理労働者たちによって機能が分有されているとする説（本書の立場）

6.2 株主からの自立化が進んだ現代経営体の特徴

1. **利潤・自己資本・他人資本の位置づけの変化**
   (1) 企業家利潤（投資家の利潤）重視から企業利潤（企業自体の利潤）重視へ，自己資本利潤率（持分資本利潤率）重視から企業総資本利潤率重視へ
   (2) 自己資本（株主持分）と他人資本（負債）の対立観から両者の統一的企業総資本観へ
   (3) 非持分思考から持分的思考へ，資本主体思考から企業主体思考へ
   (4) 「企業＝単なる会計計算単位」観から企業実体観へ
2. **内部金融傾向の定着とその巨大化**
   ➡自己資本と他人資本の区別よりも，**内部金融**（内部留保，減価償却費計上，諸引当金）と外部金融（借入金，社債，株式金融）の区別の重視へ
3. **創業者利得や企業者利得の帰属の変化**
   これについては既述
4. **株主の外在化，外部利害者集団化**
5. **法的構造と経済的構造への分化**
   「会社の機関」とされている法的レベルの構造（株主総会，取締役会）と経済的レベルでの構造への相対的分離，後者の運動（現実資本運動）の重要化。図表6-1の上半分の三角形（会社の機関）は，法的形式的建前的な所有者・支配者・意思決定者を示し，下半分の三角形は現実資本の実際の運動を示す。法的構造の形骸化，経済的構造の相対的自律的運動体化。
6. **階層的秩序体系と専門経営者**
   現実資本価値循環の上に構造化（制度化）された階層的秩序体系の組織（トップマネジメント➡ミドルマネジメント➡ロワーマネジメントとブレイクダウンされて出来た**産業官僚制**），そこに配置される専門経営者・管理者層の量的増大

7. 専門経営者層の自立的支配力の強化

産業官僚制の（株主から相対的に）自立した支配力の増大。産業官僚制と専門経営者は，現実資本価値循環の論理を忠実に反映する機能的遂行者

8. 会社自体の株主化

会社自体が，自立的経済主体（法的には法人）として，他の企業の株主になるようになった（機関株主，法人株主，企業間相互持合いなど）

6.3 現代経営体における専門経営者

1. 専門経営者の本質に関する諸説

(1) 「経営者＝大株主資本家の代理人」説（→経営者自身は資本家ではないとする）

(2) 「経営者＝現実資本の価値増殖運動を遂行する機能資本家」説（→単なる資本所有者である所有資本家＝無機能資本家とは別に，資本機能に関わる機能資本家を考えて，経営者は機能資本家だとする）

(3) 「経営者＝制度化された機能資本家（＝経営管理組織）の担い手たる管理労働者」説（→個々の自然人経営管理者は資本機能を担う特殊な種類の労働者＝管理労働者だとする）

(4) 経営者は（株主とも労働者とも利害を異にする）独自の効用関数をもつ一種の中立的テクノクラート，諸利害関係者間の利害調整者とする説（→独自利害を持つ中間階級ないし中間階層とする？）

2. 専門経営者の実像―報酬額の実態から見る

この原稿を書いている段階の最新データを見ると，日本の経営者報酬の実態は，多い方から示せば，図表6-2の通りである。また，上場・非上場企業3500社の社長の年間報酬額は平均3100万円，社長の年間報酬額は取締役の2.3倍，従業員身分から初めて役員に登用された場合の年間報酬額は登用前水準の平均1.28倍という調査結果がある（産労総合研究所，2006年度調査）。

アメリカの高額報酬経営者番付では，最高経営責任者（CEO）が過去10年間に受け取った報酬（給与，ボーナス，ストックオプション行使分を含む）として，L.エリソン（データベースソフトメーカーのオラクルCEO）18億3500

図表6-2 上場企業経営者の役員報酬ランキング（日本）

	企業名	経営者名	地位	年間報酬額
1	日産自動車	カルロス・ゴーン	社長	8億9100万円
2	ソニー	ハワード・ストリンガー	会長兼社長	8億1450万円
3	大日本印刷	北島義俊	社長	7億8700万円
4	東北新社	植村伴次郎	最高顧問	6億7500万円
5	武田薬品工業	アラン・マッケンジー	前取締役	5億5300万円
6	信越化学工業	金川千尋	会長	5億1700万円
7	双葉電子工業	細矢礼二	最高顧問	4億7726万円
8	日本調剤	三津原博	社長	4億3500万円
9	セガサミーHD	里見治	会長兼社長	4億3500万円
10	富士フイルムHD	古森重隆	社長	3億6100万円
11	SANKYO	毒島秀行	会長	3億3000万円
12	ビー・エム・エル	荒井元義（故人）	前会長	3億2100万円
13	エフピコ	小松安弘	会長	3億2000万円
14	プリヴェ企業再生G	松村謙三	CEO	3億1965万円
15	高砂熱学工業	石井勝（故人）	前会長	3億1300万円
16	コーセー	小林英夫	前取締役	3億0700万円
17	野村HD	渡部賢一	社長	2億9900万円
18	コナミ	上月景正	会長兼社長	2億9600万円
19	AOKI HD	青木拡憲	会長	2億9300万円
20	フェローテック	賀賢漢	常務	2億8208万円

（注）　報酬額には基本報酬＋ストックオプションなどが含まれている。
（出所）　『朝日新聞』2010年7月1日。

万ドル（1600億円），B.ディラー（ネット複合企業インタラクティブコープCEO）11億4200万ドル（995億円），S.ジョブズ（電子機器メーカーのアップルCEO）7億4800万ドル（652億円）などとなっている（『ウォールストリート・ジャーナル』2010.7.27）。

　このように日本の経営者報酬はアメリカと比べると低額であるが，国際化の中で今後高額化の方向に向かう事も予測される（カルロス・ゴーン，ハワード・ストリンガーなどの事例が皮切りになるか？）。また，金額の違いのみならず，経営者報酬の構成内訳も日米では大きく異なっている（日本では概ね固

定報酬55％，業績連動報酬25％，ストックオプション20％の内訳なのに対して，アメリカでは固定報酬13％，業績連動報酬25％，ストックオプション62％程度）。

新自由主義政策のもとでアメリカの経営者報酬は増大の一途をたどり，1965年にはCEOと労働者の報酬格差は24倍だったのが，89年には71倍，2005年には262倍に拡大したとする調査報告がある。しかも，企業業績が悪化しても，経営者報酬のみが高止まりする事が多く，問題が指摘されている。

3．専門経営者と経営目的

企業規模の拡大，株主数の増加，機関株主の登場，所有と経営の分離，専門経営者の登場，経営者支配，諸利害関係集団の利害対立などから，企業経営目的が単純な利潤極大化でなくなったとする諸説が登場

(1) バーリ＝ミーンズ（Berle, A. A. & Means, G. C.）……株式分散➡株主支配力低下➡**経営者支配力の増加**➡準公社的会社化（**会社革命**）➡利潤追求的企業の性格の変化，利害関係者（株主，労働者，消費者，国家等）の**利害調整**の重要化，経営者による自身の**独自目的**（株主利益の極大化とは区別される）の追求

(2) ディーン（Dean, J.）……現代企業は利潤極大化を狙わず自発的に**適正利潤**（reasonable profit）に制限する（なぜなら，他企業の新規参入を阻止したい，労働組合の賃金要求抑制，顧客の好意の維持，独禁法論者からの批判への考慮，経営者自身の利得への計算などがあるから）

(3) サイモン（Simon, H. A.）……人間行動の現実は，合理性の限界があるが故に，最大水準をではなく自分が満足できる水準を求めて動く点に特徴があり，したがって企業や経営者は**最大利益率ではなく満足できる利益率**を求めて行動する（**満足基準**）

(4) ボーモル（Baumol, W. J.）……寡占企業の経営者はある一定水準の利潤（**最低許容可能利潤**）確保を制約条件として**総売上高を最大**にするよう行動する（経営者の報酬や地位は，利潤よりも売上高の方に関係が深いから）

(5) マリス（Marris, R.）……経営者資本主義のもとでは経営者はみずからの諸効用（給与，賞与，ストックオプション，地位，富，安全性など）を極

大化することを欲するが，それは企業資産成長率最大化の達成によって果たされる（**企業成長率最大化目的説**）

(6) **ガルブレイス**（Galbraith, J. K.）……現代の「成熟した法人企業」を指導・支配する**テクノストラクチュア**は，自身の地位の安定化のために，株主を満足させる一定水準の収益を確保した後には，必要な投資資金を確保しうる範囲で，**企業成長率極大化**を狙う（自身の評価や地位を高める，職位増加や昇進機会増加につながる，国民的合意を得やすい等から）

(7) **ウイリアムソン**（Williamson, O. E.）……一定水準の利潤，満足できる株主配当，十分な高い成長率の制約条件のもとで経営者は自身の支配力や利益を追求し，**経営者効用関数の最大化**（金銭的報酬，部下の数，自由裁量可能な投資額，役得など）を求めて行動する

(8) **ドラッカー**（Drucker, P. F.）……**「顧客の創造」**を目的とし，この達成のための重要機能としてマーケティングとイノベーションをあげる。**利潤は目的ではなく，制約条件**だとする。具体的目標としては，市場における地位，革新，生産性，物的資源および財源，収益性，経営担当者の能力と育成，労働者の能力と態度，社会的責任の8領域での多元的中間目標設定をする。

(9) **サイアート＝マーチ**（Cyert, R. M. & March, J. G.）……企業組織を経営者・従業員・株主・供給者・顧客等の連合体と見て，この組織内では彼らの間の意見の不一致や対立が相互の交渉・取引によって調整され，関心の焦点も不断に変化し，その結果，ある時には生産目標が，別の時には販売目標が，さらに同様にして在庫，市場占拠率，利益等が組織目標になる（したがって一貫した単一企業目標を設定するのは困難である）とする**複数目標説**

(10) **宮崎義一**……個人支配形態の企業＝「**利潤極大**」目的➡経営者支配の第1段階＝「利潤から中立的な**販売高成長率極大**」目的➡経営者支配の第2段階＝「**企業内部資金極大化**」目的へと企業目的が推移する。

6.4 現代経営体を巡る所有と支配の諸理論

1. **大株主支配論の論理と問題点**
   (1) **論理**……会社は複数自然人株主の結合体（営利社団）➡企業支配者は総株主（株主総会）➡総会での1株1議決権による多数決原則により「大株主の意思＝総株主の意思＝会社の最高意思」と擬制⇒総会で取締役の任免➡取締役は，支配的大株主の代理人または被信託者➡大株主支配の貫徹
   (2) **問題点**……① 自然人大株主や同族所有の分散・減少・比重低下傾向（急成長時の追加投資資金不足，累進的相続税・所得税とその支払いのための持株処分，財産分配，経営破綻や業績悪化，などによる）は否定できない，② 株主は擬制資本である株式の所有者にすぎず，所有権は株主権という派生的所有権に転化しており，会社の現実資本（会社財産）やその使用・収益・処分の権利を完全に所有するのではない，③ 株主は危険分散のため分散投資➡関心は多企業に亘る最適な投資ポートフォリオ➡個々の企業の細部にわたる経営・監視が主な関心事ではない，④ 株主には執行権も代表権もなく，議決権・提案権も範囲を限定されている➡株主の力は支配力というよりも影響力，⑤ 株主総会の最高機関性の形式化・有名無実化➡単なる株主利益保護機関の役割すら果していない事も多い，⑥ 株主総会・大株主の受託機関である取締役会も，開催回数の制約，会議時間の制約，議題関連の知識・情報的制約などの点で形骸化，⑦ 会社は株主とは別の法人格であり，現実資本の所有者は会社それ自体であり，信用基礎は株主から客観化された基礎資本にある，⑧ 経営者の受託責任は株主に対してではなく会社自体に対して存在すると解する方が自然である。
   (3) **この立場の論者の例**……C. ライト・ミルズ（1956），D. ビリヤホッホ（1961），J. M. チュバリア（1969），P. H. パーチ（1972），小松章（1980，1983），村田和彦（2006），新古典派経済学者や一部マルクス経済学者。

2. **金融資本支配論の論理と問題点**
   (1) **論理**……銀行，保険会社，信託会社，財団などが持株，融資，重役兼任などを通じて産業会社に対して支配をしているとする。

(2) **問題点**……① 金融機関による事業会社支配が事実と仮定しても，ではその金融機関の所有・支配者は誰なのかの問題が残る，② 金融「支配」というよりも，債権者―債務者関係，取引関係に絡む影響力・制約・抑止力の行使ではないのか，③ 銀行の持株を特定事業会社支配に向わせない諸要因の存在（良い投資効率を求める顧客の圧力，独禁法など法的圧力，会社経営者側からの抵抗，危険分散と事業範囲拡大のための融資先分散・拡大など），④ 会社の自己金融力増大➡金融機関からの融資依存度の低下➡会社の金融機関からの相対的自立性増大，⑤ 金融機関は一定の条件（事業会社が財務的危機状態にあるとか急速な拡張とかで資金需要の強い時）のもとでは大きな影響力をもちうるが，これも会社に対する本質的・継続的支配とは区別される。金融機関と事業会社とは，基本的には，相互利益に基づく対等な関係と見た方がよいのではないか。

(3) **この立場の論者の例**……プジョー報告書（1913），A. ロチェスター（1936），V. パーロ（1957），パットマン報告書（1968），S. M. メンシコフ（1969），R. フィッチ＝M. オッペンハイマー（1970），メトカーフ報告書（1978），D. M. コッツ（1978），一部マルクス経済学者。

3. 機関所有ないし法人所有重視の支配論と問題点

(1) **バーリ（Berle, A. A.）**……会社支配は「私的所有・過半数所有支配」➡「少数所有支配」➡「経営者支配」を越えて，いまや「**機関（年金基金等の機関株主）の権力による支配**」（「権力ピラミッド」「管理者ピラミッド」による支配）に移行している。

(2) **ドラッカー（Drucker, P. F.）**……「年金基金はアメリカ合衆国の唯一の資本家となりつつある」➡「**年金基金社会主義**」➡新しい統治機構と専門経営者

(3) **奥村宏**……資本主義が**個人資本主義**から**法人資本主義**（金融機関や事業会社即ち法人が大株主として力を持ってきた時代の資本主義）へと移行➡法人間での株式の多角的**相互持合**の進展（とくに日本の企業集団）＝経営者同士による相互支配➡経営者間の相互信認（支え合い，馴れ合い）に転化➡すべての経営者の支配権力が強大化➡（経営者個人は自社株を持たなくても）自社内を支配する権力を持ちうるようになる（**法人所有を基礎に**

した経営者支配）

(4) スコット（Scott, J.）……現代大企業では単独で支配力を行使しうるほどの株式を所有する株主はいないが，機関株主が利害関係を通じた緩やかな**星座状連関を形成した支配**（constellation of interests）を行っているとする（相対的大株主集団による「戦略的支配」）➡経営者支配の否定。

(5) 問題点（奥村説）……① 相互所有による相互支配説は独立系企業集団（新日鉄，日立，トヨタなど）には通用しにくい，② 支配は株式所有の構造だけからは論じられない（株式所有は支配の一条件であるのみ），③ 他社支配の前提にはまず自社における支配の確立がなければならないはず（自社支配者でない者がなぜ自社代表として他社支配に向いうるのか）➡奥村説の本末転倒性，④ 現実的支配としての企業内の労働支配，利潤創出機能，管理等に結びつけて支配（経営者支配）を論じることができていないし，結びつける枠組みの提供にもなっていない，⑤ 相互持ち合いをしていない外国企業，相互持ち合いが緩んできた日本企業についての説明をどうするのか。

4. 経営者支配論の論理と問題点

(1) **株式分散説的経営者支配論**（バーリ＝ミーンズ，ラーナーなど）……企業規模拡大➡必要資本の増大➡発行株の増大と株式所有の分散➡大株主の持株比率低下➡支配的株主の後退ないし消滅➡支配は現経営者の掌中に収まる（経営者支配）➡**経営者は後継者を選出する自己永続体化**➡（株式）所有と支配の分離➡利潤追求中心の私的会社から社会的責任・公共政策中心の準公的会社へ（**株式会社革命**）

(2) **テクノクラート支配説的経営者支配論**

① バーナム（Burnham, J.）……企業をめぐる4つの集団（生産経営者，財務管理者，金融資本家，一般株主）の中の後3者は生産の場から身をひき金融機能や遊びに没頭するようになり，**生産手段に最も近い所にいる生産経営者のみが実質的支配者になる**➡将来社会は資本主義でも社会主義でもない**経営者社会**

② ガルブレイス（Galbraith, J. K.）……経済発展に重要な要素は時代とともに「土地➡資本➡組織・専門知識」と変遷➡現代企業では組織された

知的専門家集団（テクノストラクチュア）による支配
(3) **機関所有説的経営者支配論**
① 三戸公……社会全体が「組織中心社会」になった➡株式所有形態も組織中心的な形に変化（分散的個人所有から集中的機関所有に移行）➡機関所有時代にはもはや株式所有は支配の根拠たりえない（組織社会では財産・資本・所有の論理ではなく，組織の論理で物事が動く）➡株式所有でなく企業体＝組織体の維持という経営機能それ自体（経営者の地位それ自体）を存立根拠・支配根拠とする経営者支配の成立
② ハーブレヒト（Harbrecht, P. P.）……機関所有はかえって財産所有支配力の意義を薄める➡所有にではなく地位に根拠をおく経営者支配
③ 既述の奥村宏，ドラッカーらは，本項に分類も可能である
(4) **会社自体説的経営者支配論**
① 理論的特徴……会社の物的会社化，内部金融の増大，株主の外在化などによって，会社自体（現実資本運動）が出資者のコントロールから相対的に自立化し，その構造にのっかる形で専門経営者が会社（現実資本）の排他的占有権・支配権をもつようになる
② この系譜の論者の例……スウィージー（Sweezy, P. M.），北原勇，植竹晃久，篠原三郎，有井行夫，片岡信之
(5) **問題点**
① **株式分散説的経営者支配論**……① 単なる株式所有分析では現実資本の支配分析にはなりえない，② 「支配」概念を「取締役の任免権」と捉える分析方法では，現実資本の運用・最高意思決定の実態は見えない，③ 株式所有分散（大衆化）・所有と経営の分離を企業の利潤動機減少に直結するのは論理的飛躍
② **テクノクラート支配論**……現代企業の根底にある資本運動への過小評価
③ **機関所有説的経営者支配論**……現実資本運動への過小評価（株式所有者＝擬制資本所有者の支配力弱化が現実資本自体の論理の弱化に直結されていて，詰めが甘い）

6.5 企業統治（コーポレート・ガバナンス）論の台頭と内容

1. 企業統治論の登場背景

　1980年代アメリカの新自由主義経済学の隆盛とそれに沿った政策（規制撤廃，市場原理主義，事業再編・M&Aによる経済再建など）➡新自由主義経済学的な株主主権企業観の流行，巨大な機関株主の増加とそれらの株主行動主義（物言う株主）への方向転換，M&A・企業売買の流行よる企業時価総額への関心の高まり➡企業は株主のもの，経営者は株主価値を最大にするための株主代理人，経営者の任務は企業時価総額を高め・配当を多くし・株主への説明責任を果たすことだ，経営者をどのようにして株主に奉仕させる仕組みを作るかという議論が高まった➡そうさせるための経営者のチェックシステムへの関心の高まり➡企業の「主権者」とされる株主による経営者の統治システムという議論の台頭（**ストックホルダー型企業統治**）➡80年代以後の企業統治論の流行

2. 企業統治論の議論内容

　ストックホルダー型企業統治論では，経営者が株主を重視した経営をするように株主側から影響力を行使する方法として，① 持ち株の大量売却による株価下げで経営者に圧力をかける（ウォールストリート・ルール），② 株主総会での発言力行使，③ 株主代表訴訟・少数株主権行使，④ 取締役会改革（社外取締役の大幅導入，CEOと取締役会会長の兼務禁止），⑤ 監査役制度の改革（取締役会内部にある監査委員会を社外取締役だけで構成する），⑥ 株主と経営者の利害を一致させる仕組みを作って経営者（や従業員）を株主重視経営に誘導する（ストックオプション），⑦ 厳格な会計制度による正確な企業財務報告，企業情報の株主への開示，⑧ 財務報告を厳正にチェックする監査法人による監査，⑨ 透明性の高い証券市場と株価の公正な形成，⑩ 経営状態を公正・客観的に点検・公表する証券アナリスト，⑪ 客観的で厳格・適正な企業格付け機関，等が議論された。

　ストックホルダー型企業統治論は1980年代〜2000年代にかけてアメリカ発で盛んとなり，各国にも大きな影響を与えたが，やがて多くの問題を露呈

し（インサイダー取引，株価操作，情報操作，証券アナリストと企業の癒着，格付け機関の無能・無責任，粉飾決算，社外取締役のインサイダー化，監査委員会の形骸化，外部監査法人と企業の癒着，短期利益志向への偏向，金権癒着，機関投資家を中心とした異常なマネーゲーム化，等），さらには株主のみを優先する企業観に対する批判も出されるようになった。株主とは相対的に自立した社会的存在として運動している現代経営体に関する理論としては，狭量過ぎるであろう。そして，2008年秋の金融危機を契機に新自由主義経済政策の破綻が明らかになるとともに，声高には言われなくなった。

　それに対立するもう一つの企業観，もう一つのガバナンス論が**ステイクホルダー型企業統治論**である。これについては，第22章で別途詳細に論じられるので，ここでは説明を省略する。

【より進んだ学習のための文献】
A. 占部都美著『新経営者論』ダイヤモンド社，1975年。
A. 若林政史著『株式会社論―新しい会社像―』白桃書房，1987年。
A. 加護野忠男・砂川伸幸・吉村典久著『コーポレート・ガバナンスの経営学―会社統治の新しいパラダイム』有斐閣，2010年。
B. 正木久司著『株式会社支配論の展開（アメリカ編）』文眞堂，1983年。
B. 三戸　公著『財産の終焉―組織社会の支配構造―』文眞堂，1982年。
B. 植竹晃久・仲田正機著『現代企業の所有・支配・管理―コーポレート・ガバナンスと企業管理システム』ミネルヴァ書房，1999年。
B. 海道ノブチカ・風間信隆編著『コーポレート・ガバナンスと経営学―グローバリゼーション下の変化と多様性』ミネルヴァ書房，2009年。
C. 片岡信之著『現代企業の所有と支配―株式所有論から管理的所有論へ―』白桃書房，1992年。
C. 片岡信之・海道ノブチカ編著『現代企業の新地平』千倉書房，2008年。
C. 勝部伸夫著『コーポレート・ガバナンス論序説―会社支配論からコーポレート・ガバナンス論へ』文眞堂，2004年。
C. 平田光弘著『経営者自己統治論―社会に信頼される企業の形成』中央経済社，2008年。

　　　　　　　　　　　　　　　　　　　　　　　　　　　　（片岡信之）

第7章
経営体の組織と構造

《中心的論点とキーワード》

人間にとっての協働・組織の基本的意味を理解した上で，経営体における組織構造の役割と諸類型を示す。さらに，経営体を取り巻く現代的諸問題に対応するための新たなパースペクティブのいくつかを紹介する。キーワード：協働システム，組織の成立要因，有効性と能率，組織化の原則，意思決定システム，組織のコンティンジェンシー理論

7.1 組織とは何か

1. 経営体における仕事と組織体系―分業の調整
    (1) 組織体の目的達成のための仕事の連携の明確化
    (2) 職位や地位の関係の確立
    (3) 業務遂行の際の命令―報告関係の明示
    (4) 部門間の関係性の明確化
    (5) 公式的な命令伝達のルートの確定
2. 経営体における人間と組織―協働の意味
    (1) 物的・生物的・社会的に制約がある存在としての人間
    (2) 目的や自由意志を持ち，主体的に活動し，心理的要因をもつ存在としての個人
    (3) 他の人々との「協働」を通じての個人目的の達成
    (4) 継続的な目的達成のための協働関係の維持存続
3. 協働システムと組織
    (1) 協働システム：共通目的を達成するためのヒト・モノ・カネ・情報等の

第7章　経営体の組織と構造

　　まとまり（企業，自治体，学校，家庭などの組織体）
　(2) 組織：協働システムを目的達成に向けて動かしていく「エネルギーの場」のようなもの
　(3) 組織の定義（C. I. バーナード）
　　「二人以上の人々の意識的に調整された活動および諸力の体系」

4. 組織の成立要因と維持・存続要因
　(1) 組織が成立するための要因
　　① **共通目的**……協働するための共通の目的
　　② **協働意欲**……目的達成にむけて協力しようとする意欲
　　③ **コミュニケーション**……目的を共有し協働を達成するための伝達
　(2) 組織の維持・存続のための要因
　　① **有効性**……共通目的の達成度
　　② **能率**……組織メンバーの動機満足度
　(3) 有効性・能率の確保
　　① 組織と環境との関係……組織の環境適応
　　② 組織とメンバー個々人との関係……誘因と貢献のバランス

7.2　経営組織とは何か

1. 目的の効率的な達成のための仕事の分担体系
　(1) 組織における仕事の種類

　　　　　　　┌─ 経営（administration）……組織全体の方向づけ
　　仕事 ───┼─ 管理（management）……目的に基づく業務の計画・調整
　　　　　　　└─ 作業（operation）……職務の具体的な実行

　　＊これらの仕事を相互に結び付けることにより組織機構が出来上がる。
　(2) 組織化の原則……有効な組織機構を作るための原則
　　① 専門化の原則
　　② 統制範囲の原則
　　③ 例外の原則
　　④ 権限・責任明確化の原則

2. 人間の集まり（社会システム）としての組織
(1) **システムとは**……各部分が他のすべての部分と相互依存の関係を有している統一的な全体
(2) 公式組織・非公式組織
　① **公式組織**（formal organization）……目的を効率的に達成するための仕事のつながり，権限委譲の体系，コミュニケーション体系
　② **非公式組織**（informal organization）……組織の公式的目的とは関係なく個人的な目的のために自然発生的に生じた仲間集団

3. 意思決定システムとしての組織
(1) 組織における意思決定
　① **個人的意思決定**……個人が組織の貢献者となるか，あるいはなり続けるかという決定
　② **組織的意思決定**……組織目的の達成に関連する意思決定
(2) 組織における意思決定の特徴
　① **機会主義的側面**……目的に対する手段の選択
　② **道徳的側面**……目的そのものの選択（価値，理想，希望など）
　③ 個人の**合理性の制約**を克服するものとしての組織
　＊組織は，意思決定の「目的―手段」のヒエラルキーを形成している。
(3) 管理的意思決定の種類
　① **計画的意思決定**（planning decision）と，**執行的意思決定**（executory decision）との適切な分業を決定する。
　② 計画的意思決定による，執行的意思決定のコントロールを有効にする機構を設定すること。
　＊組織における意思決定の合理性を高めるには……組織の意思決定機能をいかに配分するか，および，その意思決定にどのように影響を及ぼすかという２つにかかっている。
　③ 意思決定の種類
　　A．プログラム化された意思決定
　　　反復的・定型的な意思決定であり，明確な処理手続きが出来上がっているもの

B. **プログラム化されていない意思決定**
一定の処理方法・手続きが確立されていない，適応的で問題解決的意思決定
＊問題解決とは……プログラム化されていない意思決定を，下位のいくつかの問題に分解していくことによりプログラム化された意思決定へと変え，探索的に意思決定をしていくプロセスであり，組織はそのためのシステムであるともいえる。

7.3 組織形態の基本型

1. **ライン型組織**（図表7-1参照）
   (1) 特徴……組織の目的達成のための職務を直接に遂行するための組織。トップからボトムまで，指揮・命令系統は単一の経路で結ばれている。
   (2) 長所……命令系統が明確であり，計画から実行に至る経過が迅速。
   (3) 短所……上司になるほど管理責任が大きく，負担も重い。そのため管理者の育成も困難。
2. **ファンクショナル型組織**（図表7-2参照）
   (1) 特徴……組織の基本的な業務ごとに水平に部門が設けられ，それぞれの部門に管理者が配置されており，トップからボトムにいたる複数の命令系統が存在する。
   (2) 長所……トップと各部門は等距離の関係にあり，各部門が同じ立場から意思決定に参加できる。また，情報の伝達経路はライン型より短くなることもある。さらに，各部門の管理者は専門的職能に専念できるため，負担が軽減され，管理者の育成も比較的容易である。
   (3) 短所……1人の従業員が複数の上司を持つことになるため，命令の一元化が保たれにくくなる。計画から実行にいたる時間が長くなる傾向がある。
3. **ライン＆スタッフ型組織**（図表7-3参照）

(1) 特徴……ライン型組織に，専門的な助言や支援を行うスタッフ部門が付加されたもの。
(2) 長所……ライン部門の命令系統は単純化され，部門独自の業務に専念できる。
(3) 短所……スタッフが助言にとどまらず，直接ラインに指示・命令を与えるようになると命令系統が混乱し，いつしか実質的な権限をスタッフが握るということにもなりかねない。

＊実際の経営組織は以上３つの基本的形態の複合形態となっている。

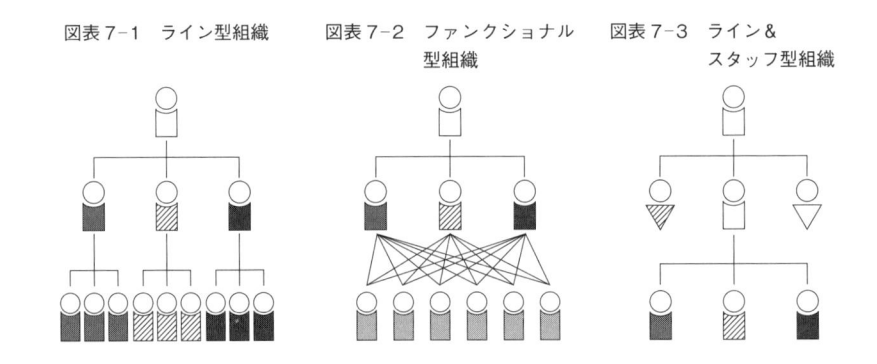

図表7-1　ライン型組織　　図表7-2　ファンクショナル型組織　　図表7-3　ライン＆スタッフ型組織

7.4　組織と環境とのコンティンジェントな関係

1. **システムとしての組織**（図表7-4参照）
   (1) クローズド・システム（closed system）
       環境からの影響を受けない自己充足的なシステム
   (2) オープン・システム（open system）
       環境と相互作用して安定状態を保とうとするシステム
2. **組織のコンティンジェンシー（Contingency）理論**
   (1) 社会─技術システムとしての組織
       技術の変化は生産システムに影響し，ひいては職場の人間関係・組織構造などに影響を及ぼす。組織目的の有効な達成のためには，外部環境の環境変化に適応する内部のシステムの変更が必要となる。

第 7 章　経営体の組織と構造

図表 7-4　環境と相互作用して安定状態を保とうとするシステム

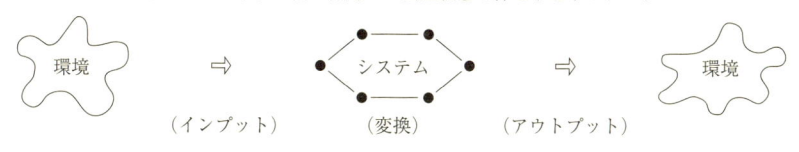

環境　⇒　システム　⇒　環境
　　（インプット）　（変換）　（アウトプット）

＊「普遍的な形態は存在しない」という考え方。
(2)　機械的組織観と有機的組織観
　［機械的組織観］
　① 組織目的達成のための仕事は専門・分化されており，組織目的の達成よりも，技術効率の達成（手段）が重視される。
　② 各階層の仕事の調整は上司が行い，上司は自分の専門領域内で部下にたいして責任をもつ。
　③ 職務の遂行に関して権限・責任が明確に規定されており，権限・責任は職位に付随している。
　④ 権限・責任は階層的に構造化されており，トップがコミュニケーションをコントロールしている。
　⑤ 上司と部下の間のタテの相互関係が強調され，上司は指令を下し部下はそれに従うことが要求される。
　⑥ 幅広い知識・経験・技能よりも，特定の領域に限定された，専門的な知識・経験・技能が重要視される。
　［有機的組織観］
　① 組織全体の目標から個人の仕事が設定され，個々の専門的知識や経験を生かして，組織の共通目的に貢献することが要求される。
　② 個人の仕事は，他の人々との相互作用を通じて調整され，責任は共有される。
　③ 組織全体にたいして仕事の関係以上のコミットメントがあり，個人の職務遂行の基準は上司との関係のみならず，組織目的の達成という共通利益に基づいている。
　④ 権限・責任・コミュニケーションは，水平的なネットワーク構造を形成しており，専門的知識のあるところがコミュニケーションの中心とな

⑤ タテよりはヨコのコミュニケーションが重視され，その内容は命令・指示より情報交換・助言という形をとっている。
⑥ 組織全体の仕事・進歩・成長に高い価値が置かれ，組織の技術的・経済的環境に対する専門的な力が重視され，評価される。
＊「機械的組織観」は，比較的安定的な環境の下，明確な組織目的を達成するために有効であり，「有機的組織観」は，流動的な環境下で組織目的も変化しうる状況下で有効であると一般に考えられる。
＊あらゆる組織は，上の2つを理想型とする軸上のどこかに位置する。

3. コンティンジェントな組織形態

(1) 事業部制組織（図表7-5参照）

図表7-5 事業部制組織

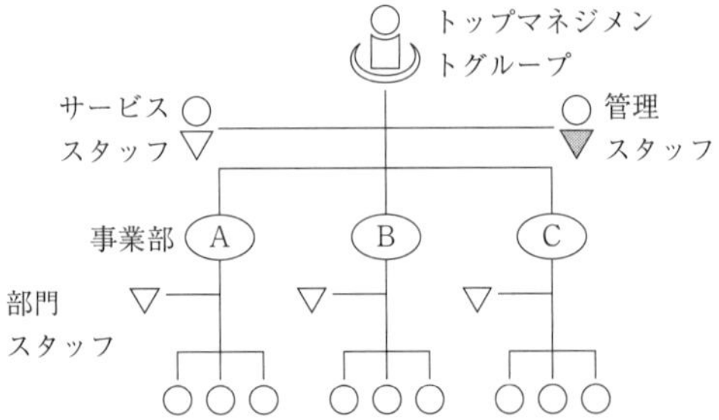

① 特徴……市場・製品・顧客の成熟化に伴い，多角化した企業が環境に適応するためにとる組織戦略の1つ。製品，市場，顧客などを基準としていくつもの事業部が編成され，各事業部に本社から大幅に権限を委譲して利益責任単位（プロフィット・センター）とし，自由裁量権を持たせた分権的組織。
② 長所……意思決定が迅速となり，現場の意見を反映し易い。また，事業部長が大きな権限を与えられるため，モチベーションとなると同時に管理責任の育成にも結び付く。
③ 短所……事業部の権限が大きくなればなるほど，事業部長の発言権が強くなり，セクショナリズムに陥りやすくなる。また，利益

測定の基準が一面的であり，共通費の配分，内部振替価格の決定にも困難が生じる場合がある。
(2) マトリックス組織（図表7-6参照）

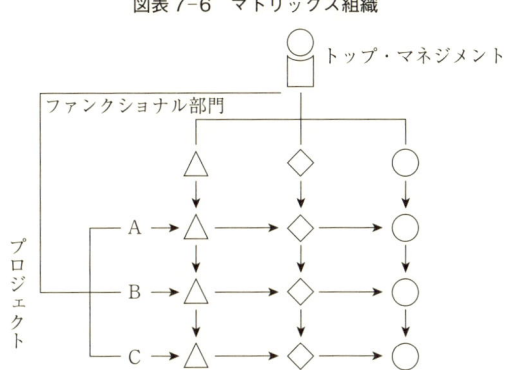

図表7-6 マトリックス組織

① 特徴……ファンクショナル組織の長所とプロジェクト・チームの部門間調整の効率性を兼ね備えた組織。2軸の支持・命令系統を持つ。
② 長所……現代の組織を取り巻く環境変動に対応し，同時に複数の目的を達成するのに効果的である。
③ 短所……命令が一元化されていないので，権限—責任関係が曖昧になり易い。また意思決定が複雑になるため，迅速性に欠けることがある。
(3) プロジェクト・チーム
① 特徴……部門間・事業部間に共通の戦略的課題を遂行するための一時的な横断的組織であり，その課題が達成されると解散する。
② 長所……ルーティン・ワークではない，革新的かつ創造的な能力が必要とされる問題解決的な課題に迅速に対応することができる。
③ 成功要件……プロジェクト・マネージャーには，リーダーシップ，コミュニケーション能力，管理能力はもとより，企業家的な能力も必要とされ，多大な責任が課せられる。

(4) SBU（Strategic Business Unit）＝戦略事業単位

①特徴……環境変化に対応するために，既存の事業部の枠を超えて戦略を策定し，それを実行するための特別編成の組織。既存の事業部制組織から独立して，新たに設定される場合と，既存の事業部を戦略の実行部隊として残し，戦略の策定のためのSBUを設定する場合がある。

図表7-7　SBU（戦略事業単位）

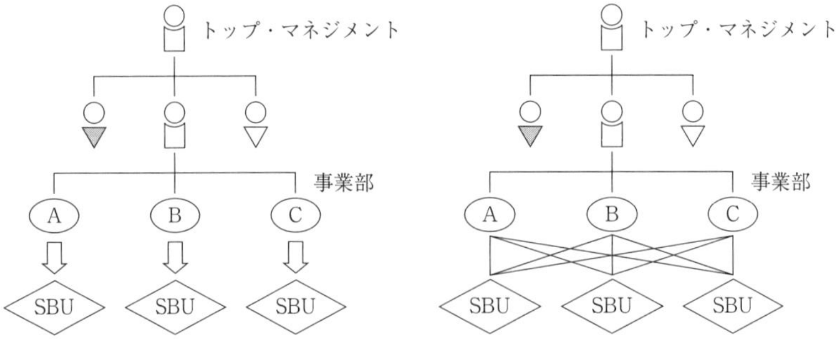

7.5　組織をめぐる現代的課題

1. 組織を取り巻く環境変化
(1) コンピュータによる情報ネットワーク社会の進展：**知識創造社会へ**
(2) グローバリゼーションの拡大：**価値多元社会へ**
(3) 地球環境問題の深刻化：**持続可能型社会へ**
＊新たな組織の見方（パースペクティブ）の必要性とその模索

2. 組織論の新たなパースペクティブ
(1) ネットワーク組織論

　　統制範囲と権限委譲の関係に従い，職務が階層的に構成された垂直的組織構造に対して，職位に上下がなくフラットな関係で網状に結びついている組織構造。組織の構成要素間が比較的自律的であり，垂直構造の組織と比較して，結びつきがルースである場合もある。インターネットコミュニ

ティーやNPOなどの組織形態は，ネットワーク組織の典型とされている。
(2) **組織進化プロセス論**

　K.ワイクによって提唱された「組織の進化プロセス」という考え方である。ここでは組織は「意味解釈のプロセス」であり，環境変動のなかで「生態学的変化」「実現（イナクトメント）」「淘汰」「保持」という進化のプロセスを繰り返して，意味の多義性を増大させたり減少させたりしながら維持されていく存在であると理解されている。コンティンジェンシー理論では環境は「所与」とされていたが，ワイクは，組織によって解釈されることによって環境は「実現（イナクト）」されるとした。

(3) **意思決定の「ゴミ箱」モデル**

　従来の意思決定論は，明確な目的や結果との因果関係が存在するという前提に立っていた。しかし，J.マーチらはその前提を疑い，「目的」「因果関係」「参加の流動性」の「曖昧状況」に目を向けた。彼らによれば，「問題」「解」「参加者」「選択機会」は相対的に自立して動いており，それがあるタイミングで組み合わさって「ゴミ箱」に入るような状況が意思決定であると捉えた。この見方は，上記の4要素を一義的に結びつけることが意思決定であるという従来の理論を一新した。

(4) **組織学習論**

　環境変動に直面した組織は，組織内に蓄えられている知識や過去の経験に照らして何らかの対応策を模索する。さらに，新たな経験から学んだ知識を蓄え，将来の来るべき問題解決に備える。このようなプロセスを「組織学習」と呼ぶ。C.アージリスらは，学習プロセスを「シングルループ学習」「ダブルループ学習」という二つの側面からとらえ，一定のルールに従って逸脱を修正する行為のみならず，環境変化の下で新たなルールや価値そのものを生み出していく学習にも注目した。さらに，「学習することを学習する」というプロセスの重要性も指摘した。このような組織学習論はやがて知識創造論へと展開されて，組織変革論の新展開をもたらした。

(5) **組織文化論**

　組織文化とは，構成メンバーが共有している意味や価値の体系であり，その存在によって，その組織は他の組織とは区別できる安定的な性格をも

つ。組織文化が果たす機能には，他の組織との境界を明確化し，メンバーにアイデンティティの感覚を伝え，組織としての一体感や結束力を生み出し，社会システムを安定させることなどがある。組織文化への着目は，1980 年代の日本企業の世界的な躍進を背景として，T. ピーターズらが『エクセレント・カンパニー』において「強い組織文化」と業績との関連などが論じられたことに端を発している。その後は E. シャインに代表されるような社会心理学的視点や文化人類学的な視点など，多様な理論展開を見せている。今日では，組織倫理，経営理念などへの理論的展開も見られる。

【より進んだ学習のための文献】
A. 桑田耕太郎・田尾雅夫著『組織論　補訂版』有斐閣，2010 年。
A. スティーブン P. ロビンス著（高木晴夫訳）『新版　組織行動のマネジメント』ダイヤモンド社，2009 年。
A. 岸田民樹・田中政光著『経営学説史』有斐閣，2009 年。
A. T. J. ピーターズ＝R. H. ウォータマン著（大前研一訳）『エクセレント・カンパニー：超優良企業の条件』講談社，1983 年。
A. E. H. シャイン著（金井寿宏監訳・尾川丈一・片山佳代子訳）『企業文化：生き残りの指針』白桃書房，2004 年。
B. C. I. バーナード著（山本安次郎・田杉　競・飯野春樹訳）『新訳　経営者の役割』ダイヤモンド社，1968 年。
B. H. A. サイモン著（二村敏子・桑田耕太郎・高尾義明・西脇暢子・高柳美香訳）『経営行動：経営組織における意思決定過程の研究』ダイヤモンド社，2009 年。
C. J. G. マーチ＝J. P. オルセン著（遠田雄志・アリソン・ユング訳）『組織におけるあいまいさと決定』有斐閣，1986 年。
C. K. E. ワイク著（遠田雄志訳）『組織化の社会心理学』文眞堂，1997 年。
C. C. Argyris, D. A. Schön, *Organizational Learning II; Theory, Method, and Practice*, Addison-Wesley Publishing Company, 1996.

（三井　泉）

第3編
企業経営体の管理

第8章
組織の管理

> 《中心的論点とキーワード》
> 　経営体（組織体）において組織（公式組織）は，どのような意義（役割）をもっているか。／公式組織を管理する（首尾よく取り扱う）ためには，どのようなことを行う必要があるか。キーワード：公式組織，意思決定，モチベーション，コミュニケーション・システムの形成，オーソリティー，リーダーシップ

8.1　組織の管理とは

1. 「管理（management）」の意味

　management（マネジメント）を，日本語で「経営」と「管理」に訳し分けると，管理は経営の下位に位置づけられることが多い。つまり，企業のトップは「経営する」が，課長クラスは「管理する」という具合である。しかし，ここでは，それらは英語においては，もともと1つであるということに注目して，企業のトップからいわゆる中間および現場管理者によって行われている，ある種の役割をすべて含むものとして「管理（management）」と考える。

　その役割を英語の原義に沿って述べると，「扱いにくい人・物・事をうまく取り扱う」（『ジーニアス英和辞典　第4版』大修館書店，より）ということになる。

2. 管理の対象としての組織

　「うまく取り扱う」の対象（客体）として組織を考えると，「組織の管理（組織を管理する）」となる。扱いにくい組織をうまく取り扱うことによっ

て，どのようなメリットがもたらされるだろうか。

3. 組織を管理することによってもたらされるもの（こと）

すでにこれまでの章（主に前章）で述べられているように，組織（正確には「公式組織」）は，協働システムのサブ・システムの1つではあるが，他の3つのサブ・システム（人的・物的・社会的システム）を調整・統合するという役割を果たしている中核的なサブ・システムである。

「2人以上の人々の意識的に調整された活動および諸力のシステム」というのが，C. I. バーナードによる「公式組織」の定義だが，「調整された活動のシステム」があってこそ，協働システムの他の3つのサブ・システム（ヒト，モノ，カネといったいわゆる経営資源と考えることもできる）の潜在力を十全に活かすことができる。

4. 公式組織を管理する（うまく取り扱う）ための要件

公式組織が管理できないというのは，一見，経営資源は揃ってはいるのだが，それらがバラバラで調整・統合されていないという状態である。すぐに無数の例が思い浮かぶだろうが，少しだけあげておこう。

1人1人はやる気はあるのだが，ベクトル合わせができていないので，まとまった力にならない状態。最新鋭の設備があっても使いこなせない状態。職場内で個人的にそりが合わないといった気持ちが仕事のうえに持ち込まれて，仕事がはかどらない状態。……

このような状態に陥らないように，「調整された活動のシステム」としての公式組織を成立させるには，次のような条件が必要である。

① メンバーに共有された明確な組織の「**共通目的**」があること。
② メンバーに組織目的に向けて寄与しようという「**協働意思**」があること。
③ 組織目的を伝達し，協働意思（やる気）を確保するための，さらにはメンバー間でお互いの活動を調整するための「**コミュニケーション**」が円滑になされていること。

「共通目的」，「協働意思」，「コミュニケーション」の3つの要素（「**公式組織の3要素＝公式組織成立の必要十分条件**」）がきちんと揃っていれば，「調整された活動のシステム」が確保されることになる。同一の事柄の裏面であ

るが，「調整された活動のシステム」が明確に存在していれば，多様な経営資源が調整・統合されている状態にある，ということになる。

したがって，組織の管理の問題は，「共通目的」を明確化し，メンバーの「協働意思」を確保し，円滑な「コミュニケーション」の仕組みを整えるには，どうすればいいのか，という問題になる。

以下，順次，それらの問題を扱っていくが，当たり前のことではあるが，これは，組織の管理のためには「まず，共通目的が明確化され，その次に協働意思を確保し，そしてその後で……」ということを意味するものではない。

非常に具体的な目的が決められ指示がなされたとしても，それに向けてメンバーがやる気を出さない（協働する意思がない）というのであれば，それが「共通の」目的になどなりえないのは言うまでもない。また，組織体の中で，ある人間が目的を具体化したとしても，それが組織のメンバーに伝達（コミュニケーション）されない限り，これも組織の「共通」目的にはなりえない。

3要素に対応したなされるべき事柄は，同時になされていなければならないのである（もちろん，場合によっては，いずれかが先になされることもあるが）。説明の順序は，何かについて話す時には同時に2つ以上の話をすることはできない，というだけの事情による。

8.2 「共通目的」の明確化

1. 協働の目的

企業をはじめとする組織体（本書における「経営体」）は，個人では達成できない何らかの目的のために2人以上の人々が**協働**している状態である。したがって，協働していることと，そこに2人以上の人々の間に共有されている協働の目的があることは，一種の同語反復でもある。しかし，具体的な目的が常に共有されているとは限らない。組織体の規模が大きくなればなるほど，そのことは著しくなる。

わかりやすいように極端な例をあげるが，国際連合の目的は「国際の平和

と安全を守る」というようなものだろう。この目的を否定する国連の構成国は存在しないだろうが，そのための具体的な方策となると，一致することの方がむしろ例外である。具体的な方策（**細部目的**とも言う）で一致できないと，組織体として動くことはできない。当然，もともとの目的（上のケースで言えば「国際の平和と安全」）も達成できない。

したがって，協働が，その目的を達成するためには，メンバーが一致できる具体的な目的（細部目的）を設定することが不可欠であり，そうしていくことを「**共通目的の明確化**」として語ることができる。共通目的を明確化していくマネジメントの役割（職能）は，「**意思決定**」と言われている。

2.「意思決定」のプロセス

ここでは，漠然とであれ，ある種の共通目的がすでに存在している，というところから始める。まず，行われなければならないのは，その目的を達成するにあたって，それに関係のある諸要因を識別することである。これらの諸要因からなるのが「**意思決定の環境**」である。

次に，その環境において，① 目的達成を促進する要因，② 目的達成を阻害する要因，③ 目的達成にとって中立的な要因，が区別されなければならない。その後，① を利用しながら，② を ① に，少なくとも ③ に変えるための手段が模索されることになる。

例えば，ある土地である植物を育てたい（これが「目的」にあたる）が，現状では土質がその植物には適さない（これは ②）としよう。そこで育てるのをあきらめるのは 1 つの選択ではあるが，どうしてもやり遂げたいという場合，土質を分析する方法が確立されている（これは ①）とすれば，その方法を用いて土質のどの部分が，その植物に不適当なのかを識別しようとすることになる。それが明らかになった結果，ある種の肥料ないし改良剤によって土地の状態を改善できることがわかれば，今度はそれらを入手する方法が模索される，という具合である。

このプロセスは，最終的に，あとは「それに働きかけるだけ」という要因を見つけるまで，繰り返される必要がある。上の例で言えば，改良剤を手に入れて，実際に土地の改良に着手する，ということである（もちろん，それまでには改良剤の購入資金を調達するという行為も含まれ，その資金を獲得

する方法を見出すという「意思決定」も必要である)。

　このような意思決定のプロセスは「**反復的意思決定のプロセス**」と呼ばれており，ある「目的$_1$」にとっての「手段$_1$」が，プロセスの次の段階では「目的$_2$」になり，今度はそのための「手段$_2$」が探索される，という具合に続いていく。これを「**目的－手段の連鎖**」とも言っている。

　このプロセスは，ある1時点での「目的－手段の連鎖」を完結させるだけにとどまらないことにも注意を要する。意思決定を繰り返している間に環境そのものが変化することは充分考えられる。そうすると，最初の①～③の識別の妥当性が失われるかもしれない。この場合，識別自体から，やり直さなければならない。当然，その後の「目的－手段の連鎖」のあり方も変わってくる。これもまた，反復的意思決定のプロセスに含まれる。

3. 組織の中での反復的意思決定

　反復的意思決定そのものは，誰もが日常生活の中でも日々行っていることである（その多くが習慣化され，無意識になってはいるが）。遠距離通勤・通学している読者ならわかるだろう。最初の頃は，いつ家を出て，どこでどのようにバスや電車を乗り換えれば，遅刻せずに出社・登校できるか，調べたはずである。慣れてくると，寝坊さえしなければ，あとはさも自動的に流れていく。

　しかし，組織におけるこのプロセス（目的－手段の連鎖）は，個人の中で完結するわけではない。意思決定の各々の段階ないし限定された部分が，組織を構成する各メンバーないし複数のメンバーからなる部門に割り当てられる（この「どのように割り当てるか」ということ自体が，意思決定のプロセスであるが)，というのが組織における特徴である。

　この割り当ての結果が，前章において述べられている「**組織構造**」である。このように意思決定が分業（専門化）されることによって，何から何まで一人でかぶるという事態（個人にとっての過重負担）を避けることができ，限定条件付きではあるが，環境の識別や手段の選択における精度が高まる。

　その限定条件とは，その分業（専門化，一般的な言葉では割り当て）が，メンバーや部門の能力や負担度を勘案して適切になされることである。これ

は，どのように組織を構造化するかという問題であり，8.1.4 でふれた組織における「コミュニケーションの仕組み」に関係する。

　もう1つ重要な条件にふれておくと，メンバーないし部門が，割り当てられたことについて「やる気」をもって取り組まないかぎり，環境の識別や手段の選択の精度は高まらない。その割り当てにあたっては，これも 8.1.4 でふれた「協働意思の確保」に同時に配慮しなければならないのである。前に述べた「3要素に対応したなされるべき事柄は，同時になされていなければならない」というのが，これだけでもよくわかるだろう。

8.3　「協働意思」の確保

1. 協働意思の意味

　協働意思とは，協働の目的に向けて各人が努力しようとする，その意欲（やる気）である。若干くどいが，単なるモラール（morale：志気）ではなく，8.2 で述べた共通目的を志向する意欲であることに注意しなければならない。

　非常に単純な協働ならば，協働しようとした各人の動機と協働の目的が同一であることはありうる。その場合は，協働することによって自らの欲求を直接的に充足できるのであるから，協働意思は予定調和的に存在する。

　しかし，すでに存在している大規模な組織体における目的（これが「協働の目的」）と，その組織体のメンバーである個々人の動機が同一であることは，まず考えられない――完全に否定はできないが――。したがって，個々人の動機を充足したいという意欲（個人としての目的達成に向かう意思）を協働しようという意欲（協働意思）へと引きつけることが必須となる。

　これを欠くと，組織体において何らかの職位（例えば課長）にある人間が意思決定した結果を部下（例えば課員）に指示したとしても，その指示内容は組織の「共通の」目的にはならず，名ばかりの上司の「独り言」にとどまってしまう。

2. 組織が個人の意欲を協働へと向かわせる方法

　個人が自分自身の自由（ここでは自分の思うままに振る舞えることくらい

に考えておこう）を放棄して，組織の共通目的のもとに行為することを受け入れるのは，その「自由の放棄＝**組織への貢献**」のかわりに，自らの欲求を充足できる「何か」を組織から受け取ることができる，と考えるためである。裏返して言うと，組織は個人が欲している「何か」を個人に提供することによって，組織への貢献を獲得しようとする。このようなマネジメントの役割（職能）が「**モチベーション（動機付け）**」と呼ばれている。

3. モチベーションにおける「誘因」

組織から提供される「何か」は「**誘因**」と呼ばれるが，何が個人にとって「誘因」となるかは，個人のその都度のいわゆる心理状態によって異なる。個人の欲求充足を妨げているモノ（物理的なものに限らない）を除く（**消極的誘因**）か，求めているモノを提供する（**積極的誘因**）か，がモチベーションの基本である。

その際，同一のモノが個人の心理状態ないしは置かれた状況によっては，消極的誘因であったり積極的誘因であったりすることがある，ということに注意を要する。快適な仕事の場を求めている事務職員にとって，オフィスでの夏期の冷房は40年前なら積極的誘因であったろうが，今ならよくて消極的誘因，あるいはそれですらないかもしれない。

また，誘因には，ある個人に提供した部分は組織に関わる他の諸個人に提供できなくなる（パイに限りがある）**特殊的誘因**と，組織に関わるメンバーにあまねく提供できる**一般的誘因**とがある。

バーナードによれば，前者には，① 物質的誘因，② 個人的で非物質的な機会（組織内での地位や権限など），③ 好ましい物的作業条件，④ 理想の恩恵（個人の理想を充足できる）があり，後者には，⑤ 社会結合上の魅力（職場の雰囲気など），⑥ 習慣的な態度ややり方への適合（個人がこれまで身につけてきた習慣と組織におけるやり方が合致していることなど），⑦ 広い参加の機会（組織における意思決定に参加できるなど），⑧ 心的交流の状態（組織において一体感があることから個人が感じる安心感など）がある。ただし，これが誘因を網羅しているわけではないことは，バーナード自身も述べているとおりである。

組織の種類によって個人に提供しやすい誘因は異なっている。営利企業と

ボランティア団体を比べてみるとよい。ごく簡単に述べておくが、前者では④には限りがあるだろうし、後者で①を提供するのは邪道だろう。組織はそのような制約の下で、提供可能な誘因をさまざまに組み合わせながら、これもまた組織に関わる諸個人それぞれによって異なる欲求を充足できるように誘因を提供することで、協働意思を確保しようとするのである。

4. モチベーションにおける「説得」

　8.3.3で示した諸種の誘因には、客観的側面と主観的側面の両面がある。前者は、例えば20万円の給与は誰が見ても20万円の給与というような客観的な価値である。個人は、まずは、その客観的な価値と自らがなそうとする組織への貢献（言い替えれば、組織からの拘束）を秤にかけて、協働するか否かを判断すると考えられる。

　動機付けの基本は、前項末尾で述べたように、誘因を提供して組織目的への貢献を引き出すことだが、たいていの場合、組織から提供できる誘因には限りがある。従業員全員に給与としてどれだけ欲しいかを尋ねたとして、その総額を支給できる企業など存在しない。

　この場合に考慮されるのが、後者（**誘因の主観的側面**）である。20万円の給与による純満足（誘因によって得られる個人的な満足から貢献において費やさねばならない労力からくる不満足を差し引いた余剰）は一人一人異なる。組織は複数の人間、それぞれの組織への貢献が等しいならば、誘因を、その主観的側面において高く評価してくれる個人に、それを提供しようとする（純満足、言わばありがたいと思う気持ちが大きい方が、より積極的に組織に貢献してくれるであろうから）。

　さらに、客観的側面では、どうしても諸個人の欲求を満たせそうにないという場合は、各個人の心的状態（ここまで欲しいという水準）を変えてもらうことによって、個人にとりあえずの欲求を充足したという気持ちをもってもらい（例えば、給与20万円が自分の仕事に引き合わないと思っていた人間に、それで充分と考えを変えてもらう）、協働意思を確保しようとする。このマネジメントにおける作用は「説得の方法」と呼ばれる。

　「説得の方法」は、以下の3つの方法を含んでいる。

　①強制：非常な重労働に対してわずかな客観的な誘因しか得られない場

合であっても、労働しないことに対するペナルティーが非常に厳しいならば、人間は労働する方を選ぶことがある。ただし、バーナードもはっきりと述べているように、このようなやり方を続けられるわけはないし、ごく例外的なものに過ぎない。

② 誘因の合理化：客観的には低い評価しか得られない誘因であっても、組織の現状では、充分、理にかなった（合理的）誘因なのだというように、文字通り「説得」して、個人の欲求水準を変える（多くは低下させる）こと。不況期に、会社の置かれた状況を詳しく説明して、給与カットを受け入れてもらうというのは、これにあたる。

③ 動機の教導：①や②は組織にとっての状況が悪い時に事後的に行われることが多いが、あらかじめ教育や広報によって、組織の目的に寄与するのが非常に価値のあることだという気持ちを育てておくのが、これにあたる。

①から③いずれにしても、悪意をもって行われるならば、マネジメントの方法と言うに値しない、ということには注意しておかなければならない。

8.4　「コミュニケーション」の仕組みの整備

1. 組織におけるコミュニケーションの意義

　これまで述べてきた共通目的の明確化にしろ、協働意思の確保にしろ、組織に関係するメンバー間でのコミュニケーションなしでは意味をなさない。

　組織目的がメンバー共通の目的であるのは、メンバーの間に伝えられ（コミュニケートされ）、メンバーがそれを了解しているからである。

　モチベーションは、組織が提供できる誘因を個人に伝える（コミュニケートする）ことで、また客観的誘因が不足している場合は、まさにコミュニケーションそのものである説得によって行われる。コミュニケーションとモチベーションも表裏一体である。さらに、その結果としてメンバーがいだく協働意思は、相互に協力しあうという意思であり、「相互に」というところにコミュニケーションが存在するのも明らかである。

2. コミュニケーション・システムとしての組織構造

組織，とりわけ多数のメンバーからなる大規模な組織におけるコミュニケーションが円滑に進むように形作られるのが，第7章で述べられている「組織構造」である。

　本章では簡単にふれるにとどめるが，もろもろの組織構造の多くは，多数のメンバーをまず，ある程度少人数からなる**単位組織**に分割し，各単位組織にリーダー（管理者）を置き，そのリーダーたちと彼ら／彼女らを束ねる上位のリーダーからなる**管理組織**（これ自体，単位組織である）を置き，上位のリーダーたちとそれらを束ねるより上位のリーダーからなる，より上位の管理組織を置く，という具合に縦に積み重なるようにして形作られている。

　このような形になるのは，1つには，単位組織の人数を限らないと，効果的なコミュニケーションができないからである。これを「**リーダーシップの有効性の限界**（あるいは管理の幅）」と言っている。

　それがどの程度かは，各単位組織に割り当てられた目的やそこで用いられている技術（手段）の複雑さや困難度，さらにはそこで必要とされるコミュニケーションの頻度や難しさ，などによって異なる。目的や技術が複雑であれば，リーダーはメンバーと密に意思疎通しなければならず，人数は少なくなる。目的がそれほど難しくなくても，まったくの初心者ばかりの場合は，意思疎通を頻繁に行わねばならないので，やはり少人数になる，という具合である。

　直上に「各単位組織に割り当てられた目的」とあるが，これが組織構造が形作られる，もう1つの理由である。というのは，8.2.3でもふれたように，組織体（本書における経営体）は，さまざまな活動（割り当てられた細部目的）が同時に別の場所で行われることで大きな成果を効果的に手に入れる，つまり「**専門化（分業）の利益**」を獲得するための仕組みだからである（組織体の中で諸活動を割り当て，各々の活動に集中させることで，社会における「分業の利益」に類するメリットが得らえる場合，「専門化の利益」ということが多い）。

　そのようなメリットを最大限に享受するためには，各単位組織ひいては組織のメンバーによって行われるさまざまな活動が，首尾よく調整・統合され

なければならない。さもないと，完成品を作るのに必要なある部品は余り，別の部品は足りず，結局はラインが止まり無駄な時間を費やす，というようなことになる。

　この調整・統合は，当然，コミュニケーションを通じて行われるのだが，そのコミュニケーションには次項で述べるような性質が必要である。

3. オーソリティー：組織におけるコミュニケーションの性質

　組織内での諸活動を組織目的の達成に向けて調整・統合しようとするコミュニケーションは，オーソリティー（authority：日本語では**権限**とも**権威**とも訳される）という性質を有している必要がある。つまり，コミュニケーションする側（発信者・発令者）のコミュニケーションの内容が，受け取る側（受信者・受令者）に納得されて，その内容通りに活動しようとすることである。

　一般通念では，上司の指示（コミュニケーション）に部下が従うのは，その指示が「命令する権限を有している上司」から発せられているから，と考えられている（これを「**上位権限説**」と言う）。しかし，聞き流しややり過ごしといったことも生じるし，指示通りにしていては本来の目的達成にとってかえって害があるというような時には，あえて指示とは別のやり方を試みるといったことも行われているはずである。

　したがって，通念に反するかのようではあるが，コミュニケーションをオーソリティー（権威）あるものとして受けとめるか否かについては，実は受け取る側に決定権がある（これを「**権限受容説**」と言う）。

　組織活動の調整・統合に向けての指示（コミュニケーション）は，以下の4つの条件を満たしている時，それにしたがって活動すべきものとして，受け取る側に受けとめられる（受容される）。

① 指示が理解可能である（受信者が理解できない言語や専門用語でなされた指示は受容されないなど）。

② 指示が組織目的に反しないこと（目的達成を目指して従来行ってきたことと矛盾する指示は受容されない。このようなケースの背景には，8.2で述べた「反復的意思決定」の失敗があるかもしれない）。

③ 指示が受け取る側の個人的利益に反しないこと（指示通りにすること

で，特に8.3.4で述べた個人の純満足が著しくマイナスになるような指示は受容されない。このようなケースは，モチベーションないし協働意思の確保における大なる失点となる）。
④ 指示を実行する能力が受け取る側にあること（「部下」の能力を明らかに超えた指示は実行されえないし，組織活動の調整・統合にも役立たない。それどころか人権問題になることさえある。また，故意にでなく，このような指示をする「上司」がいるとすれば，これも「反復的意思決定」を有効に行う能力を欠いているということになる）。

メンバーが平等な立場で関わっている上下関係のない組織でも，この4条件は当てはまる。その場合には，たまたま調整しようという意図で何らかのコミュニケーションを行った側の伝達内容が4つの条件を充たしていない限り，その通りの活動はなされず，調整しようという意図は実現されずに終わるだろう。

では，「上位権限説」が，なぜ一般に広まっているのか。能力的に問題のない上司は，通常，①から④の条件を逸脱するような指示はしないものである。そのような状態が続くと，部下もいちいち指示が4条件に合致しているか問うようなことはなくなり，さも当たり前のように上司の指示に従うようになっていく。こうなると，あたかも上司からの指示だから部下が受け入れているように見える。これを「**上位権限の仮構**」と言う。

8.5　道徳的意思決定＝リーダーシップ

本章では，組織の管理を8.2.2冒頭で断ったように「漠然とであれ，ある種の共通目的がすでに存在している」という前提で説明してきた。その前提のもとで必要となる，組織のマネジメントの役割（職能）は，意思決定とモチベーション，そしてコミュニケーション・システムの形成（コミュニケーションの仕組みを整えること）の3つである。

それらが揃っていれば，共通目的が達成でき，個人の欲求も充足されることになり，協働は成功する，ということになる。当初の目的を達成することによって解散となるような組織体（例えば臨時編成のプロジェクト・チームな

ど）なら，これですべてであるが，大きな目的を達成したからといって終わりにできる組織体ばかりではない。むしろ大規模組織のほとんどは，そうではない。

そこで必要になるのが，新たな組織目的の設定，ひいては長期間有効でありうる**組織理念**の形成である。このようなマネジメントの役割（職能）は，バーナードによる理論枠組みでは，**道徳的意思決定**ないし**リーダーシップ**という概念のもとに扱われる。

このリーダーシップは，大規模組織における複雑に絡み合った**利害関係**（その中には，当然，両立しがたい利害関係も多数含まれる）を調整・統合できるような新たな価値観を創造するという役割を担う。このような**価値に関わる意思決定**であるゆえに，道徳的意思決定と言われるのである。この点で，対面関係の中でメンバーのやる気を引き出していくという意味でのリーダーシップとは性格が異なっている。詳しくは，章末の文献リストにあるバーナードの著作の第17章を参照してもらいたい。

【より進んだ学習のための文献】

A. 庭本佳和・藤井一弘編著『経営を動かす―その組織と管理の理論―』文眞堂，2008年．
B. C. I. バーナード著（山本安次郎・田杉　競・飯野春樹訳）『新訳　経営者の役割』ダイヤモンド社，1968年．
B. 飯野春樹著『バーナード研究』文眞堂，1978年．
B. 片岡信之・齊藤毅憲・佐々木恒男・高橋由明・渡辺　峻編著『アドバンスト経営学―理論と現実―』中央経済社，2010年．
B. H. A. サイモン著（松田武彦・高柳　暁・二村敏子訳）『経営行動』ダイヤモンド社，1989年．
B. P. セルズニック著（北野利信訳）『組織とリーダーシップ』ダイヤモンド社，1975年．
C. 庭本佳和著『バーナード経営学の展開―意味と生命を求めて―』文眞堂，2006年．
C. J. G. マーチ＝H. A. サイモン著（土屋守章訳）『オーガニゼーションズ』ダイヤモンド社，1977年．

（藤井一弘）

第9章

マーケティング

> 《中心的論点とキーワード》
>
> マーケティングは，市場（顧客）の創造に関わる企業の対市場活動である。マーケティングの目的は，Market＋ing の進行形で示されているように，常に新たな顧客との関係の創造と維持というプロセスを含んだ市場創造である。
> キーワード：企業の目的，顧客創造，創造的適応，売れる仕組，マーケティング戦略，戦略的マーケティング，経験価値マーケティング，市場における価値創発

9.1 マーケティングの役割

1. 企業の基本的機能

　優れた経営学者であったP. F. ドラッカーは，「企業の目的の定義は一つしかない。それは，顧客を創造することである」と企業の目的を定義し，顧客の創造に必要な基本的機能は，**マーケティングとイノベーション**である，と指摘している。(Drucker, 1974)

　マーケティングとは，顧客について十分に理解し，そのニーズに合った製品・サービスを提供することであり，イノベーションとは，新しい満足を生み出すことである。

　このように，ドラッカーは企業の基本機能の中で，顧客創造の重要性を指摘し，顧客の創造は，マーケティングとイノベーションの融合によって形づくられることを示唆している。

2. マーケティングとは何か

　P. コトラーとK. L. ケラーは，「マーケティングとは何か」について次の

ように定義している。「ターゲット市場を選択し，優れた顧客価値を創造し，提供し，伝達することによって，顧客を獲得し，維持し，育てていく技術および科学である。」(Kotler & Keller, 2007) このように，顧客価値や顧客との関係性を重視する点は，現代のマーケティング論の特徴である。

　マーケティングの目的は，Market + ing の進行形で示されているように，**常に新たな顧客との関係の創造と維持というプロセスを含んだ市場創造** (Market Creation) である。

3. マーケティングの二重性

　市場創造（顧客創造）は，単に顧客のニーズを聞いて，それにふさわしい製品・サービスを企画して販売するという適応的な活動だけでなく，そうした適応の基盤となる顧客のニーズそのものを作り出す**創造的適応**（Creative Adaptation）である。(石原武政，1982　石井淳蔵，2010)

　このことは，マーケティングのなかに，市場に適応しようとする受動的な志向性と，市場を創造しようとする主体的な志向性が併存していることを意味する。(石井淳蔵・栗木契・嶋口充輝・余田拓郎，2004)

4. 市場創造の2つのタイプ

　市場創造では，基本的には2つのタイプが考えられる。一つは，ウォークマンやipodのような新たな製品の開発などによる市場創造のタイプである。もう一つのタイプは，ネスレの「キットカット」，宅急便，アスクルの文具のカタログ販売などに見られるように既存の製品・サービスであっても新たな用途に価値を見出し顧客との新たな関係を構築することも市場創造である。現実の市場では，後者の市場創造が多数を占めている。

　市場創造は，どちらのタイプであっても「人々は何に感動し，心を動かされるのか」という市場を構成する顧客のニーズや行動について的確な分析と深い洞察力が必要であり「こんなモノやサービスがあれば便利で楽しいな」という製品・サービスを作り出すことである。

5. 売れる仕組みとしてのマーケティング

　これまでの企業間の競争は，主として製品やサービスをめぐって展開されてきた。しかし，今日の企業間の競争は，単に新製品や新サービスの開発だけでなく，顧客に製品やサービスをうまく提供するための仕組み，顧客に価

値を届けるための「**事業の仕組み**」の競争である。競争は，事業の仕組みへと移ってきているのである。(加護野忠雄，1999)

　事業の仕組みは，マーケティングの視点から見れば「売れる仕組み」である。市場とは，商品やサービスが売れる場のことであり，顧客（買い手），競争企業（ライバル），取引先企業（パートナー）という複数のプレーヤーによって構成されている。これらのプレーヤーとの関係を結ぶことによって始めて，商品やサービスを売ることができる。

　企業のマーケティング活動は，製品やサービスを売り続けることを可能にする仕組みを作ることでもある。売れる仕組みレベルでの競争優位は，単に製品やサービスの競争と比べて競合相手が真似しにくいという特徴を持っている。(嶋口充輝編，2004　栗木契・余田拓郎・清水信年，2006)

9.2　マーケティング戦略

1. 市場創造とマーケティング戦略

　マーケティングは，市場の創造と維持をめざした企業の対市場活動である。そのためには，「何を」(What)，「誰に」(Whom)，「どのように」(How)という事業モデルを基軸としたマーケティング戦略が有効な枠組みとなる。

2. マーケティング戦略の枠組み

　マーケティング戦略は，市場の機会と脅威を分析し，自社の経営資源を評価し，(1)市場標的の設定（何をめざして），(2)市場ターゲットの確定（どの市場セグメントに），(3)マーケティング・ミックスの策定（どのようにマーケティング手段を遂行するのか）から構成されている。(図表9-1を参照)

(1)　市場標的の設定

　　マーケティング・マネジメントの第一のステップは，市場セグメントを選定することから始まる。市場セグメントの選定は，消費者行動分析や市場調査を通じて**市場細分化**（market segmentation）を行うことである。

　　市場細分化は，異質なニーズや欲求からなる市場のなかから同質性の高い顧客セグメントを何らかの基準で選定することである。細分化の基準は，主に地理的，人口統計的，心理的基準，ライフ・スタイル分析等が使

第9章　マーケティング

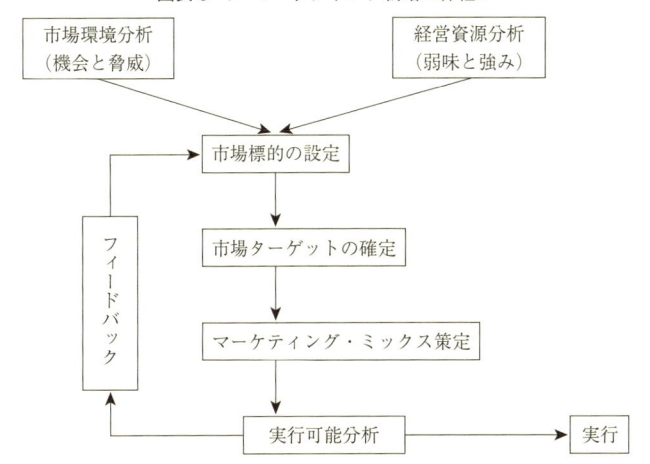

図表9-1　マーケティング戦略の枠組み

```
┌─────────────┐         ┌─────────────┐
│  市場環境分析  │         │  経営資源分析  │
│ （機会と脅威） │         │ （弱味と強み） │
└──────┬──────┘         └──────┬──────┘
       └──────────┐  ┌──────────┘
                  ↓  ↓
              ┌─────────┐
         ┌───→│市場標的の設定│
         │    └────┬────┘
       ┌─┴─┐       ↓
       │フ │   ┌─────────┐
       │ィ │   │市場ターゲットの確定│
       │ー │   └────┬────┘
       │ド │       ↓
       │バ │   ┌─────────────┐
       │ッ │   │マーケティング・ミックス策定│
       │ク │   └────┬────┘
       └─┬─┘       ↓
         │    ┌─────────┐    ┌────┐
         └────│ 実行可能分析 │───→│ 実行 │
              └─────────┘    └────┘
```

われるが，どのように細分化を行うかはマーケティング・マネジャーのセンスが問われることになる。

(2)　市場ターゲットの確定

　市場ターゲットは，自社の製品・サービスの顧客となりそうな購買層である。市場ターゲットの確定には，「ポジショニング」（positioning）が重要なテーマとなる。ポジショニングとは，競合企業に対して独自性と優位性を発揮するための位置づけである。市場ターゲットの確定は，① 自社製品の独自性と優位性，② 競争企業の分析，③ 市場ターゲットの潜在規模，④ マーケティング力等を総合的に判断した上で，どの市場ターゲットに参入するかを決定することになる。

(3)　マーケティング・ミックスの策定

　市場ターゲットを確定すると，そこに効果的，効率的に到達するための具体的なマーケティング・ミックス（marketing mix）の策定に入る。マーケティング・ミックスは，① **製品**（product），② **価格**（price），③ **流通**（place），④ **プロモーション**（promotion）の4Pである。

　いかに優れた製品や技術を開発しても，顧客との関係の創造と維持を構築しなければ，企業としての生存と成長はない。マーケティング戦略の枠組みは，自社のマーケティングの課題を分析したり，他社とのマーケティ

ングの比較を行う際にも有効なものとなる。

9.3　経営戦略と戦略的マーケティング

1. 市場変動と成長の機会

マーケティングは，すべての発想の原点を市場に求める。市場は絶えず変化しており，企業は同じ市場に直面することはない。このことは，脅威でもあり，また逆に新しい成長の機会を与える。

2. 戦略的マーケティングとは

今日のように市場が成熟化し，市場内の競争が激化してくると，経営全体の立場から効率的な資源配分（モノ，ヒト，カネ，技術）を図る戦略的マーケティングの考え方が台頭してきた。戦略的マーケティングは，**環境―戦略―経営資源―組織―管理・実行システムの一貫性を考え，経営資源の基本的方向付けを行うマーケティング重視の経営戦略である**。（嶋口充輝，1984）

3. 戦略的マーケティングの内容

戦略的マーケティングの中心課題は，製品・ポートフォリオの中から，**企業独自の事業領域（戦略ドメイン）を選択し，複数の事業領域が選択される場合には，その間での経営資源配分をどのように行うかにある**。（嶋口充輝・石井淳蔵，1987）

(1) 事業の定義

戦略的マーケティングは，事業への資源配分と事業目的に注目する。どのように事業が定義されるかによって，対象となる市場，競争相手，マーケティングの方法も大きく違ってくる。事業の定義は一般的にいえば，市場あるいは顧客中心にするか，技術あるいは製品中心にするのか，また，市場と製品の組み合わせによって定義することもある。

(2) 製品・市場ポートフォリオ

ポートフォリオ（portfolio）は，もともと株式投資家が自分の所有する株券をファイルしておくフォルダーを指しているが，戦略マーケティングや経営戦略では，事業構成あるいは製品構成を意味している。ポートフォリオ分析には，いくつかの方法があるが，もっとも知られているのはボス

トン・コンサルティング・グループの製品ポートフォリオ分析である。
(3) 戦略的事業単位（strategic business unit：略称 SBU）
　現代の企業は，いくつかの事業の集合体からなっている。これらの諸事業は，それぞれ，異なった戦略的役割を担っている。戦略的事業単位とは，事業の定義によって，企業を複数の戦略的単位に分割し，それぞれの生存領域を設計することである。
(4) 戦略ドメイン
　戦略ドメインは，経営資源の配分にあたって，競争市場内のどこに，どのように自社の競争基盤を築くのかという戦略的ターゲットの確定である。戦略ドメインの策定は，基本的には，何（What）を，誰に（Whom）に，どのように（How）行うのかを確定することである。

9.4　マーケティングの新しい方向

1．マーケティングの内容的拡大

　マーケティングは，20世紀初頭に企業の販売問題の解決のためにアメリカで生まれたものである。その後，消費者行動の分析，マーケティング・リサーチ，マーケティング・チャネル，国際マーケティング，サービス・マーケティング，ブランド戦略，非営利的マーケティングや企業の社会的責任を強調する社会的マーケティングなど，今日，マーケティングがカバーすべき領域は多岐に渡っている。（小川孔輔，2009）

2．マーケティングの新しい方向

(1) 関係性マーケティング
　顧客との関係性を志向するマーケティングは，関係性マーケティング（relationship marketing）と呼ばれている。関係性マーケティングは，顧客との継続的な取引を喚起するようなマーケティングの考え方や活動が，市場における成功をもたらし，企業の収益性を向上させるものとして注目を集めている。
　具体的な関係性マーケティングとして CRM（Customer Relationship Management：顧客関係管理）が注目されている。CRM は，データベー

ス技術にもとづくロイヤリティ・プログラムであり，顧客との関係構築により継続購買を引き出すことで企業に収益性をもたらすと期待されている。(Blattberg & Deighton, 1997)

(2) ビジネス・マーケティング

マーケティングは通常，消費財を取引の対象とするため，企業向けのマーケティングへの注目度は高くなかった。しかし，消費財の生産のためには多数の企業間取引が行われ，産業規模としては企業間取引のほうが圧倒的に大きい。一般消費者を対象とするのではなく，企業や行政組織を対象とするマーケティングはビジネス・マーケティングと呼ばれている。(池尾恭一・青木幸弘・南千恵子・井上哲浩, 2010)

(3) 環境保全のマーケティング

環境問題を中心課題とするマーケティングは，環境マーケティングあるいはグリーン・マーケティングと呼ばれている。環境マーケティングは，地球環境問題を資源循環型社会経済システムへの転換と捉え，環境負荷と資源環境を考慮した企業活動と消費者の行動が，環境保全のマーケティングの関心事となっている。(西尾チヅル, 1999)

(4) インターネット・マーケティング

インターネットは，新たな購買場所を提供するとともに，これまでにない豊富な情報の取得を可能にしている。インターネットの発展と拡大は，ますます顧客の情報収集力と選択肢の増大をもたらし，マーケティングにも大きな影響を与えることになる。今後のマーケティングは，インターネットとマーケティングの関わりの中でインターネットを活用したマーケティングに取り組むことが課題となる。(池尾恭一・青木幸弘・南千恵子・井上哲浩, 2010)

3. マーケティングの再検討

従来のマーケティングの基本にある前提や仮定を問い直し，新しいマーケティングの概念の構築を試みるものである。

(1) 経験価値マーケテイング

経験価値マーケティングとは，企業は製品やサービスを売っているのではなく，製品やサービスが提供する経験（製品を使っているときの快適さ

や，使い終わったあとの余韻，サービスを受けているときの楽しさなど）を売っているのだという考え方に基づいている。

伝統的なマーケティングは，製品やサービスの機能的特性や利便性を追求するものだとすれば，経験マーケティングは，「顧客の経験の中で生まれる価値」に焦点を置いたものである。(Schmitt, 2003)

(2) 市場イノベーション（市場における価値創発）

顧客の生活と製品との新しい関係を築くことによって新たな市場（例えば，ネスレの「キットカット」）がつくり出される。このような生活と製品との新たな関係を「市場イノベーション（commercial innovation）と呼んでいる。(石井淳蔵, 2010)

市場イノベーションは，**「価値は製品・サービスと市場の狭間で生まれる」**と捉え，画期的な技術イノベーションがなくても，生活者との関係を変えることで新しい有望な市場を創りだせるとする概念であり，新しいマーケティングのあり方を提唱したものである。

これからの企業にとっては，「顧客との共同制作物を作る」という感覚が重要であり，マーケティングは，顧客との間で直接，互いにとって新しい価値を創り出すような関係を構築しようとする試みでもある。(石井淳蔵, 2009)

(3) カルチュラル・マーケティング

カルチュラル・マーケティングは，今なにが売れるかという近視眼的な視点だけではなく，消費とは，そもそもどのようなものかを文化の基底構造との関係で論じている。文化は価値判断の基準である。人々の製品・サービスに対する価値判断は，文化システムと密接に関連している。製品・サービスの価値は，それ単独で切り離されたものではなく，文化とのつながりの中で存在し定まるものである。

カルチュラル・マーケティングは，「マーケティング」と「文化」との間の架橋を目指す新たなマーケティングの考え方を提唱している。(青木貞茂, 2008)

顧客にとっての消費行為の意味を理解することの重要性がクローズ・アップされている。そして，顧客の参与観察や消費者文化を記述するエス

ノグラフィーといった新しい手法が重視されている。

【参考文献】

Blattberg, R. C. and J. A. Deighton [1996] "Manage Marketing by the Customer Equity Test," *Harvard Business Review*, Vol. 74. (有吉昌康訳 [1997]「カスタマー・エクイティによる顧客構造の再構築」『DIAMOND ハーバード・ビジネス』5月号。)

Druker, P. F. [1974] *Management: Tasks, Responsibilities, Practices*, Butterworth-Heinemann. (上田惇生編訳 [2001]『マネジメント—基本と原則』ダイヤモンド社。)

Koter, P. and Keller, K. L. [2007] *A framework for Marketing Management*, 3rd Edition. Prentice Hall. (恩蔵直人監修，月谷真紀訳 [2008]『コトラ&ケラーのマーケティング・マネジメント　基本編（第3版）』株式会社ピアソン・エデュケーション。)

Schmit, B. H. [2003] *Customer Experience Management: A Revolutionary Approach to Connecting with Your Customers*, John Wiley & Sons. (嶋村和恵・広瀬盛一訳 [2004]『経験価値マネジメント—マーケティングは，製品からエクスペリメントへ』ダイヤモンド社。)

青木貞茂著 [2008]『文化の力—カルチュアル・マーケティングの方法』NTT 出版株式会社。

池尾恭一・青木幸弘・南知惠子・井上哲浩著 [2010]『マーケティング』有斐閣。

石井淳蔵・栗木　契・嶋田充輝・余田拓郎著 [2004]『ゼミナール　マーケティング入門』日本経済新聞社。

石井淳蔵著 [2009]『ビジネス・インサイト—創造の知とは何か』岩波新書。

石井淳蔵著 [2010]『マーケティングを学ぶ』ちくま書房。

石原武政著 [1982]『マーケティング競争の構造』千倉書房。

小川孔輔著 [2009]『マーケティング入門』日本経済新聞出版社。

加護野忠男著 [1999]『〈競争優位〉のシステム—事業戦略の静かな革命』PHP 研究所。

栗木　契・余田拓郎・清水信年著 [2006]『売れる仕組みはこうしてつくる』日本経済新聞社。

嶋口充輝著 [1984]『戦略的マーケティング』誠文堂新光社。

嶋口充輝・石井淳蔵著 [1987]『現代マーケティング』有斐閣。

嶋口充輝編 [2004]『仕組み革新の時代』有斐閣。

西尾チヅル著 [1999]『エコロジカル・マーケティングの構図—環境共生の戦略と実践』有斐閣。

【より進んだ学習のための文献】

A.　石井淳蔵・廣田章光編著『1 からのマーケティング』中央経済社，2009 年。
A.　池田信廣著『Why を考える　マーケティングの知恵』中央経済社，2010 年。
B.　嶋口充輝・石井淳蔵・黒岩健一郎・水越康介著『マーケティング優良企業の条件—創造的適応への挑戦』日本経済新聞出版社，2008 年。
B.　池尾恭一・青木幸弘著『日本型マーケティングの新展開』有斐閣，2010 年。
C.　高嶋克義・南知惠子著『生産財マーケティング』有斐閣，2006 年。

C. 石井淳蔵著『ブランド―価値の創造』岩波新書，1999 年。

（鈴木幾多郎）

第10章
R&D と生産管理

《中心的論点とキーワード》

製品・サービスの生産は，マーケティング情報や，R&D（研究開発），販売の諸機能と強い関連を有する。しかし実務では，部門間にコンフリクトが起こることも多い。そこで本章は，第8，9，11の各章を参照しながら理解されたい。キーワード：生産，R&D，生産管理の諸活動，改善，JIT 生産システムと TQC/M，セル生産システム

10.1 2つの事例

1. GM の破綻

(1) 世界最大の自動車メーカー GM は，2009年6月1日に経営破綻した。

(2) 同社の売上高と最終損益は図表10-1のとおりで，2005年から赤字が続いていた。

(3) 破綻の理由には医療保険や退職者向け年金の拡充などもあるが，低燃費車の研究開発力に劣ったことや生産革新の遅れが大きかった。

図表10-1 GM の売上高と最終損益の推移

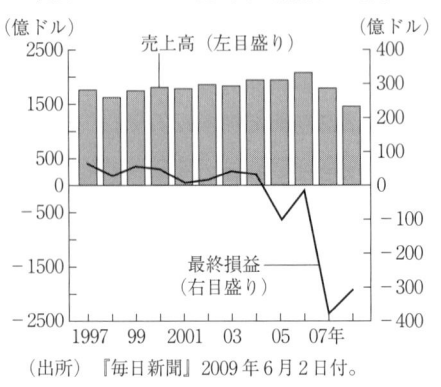

(出所)『毎日新聞』2009年6月2日付。

2. 雪印の集団食中毒事件

(1) 2000年6月に雪印乳業の乳製品による集団食中毒事件が発生した。

(2) この事件の合同専門家会議は「食品製造者として安全性確保に対する認識のなさを猛省する必要」を指摘した。
(3) 雪印乳業は翌 2001 年 3 月期の決算では，1958 年 3 月期以降守ってきた売上高業界トップの座から 3 位に転落した。10 年以上を経ても経営に大きくその影響が続いている。

これらのほか，トヨタはアメリカで 2009 年 11 月に 426 万台，さらに 2010 年 1 月に 230 万台のリコール（回収・無償修理）を発生させ，その後も国の内外で続いた。

上に挙げた例はいずれも R&D（研究開発）と生産の管理に関わってその重要性を表している。

10.2　R&D と生産管理の対象

1. 生産の定義
(1) 「生産要素である素材など低い価値の経済財を投入して，より高い価値の財に変換する行為または活動」（JIS Z 8141）
(2) このように，購買・製造（生産）・販売（マーケティング）・財務・人事労務など企業の職能のうち，とくに製造活動に限定することが一般的である。

2. 広義の生産は R&D を含む
(1) 次々に新製品が創出される現代においては，研究開発が生産の中心をなすと考えることができる。そこで，**広義の生産**は「**研究開発**から始まって製品の完成に至る一連のプロセス」であり，これが生産管理の対象となる。
(2) この主張は次の理由による。
① 近代以前の製造・加工プロセスは，技術的創造プロセスと同一不可分な過程として存在した。つまり，生産は R&D－製造の全過程を含んだ。
② ところが，近代工業は標準化（安定化）された製品の量産を志向したので，生産過程での不確実性（つまり技術的創造＝R&D）を排除するため，R&D を生産から切り離した。
③ このような R&D は，狭義の生産と性質が異なるので，「R&D（研究開

発）マネジメント」として独自の発展をしてきた。
（宗像正幸「工業経営と生産管理」，鈴木幸毅，他『工業経営学研究の方法と課題』税務経理協会，1997年，123-38ページ）

3. 生産管理の対象

広義の生産の基本的な過程は次の(2)以降となろう。
(1) 市場の要求分析と製品計画（何が売れるのか，製品ミックスの検討）
(2) R&D（研究開発，設計，試作など）
(3) 工場計画（立地，能力計画，人員計画など）
(4) 工程設計（設備，手順，内外作の決定など）
(5) 生産管理システムの設計
(6) **製造準備**（生産予測，生産計画，材料調達）
(7) 製造の実施とコントロール（進捗度，品質）
(8) 作業，工程，管理システムなどの改善
(9) 出荷

これらのうち，(2)はR&Dマネジメントの，(3)または(6)から(9)までが狭義の（一般にいう）生産管理の対象である。

10.3　R&Dマネジメント

1. 研究開発費にみるR&Dの重要性

図表10-2　研究開発費の対売上高比率　　(％)

業　種	1991（平成3）年度	2009（平成21）年度
医薬品工業	9.3	12.1
情報通信機械器具製造業	7.7	10.8
総合化学工業	4.6	12.8
……	……	……
鉄鋼業	2.3	1.0
繊維工業	2.0	5.1
……	……	……
製造業平均	3.4（23業種）	5.3（28業種）

（出所）　民間企業の研究活動に関する調査（科学技術庁および文部科学省）

図表10-2から企業の研究開発費が多額に上ることがうかがえるので、その有効活用の重要性は明らかであろう。

2. 企業の研究開発過程

(1) R&D戦略と計画

経営方針・経営戦略―R&D戦略―中長期経営計画―中長期R&D計画―短期経営計画―短期R&D計画

(2) R&Dの実施

「アイデア・コンセプトの創出―スクリーニング（テーマの事前評価）―研究・開発―事前（または予備）設計―評価と改良―試作―最終設計」

R&Dマネジメントは、これらの進捗、組織、テーマ、予算、R&D要員の人事などを対象とする。

3. 新製品の成功要因

(1) 新製品は企業の血液ともいわれ、死活の課題である。しかし、新製品の成功率は高くはない。

例：① 平均的に7つの開発プロジェクトから成功するのは1つの製品
　　② 市場導入した製品の成功率は約65％

(2) **新製品の成功要因**として次の諸項目を挙げることができる。

① 顧客ニーズの把握と理解
② 技術開発能力
③ 関連部門間のコミュニケーション
④ プロジェクト・リーダーのマネジメント能力

一方、イノベーションを阻害した要因もこれらと類似している（「科学技術白書2010年版」）。そこで、次の活動が重要になる。

4. R&Dとマーケティングのインタフェイス

図表10-3は、新製品開発の組織間関係を示したものである。

(1) 企業では、顧客ニーズや新製品開発のアイデア生成、製品コンセプトの評価などのための市場調査をマーケティング部門が主担している（関与率：マーケティング部門80％以上、R&D部門30～40％台）。

(2) そこで得た情報は、両部門で共有し、開発成功に向けて協働することが重要。そのために次のような方策が望ましい。

図表10-3　新製品開発の組織間関係

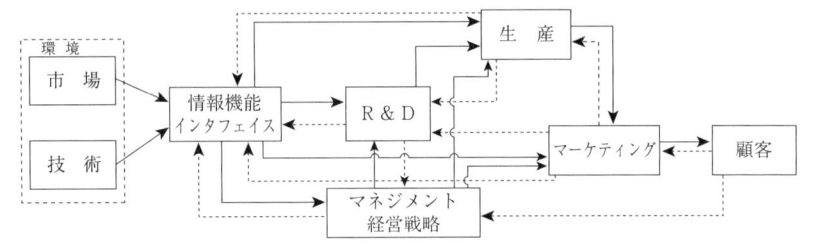

(注)　実線は情報の流れ・取り入れ，破線はフィードバックを表す。

① 新製品開発プロジェクトをマーケティングとR&D部門からのメンバーで構成する。ただし，プロジェクト・リーダーの役割が重要。
② 新製品に関して，マーケティング，R&D，生産，販売など部門横断的な研究会を実施する。➡情報調査の経験を共有する。
③ **新製品プロジェクト**において，技術者が市場調査に積極的に参加する。➡技術知識をマーケティング調査に活かす。

(川上智子『顧客志向の新製品開発』有斐閣，2005)

10.4　生産管理の構成

1. 生産管理とは（JIS Z 8141）

財・サービスの生産に関する管理活動。

＊具体的には，所定の品質Q（quality）・原価C（cost）・数量および納期D（delivery, due date）で生産するため，またはQ・C・Dに関する最適化を図るため，人，物，金，情報を駆使して，需要予測，生産計画，生産統制を行う手続きおよびその活動

＊狭義には，生産工程における生産統制を意味し，工程管理ともいう。

2. 生産管理の諸活動

以下の諸活動は企業現場では複合，あるいは重複しながら現れることが多い。従って，それらの項目間の関連を考えながら学習していくことが重要である。

(1) 工場計画：立地，建設，ほか
(2) 生産予測：需要予測
(3) 工程管理：「工程計画・設計」，「生産品目・数量・納期の計画，生産指示と進捗，結果の評価など生産の計画とコントロール」
(4) 品質管理：品質規格，工程品質の管理，品質改善などの全社的活動
(5) 作業管理：作業設計と改善
(6) 設備管理：設備の計画，設計，保全，更新などの諸活動
(7) 原価管理：原価の測定・分析と改善
(8) 資材・購買・外注管理：必要な品質と量の資材の確保と提供

3. 第1次管理と第2次管理

上記のうち(3)（のうち生産の計画とコントロール）～(8)は定常的に行われる。

第1次管理：生産の3要件であるQ，C，Dの管理すなわち品質管理，原価管理，工程管理。これに環境E (environment) を加える。

第2次管理：第1次管理を支援する。設備管理，資材・購買管理，作業管理など。

10.5 生産の計画とコントロール

工程管理（production control）は，生産管理の中核である。その主対象は「生産の場」であり，図表10-4のような網目構造をしている。

生産の計画，指示，コントロールには図表10-5に示すような情報システムを利用する。

1. 日程計画

(1) 期間計画：経営計画の一環である長期または年次生産計画のもとで各月の生産水準を決定。
(2) 月次計画：各製品の日別生産量の決定。
(3) 日程計画：生産品目・数量・納期の確定を受けて，順序・設備・開始と終了時刻などを決定。

2. コントロール

図表10-4　工程と作業の網目構造

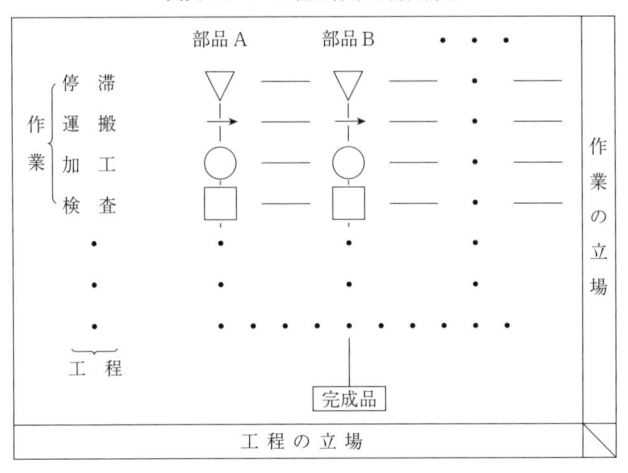

図表10-5　生産システムの概念図

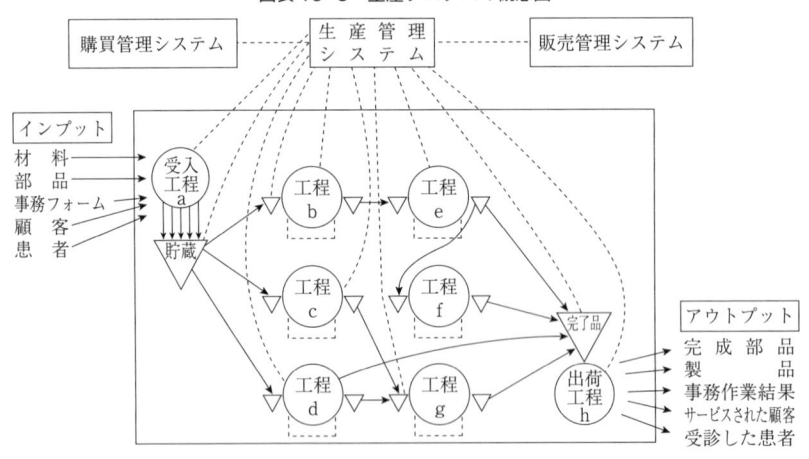

(注)　実線経路はものの流れ，破線経路は各管理システムによる情報の流れ。

(1) 差立（さしたて）＝作業指示：作業指示書あるいは各作業域に配置した端末機などによって行う。
(2) 進度管理：日程計画に対して進捗度をチェックする。遅れている場合は対策をとる。「目で見る管理盤」や「流動数曲線」（図表10-6）などを利

第 10 章　R&D と生産管理

10.6　改善

改善を企業風土にまで高めることが重要である。その手段のいくつかを例示的に説明してみよう。

1. 流動数曲線の利用

図表 10-5 で示した生産現場を考える。そのある 1 つの，または複数の工程において，受入れ累計数と払出し累計数を描いたグラフが流動数曲線（図表 10-6）であり，**仕掛り数**と**生産期間**およびそれらの動きが即時にわかる。この図を作成するには例えば図表 10-7 を用いる。

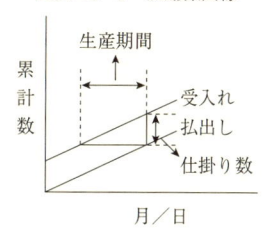

図表 10-6　流動数曲線

（例題）

図表 10-7 において，生産能力（払出数）を 1 日当り 13 個に改善したとしよう。同表を用いて計算および図示し，改善効果を検討すること。

図表 10-7　流動数分析表（部品加工工程の例）

月／日 i	受入数（個） a	受入累計数 b=Σa	払出数（個） c	払出累計数 d=Σc	仕掛り数（個） e=b−d
5 月末	—	—	—	—	(12)
6/1	14	26	0	0	14
6/2	13	39	13	13	26
6/3	13	52	10	23	29
6/4	12	64	12	35	29
6/5	13	77	12	47	30
6/8	10	87	10	57	30
6/9	9	96	13	70	26
6/10	13	109	12	82	27
合計	97	—	82	—	211…①
平均	12.1	—	10.3…③	—	26.4…②

（注）　平均仕掛り数＝①／Σi＝26.4（個），平均生産期間＝②／③＝2.56（日）
　　　（この場合Σi＝8）

2. 改善意識と能力

生産現場をみるとき，**動作意識**（motion minded）をもつことが重要である。それは，オフィスであれ，どのような仕事であっても改善志向につながるのである。改善のためには E（eliminate：なくせないか），C（combine：結合できないか），R（replace：順序を変更できないか），S（simplify：簡単にできないか）をつねに自問すること。

例：動作意識のために——動作分析の目で見る。

人の動作は，次の順で行われることが多い。（　）内はサーブリグ記号

```
手を伸ばす（⌒）→つかむ（∩）→運ぶ（\⌒/）→位置を決める（９）→
組立てる（＃）または使用する（∪）→手放す（⌒）→手を元の位置へ戻
す（⌒）
```

このとき，手を伸ばす距離，その環境（危険はないかなど），つかみ方，持ち替えはないか，運ぶ距離はどうか，…というように分析的にみるのである。

3. QC7つ道具

品質，コスト，納期などを，QC7つ道具（特性要因図，パレート図，チェックシート，ヒストグラム，散布図，管理図・グラフ，層別）を使って問題解決＝改善を心がける。簡単な手法であるが大きい効果をもたらす。

10.7　生産実施結果の測定

日報，週報，月報により結果を示し，改善資料や次期計画の基礎情報として利用。以下は例である。

1. 総括実績
(1)　製品別生産数量
(2)　人員数，作業時間数

2. 生産性
(1)　付加価値生産性
(2)　作業能率＝出来高工数÷投入工数
　　　　　　　＝（標準時間×出来高）÷（就業工数－除外工数）
(3)　稼働率＝（就業工数－除外工数）÷就業工数

(4) 総合能率＝作業能率×稼働率
3. **品質**
  (1) 主要工程の工程品質能力（Cp または PCI）
  (2) 不良率
4. **日程・生産期間**
  (1) 納期順守率＝納期達成件数÷受注件数
  (2) 生産期間・仕掛り数（流動数曲線を利用）
5. **設備**
    稼働時間，稼働率
6. **材料**
    ロス（量，率）

10.8　生産管理の総合化

1. **JIT（Just-in-Time）生産システム**
  (1) 仕掛りを減らし，短期間で，フレキシブルに，低コストで生産する。
  (2) ジャストインタイム（必要なものを，必要なときに）と，自働化（機械もしくは作業者による異常時の停止）が2本柱。
  (3) 生産の平準化・設備レイアウトの工夫・段取替え時間の短縮などが前提。
  (4) 外注メーカーは見込み生産せざるを得ない。工場火災や地震など災害に弱いなどの問題がある。
2. **TQC/M（Total Quality Control/Management）**
  (1) QCは生産工程における品質の管理が本旨であった。
  (2) 我が国で発展して海外に普及した全社的品質管理が，世界的にTQMと呼ばれている。方針管理，全部門と全員の参加による「総合質」の管理，開発から販売までの品質保証，QCサークル活動，QC教育，QC監査などから成る。
3. **TQC/MとJITのシナジー**
  (1) 対象とする範囲はTQC/Mは全社的であるのに対し，JITは主として生

(2) 目標あるいは目的では前者が経営成果や総合質であるのに対し，後者はコストやスピードなどのように，より具体的である。

(3) コンセプトおよび構成要素において，TQC/M はリーダーシップや，参加など非可視的でソフトな性質を主とする。他方，JIT のほとんどは後工程引き取りや，カンバン方式，段取り替え時間の短縮，フールプルーフなど可視的でハードである。

(4) 「全員参加や QC の教育訓練」と「小ロット生産ライン・柔軟な人員配置」のように，両システムの諸要素間に相互作用が働く。

4. セル生産方式

(1) **セル生産方式**とは，1人ないし数人の作業者が一定数の工程を担当して製品を作る自己完結性と需要変動への対応性の高い生産システムである。

(2) 実際のセル生産の形態は各企業に特有の問題や状況に応じてさまざまで，また名称も一様ではない。基本形は，1人，分割，巡回の3方式があるとされている。

(3) 大量生産にはライン生産システムを用い，需要変動の大きい製品にはセル方式を適用するといったように，企業では使い分けや併用をしている。

【より進んだ学習のための文献】
A. 大場允晶・藤川裕晃編著『生産マネジメント概論　戦略編』文眞堂，2010年。
A. 大場允晶・藤川裕晃編著『生産マネジメント概論　技術編』文眞堂，2009年。
A. 石川和幸著『図解　生産管理のすべてがわかる本』日本実業出版社，2010年。
A. 山田　秀著『TQM 品質管理入門』日本経済新聞出版社，2006年。
B. 久米　均著『品質経営入門』日科技連出版社，2004年。
B. 北村友博著『生産管理システム構築のすべて』日本実業出版社，2010年。
B. 工藤市兵衛ほか著『現代生産管理』同友館，1994年。
C. 商品開発・管理学会編『商品開発・管理入門』中央経済社，2007年。
C. 宮崎茂次著『例解　生産システム情報学』森北出版，2010年。
C. 人見勝人著『入門編　生産システム工学（第5版）』共立出版，2011年。

（由井　浩）

第11章
人的資源管理

> 《中心的論点とキーワード》
>
> 人的資源管理（HRM）の多義性，日本企業におけるHRMの意味，企業内人生とHRM制度の関連，日本企業における賃金管理制度の変遷，HRMを倫理的視点から見ると。キーワード：ヒトという経営資源，ワークライフバランス，エンプロイアビリティ，長期決済型賃金，成果給，コンピテンシー給，ワークルール

11.1 人事労務管理から人的資源管理（HRM）へ

1.「ヒトという経営資源」の管理としての人的資源管理（≒従業員対策）
(1) 目的：企業レベルの協働体系を維持するためにヒトという経営資源（≒労働力）の有効的・能率的利用をめざすこと
(2) 対象：管理対象としてのヒト資源（≒従業員）には3つの側面がある。

HRMの対象	労働力としての従業員
	労働力の担い手である人間としての従業員
	労働力の売り手である賃労働者としての従業員

2. 人的資源管理の体系
(1) 人的資源管理の普及
　① 人的資源管理の意味：労働力の担い手であるヒトを「未知の可能性を秘めた」資源として捉え，企業内で人材開発・能力開発を進め，その過程で形成される能力を企業戦略の中に組み込んで活用すること。1980年代以降アメリカを中心に拡がり，現在，EU諸国や日本を含め多くの

国々で，人事労務管理に替わって人的資源管理というタームが使われる。

② 人的資源管理の普及要因

客観的要因	規制緩和・ITの発達・機関投資家の増加➡競争の激化➡短期的な業績志向➡ヒトの管理と経営戦略の結びつきが重要視される
	組合組織率低下➡組合の職務規制力低下➡経営者の裁量の幅拡大
経営側の対応	企業レベルでその企業独自の労使関係を構築し，経営者主導のもとで，従業員を「自由に」活用し，競争に勝ち抜く

③ 日本企業と人的資源管理

イ）人的資源管理のあり方は社会の**労使関係**（第14章参照）に規定されて相違する。例えば，**終身雇用，年功賃金，企業別組合**は，日本の「ヒト管理」を特徴付ける「三種の神器」として長らく世界的に有名であった。

ロ）終身雇用を掲げ，企業内教育を幅広く展開し，人事異動を積極的に行い，労使一体となって経営目標の達成に邁進してきた日本企業にとって，「人的資源管理」は新しい考え方ではなく，そのような名称をあえて標榜する必要はなかった。日本の従業員対策は，その名称に関係なく，内容的には，以前から「人的資源管理」である。

(2) 日本における人的資源管理の変遷

① 日本的「人的資源管理」の構築（1950年代後半以降の高度成長期）

② **能力主義管理**のはじまり（1960年代後半以降）

理念	経済合理性と人間尊重の調和
目的	経営の人の面における経済合理性の極限の追求
特徴	職務中心主義と個別管理，小集団活動の活用

③ 複線型処遇制度の導入を伴う能力主義管理の職能主義的再編・強化（1980年代後半以降）

④ 新・能力主義管理（「多様で弾力的な雇用システムの構築」期）の時代（1995年以降）

企業内労働市場の三重構造（雇用ポートフォリオ）	長期蓄積能力活用型グループ（正規従業員）
	高度専門能力活用型グループ（非正規従業員）
	雇用柔軟型グループ（非正規従業員）

(3) 人的資源管理の体系

① 人的資源管理は、入職から退職までの時系列管理を中心に考えると、図表11-1のように制度化されている。このプロセスは労務計画（方針）によって方向付けされ、労務監査によってフィードバックされている。

② 人的資源管理制度は一定不変のものではなく時代の要請（経営理念）によって変化する。終身雇用神話が崩れ、多くの企業が模索を続けている。

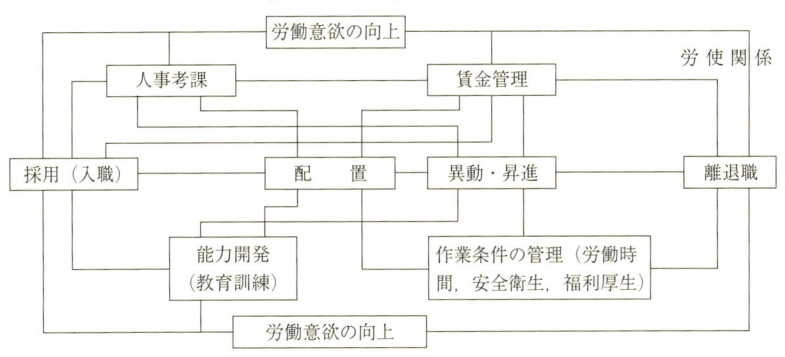

図表11-1 人的資源管理の体系

```
         ┌──────労働意欲の向上──────┐
         │                          │     労使関係
    ┌─人事考課─┐        ┌─賃金管理─┐
    │          │        │          │
 採用（入職）──配 置──異動・昇進──離退職
    │          │        │          │
    │     能力開発    作業条件の管理（労働時
    │    （教育訓練）   間，安全衛生，福利厚生）
    │          │        │          │
    └──────労働意欲の向上──────┘
```

11.2 人的資源管理の諸制度

1. 雇用管理

(1) 雇用管理の概要

① 目的：採用・配置・異動・昇進・離退職という一連のプロセスのなかで、ヒトと職務の適合性を通して、全社的に労働力の有効的利用を図ること

② 制度としての終身雇用

　イ）雇用管理の観点からみた終身雇用

被採用者は原則として新規学卒者であり，募集は学校または縁故を中心に行われる（新聞広告や職業安定所を利用するのは中途採用者）
採用方法は学歴によって異なり，中・高卒者では学校推薦が重要な要因だが，大卒者には一般教養および専門的知識を問う試験や面接が実施され，知識，能力，健康および人柄が総合的に勘案され採否が決定される
採用時に担当する仕事が例示されないことが多く（就「職」ではなく就「社」），雇用契約書ではなく，誓約書の提出を求められる
新入社員教育を含め階層毎に企業内教育訓練が行われ，配置転換が頻繁に実施され，その結果，「我」社に相応しい従業員が誕生する
使用者と従業員の間には，定年まで，たとえ不況期でも，昇給停止や減給はあっても，解雇されることがない，との「暗黙の約束」が存在する
定年退職者に退職金や企業年金が支給され，再就職先が斡旋される

　ロ）現状

　1）終身雇用の崩壊（パナソニックの早期退職制度の導入（2001年）が崩壊を告げる）→**共同態としての日本企業の崩壊**（→《「日本企業＝共同態」幻想》は消失したが，共同態である企業はいまでも存在している）

　2）終身雇用の現実の対象は大企業男子正社員に限定（20数％）されていたが，「政治的機能」（一種のあこがれ）が働き「神話として」存続。しかし右肩上がりの成長が不可能となり，神話としても崩壊→「労・労対立」（→正社員と非正社員の処遇格差）の顕在化

(2) **日本的雇用慣行の変容**

① 採用方式および離退職の多様化

　イ）新規学卒一括定期採用が基本であるが，第二新卒者の増加（七五三現象）に伴い，通年採用（随時採用）や欠員補充採用（中途採用）も一般化

　ロ）職種別採用やインターンシップ制および勤務地限定採用の導入

　ハ）一方で，定年（60歳）後の再雇用の動きがあり，他方で，早期退

職優遇制度の導入が行われ，選別化が進んでいる。
② 就業形態の多様化
　　イ）日本経団連提唱「雇用ポートフォリオ・モデル」(1995年)（141ページ参照）の現場への適用→非正規従業員（契約社員，嘱託社員，出向社員，派遣労働者，臨時的労働者，パートタイム労働者，等）の増加→正社員時代の終焉？
　　ロ）ダイバーシティ・マネジメント（マイノリティを活かす人材管理）への期待

2. 人事考課
(1) 人事考課の概要
① 目的：昇進・昇級・教育訓練・配置転換などの人事上の措置に必要な情報の収集のために従業員の能力を多面的に評価すること
② 対象（要素）

保有能力としての職務遂行能力	知識，技能，理解力，説明力，表現力，計画力，指導力，折衝力，等
中間項としての勤務態度	規律性，責任感，協調性，積極性
発揮能力としての業績・成果	仕事の質・量，創意工夫，リーダーシップ
保有能力や発揮能力だけでなく態度も考課の対象であること（全人格的評価）が日本企業の特徴→現在，そのバランスが微妙に変化	

③ 主体と考課基準
　　イ）直属の上司が第1次考課者である。その上司が第2次の考課者となり，最終的には，人事部が総合的に考課を行う。
　　ロ）相対考課から絶対考課への転換
(2) ガラス張りの人事考課に向けて
① 評価の客観性と公平性の確保：人事考課のエラー（ハロー効果，寛大化傾向，中心化傾向，逆算化傾向，論理的誤差，近接誤差）を防止するために，考課者訓練を実施する。
② 目標管理の導入
③ 非公開主義から公開主義へ

公開の程度 ↓	ルールの公開（考課基準の公開）
	フィードバックシステムの導入（面接）
	考課結果の本人への開示

④ **ポジティブアクション**：欧米では格差是正策としてアファーマティブアクションが知られているが，日本では，男女間の雇用機会および処遇の均等確保をめざすポジティブアクションに向けた取り組みが始まっている。

3. 教育訓練

(1) 教育訓練とはなにか

① 目的・意義

企業側の目的	組織人としての役割を自覚させること➡忠誠心の醸成
従業員の意義	個性の確立の可能性を与えられること➡職業人の誕生

② 教育訓練の3形態

仕事を通しての教育訓練（OJT）	上司や先輩の指導のもとで，日常業務のなかで仕事を覚える（ブラザー制およびシスター制等で後方支援）
仕事を離れての教育訓練（Off-JT）	教育係や外部講師のもとで行われる集合教育。階層別研修（新入社員教育，中堅社員教育，管理者訓練等）と職能別訓練（営業等の職種別教育）がある
自己啓発	通信教育，専門学校での資格取得，大学院入学，等
日本企業ではOJT中心であり，Off-JTと自己啓発がそれを補足	

(2) キャリア開発（CDP）

CDPの目的	一人ひとりの従業員が自己のキャリア設計に基づいてさまざまな業務を経験してその能力を十分に発揮できるように長期的な展望のもとで計画的に教育訓練を実施すること
課題：個人のキャリア目的と企業の要求の統合➡ワークライフバランス	

(3) エンプロイアビリティ契約の普及（世紀の転換期以降の課題）

第11章 人的資源管理

① 狭義のエンプロイアビリティと広義のエンプロイアビリティ

狭義	他企業への転出を可能にする，外部で通用する市場価値のある能力
広義	狭義＋継続的な雇用を可能にする，企業内部で価値を有する能力
日本では，広義の意味で使われている	

② 経営側（「日経連」）のエンプロイアビリティに対する基本的なスタンス：「従来型」（終身雇用）ではなく，「雇用流動型」（アメリカ）でもなく，「変化対応型」（従業員自律・企業支援）を目指す。

③ エンプロイアビリティ契約への対応
　イ）従業員：「雇用されうる能力」の有無が雇用の保障を決める→企業の要請や処遇の変更に応じて，能力やスキルの向上に努めなければならない。
　ロ）使用者：従業員が企業環境の変化に対応できるように，スキル向上の機会を与える責任がある。

④ 企業訓練の今後の課題：従業員のエンプロイアビリティ確保を目指して3形態の教育訓練の最適な組み合わせを再構築すること

4．労働時間管理

(1) 労働時間の法的規制
　① 制度としての労働時間

労働時間	従業員が使用者に労務を提供しその指揮命令に服する時間
拘束時間	就業規則に明示された始業から終業までの時間
所定労働時間	就業規則で定められた労働時間（拘束時間－休憩自由時間）

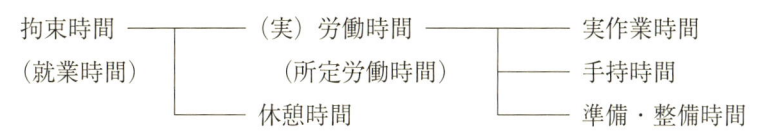

```
拘束時間 ─┬─ （実）労働時間 ─┬─ 実作業時間
（就業時間）│　（所定労働時間）　├─ 手持時間
          └─ 休憩時間          └─ 準備・整備時間
```

　② 所定労働時間の主要原則
　　イ）「1日8時間，1週40時間」原則（法定労働時間の上限）
　　ロ）「時間外労働協定・明示」原則（36協定）
　　ハ）「勤続年数に応じた年次有給休暇付与」「年次休暇時季指定」原則

ニ）「6時間以上45分，8時間以上60分休憩」一斉付与原則
　　③ 2006～7年に，ホワイトカラーを労働時間管理の対象外とすること（**ホワイトカラー・エグゼンプション**）が検討されたが挫折
(2) 労働時間の実態
　① 働き過ぎの時代
　　イ）2006年の労働時間は，「労働政策研究・研修機構」のウェブ資料に拠れば，2003時間（日本），1962時間（アメリカ），1874時間（イギリス），1538時間（ドイツ），1537時間（フランス）である。
　　ロ）欧米が，「週35時間労働制」を目指していることを考えると，世界的に「働き過ぎ・働かされ過ぎ」の時代（←統計に表れていないサービス残業の存在）
　② 日本企業で長時間労働を生みだしている要因

労働者にとっての外在的要因	**株価至上主義経営**➡企業間競争の激化➡高いノルマの設定➡所定外労働時間の延長（サービス残業の恒常化）	情報通信革命の進展
	就業形態の多様化➡特定層へのしわ寄せ➡残業の常態化	
労働者にとっての内在的要因	企業内の人間関係＋人事考課（態度考課）➡残業を拒否しにくい企業風土➡時間外労働の慢性的発生	
	低賃金構造➡収入増を求める残業	

　③ 過労死：日本の「公式」過労死認定基準（2カ月以上に亘って月平均80時間以上の時間外労働に従事）／過労死被害者の年間労働時間（3千時間前後）
(3) 労働時間の弾力化
　① 変形労働時間制：業務の事情に応じて，1週間，1カ月さらには1年単位で労働時間の配分を工夫できる制度
　② **フレックスタイム制**：始業時と終業時の決定を従業員個人に委ねる制度

【フレックスタイムの事例】

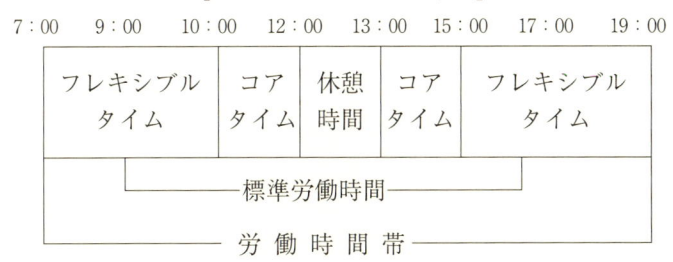

```
 7:00   9:00   10:00  12:00  13:00  15:00   17:00   19:00
        ┌──────────┬──────┬──────┬──────┬──────────┐
        │フレキシブル│ コア │ 休憩 │ コア │フレキシブル│
        │  タイム  │ タイム│ 時間 │ タイム│  タイム  │
        └──────────┴──────┴──────┴──────┴──────────┘
              └────── 標準労働時間 ──────┘
        └──────────── 労 働 時 間 帯 ────────────┘
```

③ みなし労働時間制：労働時間の算定が困難な場合に，一定の労働時間を所定労働時間としてみなすこと（3制度ある）
   - イ）事業場外労働のみなし労働時間制：社外で業務の全部または一部が行われる営業職等に適用
   - ロ）専門業務型裁量労働制：業務遂行方法が担当者の裁量に委ねられる業務に適用
   - ハ）企画業務型裁量労働制：企画・立案・調査・分析に携わる業務に適用

④ 勤務場所の柔軟化
   在宅勤務型テレワーク，SOHO型テレワーク

⑤ ワークライフバランス：会社人間からの脱却に向けた動き
   育児休暇制度，ボランティア休暇制度，リフレッシュ休暇制度，自己実現休暇制度の導入

5. 安全衛生管理と福利厚生

(1) 安全衛生管理

① 目的：従業員を，ヒューマンエラー（ヒトはミスを犯すことは避けられない）を前提として，労働災害や疾病から守ること

```
                  ┌── 防止管理 ──── 労働災害防止管理（安全管理）
   安全衛生管理 ──┤
                  └── 補償管理 ──── 疾病予防管理（衛生管理）
```

② 労働災害の原因と対応

物的原因	建物や作業場の不備，機械設備の不良
個人的原因	不注意，過失，経験・訓練の不足
管理上の原因	安全教育および安全管理体制の不徹底
対応策	OHSAS18001，ILO-OSH2001等への取り組み

③ 衛生管理の現代的課題：30代従業員を中心に心の病が増加している。

　イ）ITの進展・FA機器の導入に起因する新しい職業病への対応

　ロ）メンタルヘルスケア（セルフケア，ラインのケア，事業場内産業保険，スタッフのケア，事業場外資源のケア）

　ハ）セクハラおよびパワハラ対策

(2) 福利厚生

① 概要：企業が義務（法的規制）としてあるいは任意に，労働力の確保・維持，企業との一体感の醸成，モラールの向上を目的として，従業員およびその家族を対象に実施する，生活福祉活動・施策・制度

② 基本的な内容

法定福利	社会保険（健康保険，厚生年金保険，介護保険，等）と労働保険（雇用保険，労災保険，等）の保険料負担
法定外福利	住宅関連，医療保険，生活援助（食事関連，慶弔見舞，財形奨励，等），文化・体育・娯楽関連，その他（通勤手当，等）

③ 新潮流：就業形態の多様化や従業員の価値観・意識の変化を反映した施策

　イ）**カフェテリアプラン**（選択型福利厚生制度）の導入・普及（従業員に一定の持ち点を与え，従業員は，その範囲内で，福利厚生メニューのなかから，自分のニーズに合わせてサービスを選択する）

　ロ）**アウトソーシング**（福利厚生の一部，例えば，食堂や社宅・寮の管理を専門業者に委託する）

　ハ）**ファミリーフレンドリー企業**（仕事と育児・介護とが両立できる制度を持ち，従業員が多様で柔軟な働き方を選択できる取り組みを行っ

ている企業)

11.3　賃金管理の日本的展開

1. **日本の賃金の原型としての年功賃金**
   (1) 年功賃金の概要:職種を特定せずに一括採用された新規学卒者の単身者賃金（初任給）を出発点として，同一企業で勤続年数（年齢）が増えるにつれて毎年定期的に昇給し，勤続年数と標準基本給を考慮して退職金が支払われる，**長期決済型賃金**
   (2) 年功賃金の成立条件

基本条件	熟練の年功的形成
特殊日本的条件	① 相対的過剰人口の存在➡初任給が低く設定される ② 労働組合の未発達➡「一定の労働給付に対する反対給付としての賃金という関係」（短期決済型賃金）の未成立

   (3) 年功賃金は第一次世界大戦前後に成立し第二次大戦中に変形されたが，戦後に，電産型賃金体系（生活給賃金）として復活
   (4) 日本の賃金の特徴
   ① 原則として，賃金＝基本給＋諸手当
   ② 基本給の内容（決め方）が時代とともに変遷し，また企業ごとに異なる➡個別賃金決定ルールが賃金体系と称されている。

2. **アメリカ企業の実験**
   (1) 能率増進運動と賃金形態
   ① 単純出来高給制度に起因する組織的怠業の克服策としての近代的能率給（タウンの分益制，ハルシーのプレミアム制，ローワンのプレミアム制，テイラーの異率出来高払制）
   ② テイラー方式の修正としての近代的能率給（ガントの賞与制，ピドーの点数賃金制，集団能率給）
   (2) **職務給**の成立
   ① 職務給の概要:企業内の仕事を職務に分解し（職務分析）その内容を

確認し（職務記述書）それぞれの各職務の相対的価値を幾つかの評価基準に基づいて確定し（職務評価）その序列に沿って賃金額を決定する制度

② 職務給成立の要因

一般的条件	技術の進歩➡熟練の変化➡職種の職務への細分化➡新しい職務の出現➡多数の職務の相対的評価の必要性
特殊アメリカ的条件	1）技術的要因（生産過程の自動化によって旧能率給が意味を失う），2）経済的要因（管理技術の発展によって職務評価が可能になる），3）社会的要因（産業別組合の発達によって，1産業のすべての職種の賃金が同時に決定されなければならなくなる），4）アメリカ政府の職務給推進政策

③ 職務給の特徴
　イ）職務評価に基づく賃金。職務評価の方法として，序列法，分類法，点数法，要素比較法があるが，基本的には，熟練，努力，責任，職務条件が主要な評価要素である。
　ロ）個別企業の企業内分業に応じて細かく決定された企業内賃金率
　ハ）企業の支払い能力に完全に規定された労務管理給としての賃金（この点で，ヨーロッパ型の職種別賃金＝横断賃率と異なる）

3. 年功賃金の変容
(1) 職務給の導入（1960年代以降）
　① 年功賃金の矛盾の顕在化➡前提条件が崩壊して職務給が導入される。

年功賃金存続の前提条件	若年労働力が安価で豊富に提供され，これを前提として企業内労働力構成をピラミッド型に維持できること
	年功要因が労働者の技能や熟練度に対応していること

⇩崩壊

新規学卒者の需要が供給を上回る➡初任給の上昇
平均寿命の上昇➡年齢別従業員構成のアンバランス
熟練のあり方の変化➡勤続年数と技能序列の不一致

② 日本型職務給導入の目的：人件費コストの削減，若年労働者の意識に

対応して昇進・昇格の期待を与えること
③ 日本型職務給の２つの形態：併存型職務給（A）と混合型職務給（B）

日本型職務給の特徴	1）職務給成立の前提条件を欠いているために，年功賃金との折衷型として成立。2）年功的基本給と並列して職務給部分を拡大する（A）にしても，年功的基本給を職務給的に再構成する（B）（通称「公務員型」）にしても，年功賃金が貫かれている

(2) 職能給の普及（1980年代以降）
　① 職務給，職能給，年功賃金の関連
　　イ）職能給の特徴：従業員の職務遂行能力に対して支払われる賃金。職務給以降への過渡的な形態ではなく，欧米には見られなかった賃金形態（近年，欧米にも職能給に近い賃金形態が導入される）
　　ロ）職務給との異同

	評価対象	評価方法	昇進メカニズム
職務給	就いている職務	職務評価	職務別定員を前提にした職務昇進
職能給	職務遂行能力	能力評価	職務と関係ない能力昇進

　　ハ）年功賃金との異同：同一年齢同一勤続年数であっても能力の相違によって賃金格差が生じる点で異なるが，学歴や勤続年数が職務遂行能力として重要視されると，年功賃金に似てくる➡このため，日本では職能給が普及
　② **職能給**の仕組み
　　イ）職能給の仕組み：労働者の職務遂行能力に照応した職能等級あるいは資格区分（従業員を区分する「いれもの」）の作成➡従業員の格付け（職能等級に労働者をはり付けること）➡職能等級ごとの賃率設定
　　ロ）資格給としての職能給：現在の職務とは直接関係なしに能力序列を設定し各々の能力段階に必要な資格要件を評価しそれに賃金を対応させる。但し，能力序列（資格）と職制には一定の関連がある。
　③ 職能給普及の理由
　　イ）単身者賃金および新規学卒者一括採用慣行の存続
　　ロ）年功賃金との相違よりも，類似性ないしは同一性が大きかったこと

(3) 成果給の導入（1990年代後半以降）
　① 成果給のタイプ
　　イ）**年俸制**
　　ロ）職務給の成果給化
　　ハ）職能給の成果給化
　　ニ）**コンピテンシー給**

【職能給の成果給化の事例】

	10%	35%	55%
改革前	本給	加給	年功で決まる職能給

	100%
改革後	本人の能力で決まる職能給

　② 成果給の典型としての年俸制

【年俸制の事例】

30%	30%	40%
役割年俸	職能年俸	業績年俸
役割・職責	職務等級の考課ランク	役割遂行度＋目標達成度

　　　　　　　　月次給与　　　　　　　　賞与

　③ コンピテンシー給の導入
　　イ）コンピテンシー：動機と達成行動を効果的に結びつけ，実際に高い成果を生み出している能力，特定の職務の行動特性，行動レベルを評価
　　ロ）1つのコンピテンシーについて「コンピテンシー・ディクショナリー」を作成する➡評価基準を設定し，個人別賃金とリンクさせる。
　④ 成果給の特徴
　　イ）仕事関連の要素だけで評価（会社への全人格的な貢献を拒否）➡結果をだせば，平等に評価されるが，賃金の低下もある。
　　ロ）結果のみで評価➡達成に至る努力や過程が無視される➡仲間意識や技能の継承が薄れる➡成果給の見直しが進められる。

11.4 人的資源管理と倫理

1. **人的資源管理分析の新しい視座**
   (1) 現代企業は，社会的存在として，あらゆる局面に倫理を組み込むことが要請されている。
   (2) 人的資源管理領域への倫理の導入
   ① 課題：どのような倫理理論を応用するのか。功利主義，義務論，社会契約論，正義論，等
   ② カントの命題の適用例：従業員を，企業内人生のすべての局面において，単なるモノではなく，また組織目的達成の手段としてのみ「活用」されない方向で，ヒトの処遇措置を講じること

2. **倫理の組み込みは新しいワークルールの確立に繋がる**
   (1) ステイクホルダーとしての従業員の二面性：会社と対峙する従業員と組織人として社会と向き合う従業員（図表11-2）

図表11-2　従業員の二面性

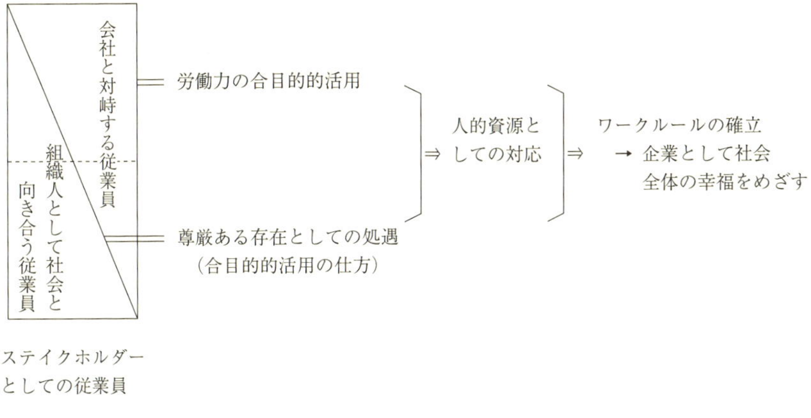

```
会社と対峙する従業員 ── 労働力の合目的的活用  ┐
                                          ├ 人的資源と  ⇒  ワークルールの確立
組織人として社会と         尊厳ある存在としての処遇 ┘   しての対応      → 企業として社会
向き合う従業員           （合目的的活用の仕方）                      全体の幸福をめざす
```

ステイクホルダーとしての従業員

   (2) 人的資源管理の課題：社会的責任を果たすために，従業員を，経営者と対峙するステイクホルダーとして位置づける（労使関係の課題）だけではなく，組織人として他のステイクホルダーの要求に適切に応えることがで

きる人材を育成すること➡処遇面の公平・公正の確立➡企業内信頼関係の構築

【より進んだ学習のための文献】
A. 佐護　譽著『人的資源管理概論』文眞堂，2003年。
A. 今野浩一郎・佐藤博樹著『人事管理入門（第2版）』日本経済新聞社，2009年。
A. 伊藤健市著『資源ベースのヒューマン・リソース・マネジメント』中央経済社，2008年。
A. 八代充史著『人的資源管理論』中央経済社，2009年。
B. 宮坂純一著『日本的経営への招待』晃洋書房，1994年。
B. 熊沢　誠著『能力主義と企業社会』岩波書店，1997年。
B. 赤岡　功・日置弘一郎編『労務管理と人的資源管理の構図』中央経済社，2005年。

（宮坂純一）

第12章
インセンティブ・システム

《中心的論点とキーワード》

構成員をエンパワーメントし，共有目標を達成するインセンティブ・システムのマルチ・モチベーション理論を提案。報酬システムでヘイシステム，対人システムで社会技術システム，職務システムでキャリア・モチベーション，理念システムでブランド・モチベーションなど，知識を創造し知的財産を増殖する新システムを追補。キーワード：自己実現，意味探求，期待理論，M-H理論

12.1 インセンティブとモチベーション

1. モラール

　モラール（Morale）は最初，軍隊において兵士が敵と戦う「気力＝士気」の意味。やがて企業に適用され**産業モラール**，「仕事意欲・仕事のやる気」という意味。ホーソン研究を経て人間関係論において，「モラールが生産性を高める」とされた。しかし徐々に，機械やコンピュータにより生産性が決まり，人のモラールと生産性の相関が薄れ，モラールという言葉は消え**モチベーション**（Motivation）に代わる。さらに広い概念になり，やる気があるだけで結果を出さねば意味がないとして「エンパワーメント」に変化。

2. モチベーション

　モチベーションは「動機づけ」の意味，人の欲求を行動に結ぶ仲介概念。動機づけは，「動因（欲求＝動機）」と「誘因（刺激＝インセンティブ）」の一致によって惹き起こる。動因は，数多くの欲求の中にあるその人の関心事，刺激に敏感に反応し行動の直接的な動機となる。誘因は，その動機を行動に結びつける刺激，引き金の役割。したがって，モチベーションとインセ

ンティブ（Incentive）は，ほぼ同義。モチベーション理論には，マズロー（Maslow, A. H.）理論やハーズバーグ（Herzberg, F.）理論などを代表とする**要因理論**と，ブルーム（Vroom, V.）やローラー＝ポーター（Lawler＝Porter）の期待理論を中心とする**過程理論**がある。

3. マズローの欲求階層理論

マズローによれば，図表12-1のように人は5つの**基本的欲求**（basic needs）があり，それらが階層（hierarchy：ヒエラルキィ）を成す。階層とは，優先順位があり順番が守られ，一つの欲求の満足が次の欲求を高める満足進行プロセス。階層はまた，人の発達であり成長過程。基本的欲求は，次の5つ。

(1) **生理的欲求**：食物・水・睡眠など生存に必要な最低限の欲求，生命維持本能，現代では衣食住を金銭で得るため経済的欲求も含む。
(2) **安全の欲求**：危険や脅迫から身を守ろうとする欲求，自己防衛本能，現代では会社・職務の安全や安定（セキュリティ）の欲求も含む。
(3) **帰属の欲求**：家族や職場などの集団に帰属したい人間関係を持ちたいという欲求，親和（愛）欲求や社会的欲求ともいわれる。
(4) **尊重の欲求**：尊重されたい尊敬されたいという欲求，地位（ステータス）の欲求や認められたいという承認欲求も含む。
(5) **自己実現欲求**：自分の夢の実現（目標達成）の欲求，成長や自己完成の欲求，自律性・創造性や責任遂行の欲求など能力最大発揮の欲求。

マズロー理論を始めアージリス理論やマグレガー理論，およびハーズ

図表12-1　マズローの欲求階層理論

アージリス	マズロー	マグレガー
成熟（大人的） 2次的欲求 人間的欲求 管理者	自己実現欲求 尊重の欲求 帰属の欲求	Y理論 成長欲求 高次欲求 目標管理
未成熟（子供的） 1次的欲求 動物的欲求 被管理者	安全の欲求 生理的欲求	X理論 生存欲求 低次欲求 科学的管理

バーグ理論など，**自己実現人モデル**に基づくものは人的資源論（Human Resources）。

4. 期待理論

モチベーションは，**期待 Ex** と**誘意性（価値）V** の積の関数。人は，価値（魅力）があり期待が持てれば，動機づけられ行動（努力）する。このブルームの期待理論をローラー＝ポーターは，図表 12-2 のようにモチベーションのプロセス（メカニズム）を示す。ここで期待 Ex は，(E→P) 期待：努力−業績期待＝**可能性期待**と，(P→O) 期待：業績−報酬期待＝**手段性期待**に分割。可能性期待とは，努力すれば業績が生まれる見積（主観的確率）。**手段性期待**とは，業績が報酬を生む主観的確率。報酬には，内在的報酬と外在的報酬がある，これはハーズバーグ理論からもいえる。その報酬が業績に対して公正と知覚した時，満足が生じ（公正理論），満足がフィードバックして価値を形成する。

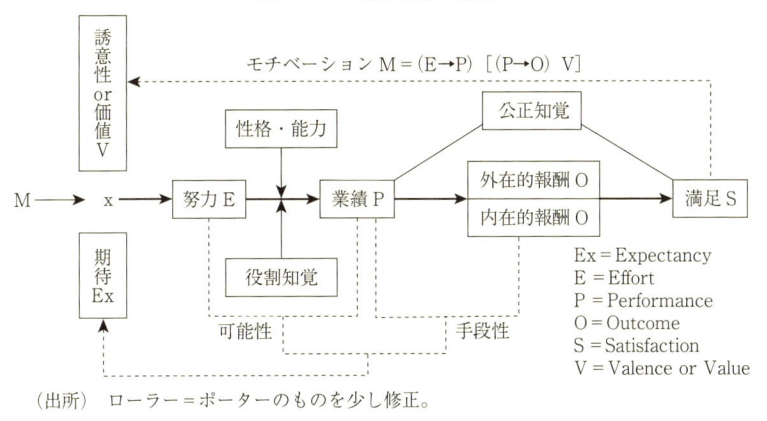

図表 12-2　期待理論の概念図

モチベーション $M = (E \to P)[(P \to O) V]$

Ex = Expectancy
E = Effort
P = Performance
O = Outcome
S = Satisfaction
V = Valence or Value

（出所）　ローラー＝ポーターのものを少し修正。

12.2　マルチ・モチベーション理論

1. マズロー理論や期待理論の修正

期待理論は，モチベーションを「可能性×手段性×誘意性」の積で見積るから，ひとつでもゼロであれば行動は起こらない。現実には，可能性がゼロ

でも挑戦することがある。また，意味探求人は価値があれば実行し，報酬はゼロどころか苦痛を伴うことに意味を見出す。そして，マズロー理論は，1つの欲求が1つの行動を生む「ドミネイト・アプローチ」だが単純すぎる。人は1つの行動に複数の欲求が関与する「マルチバリエイト・アプローチ」の方が現実的。そこで両理論を修正しマルチ・モチベーション理論を構築。

2. ハーズバーグ理論（仕事志向性次元）

　ハーズバーグもマグレガー（McGregor, D.）らと同様に，マズロー理論の高次欲求を「成長欲求」，低次欲求を「欠如欲求」とする。前者がM因子（Motivators＝動機づけ要因），後者がH因子（Hygienic factors＝環境衛生要因）。M因子は文字通りモチベーションに直接的な効果があり，H因子は間接的な効果のみで予防衛生的な役割。これらは図表12-3のように実証できる。この図は村杉メソッドによる40年間の実証データとハーズバーグ（カッコ内）を比較。

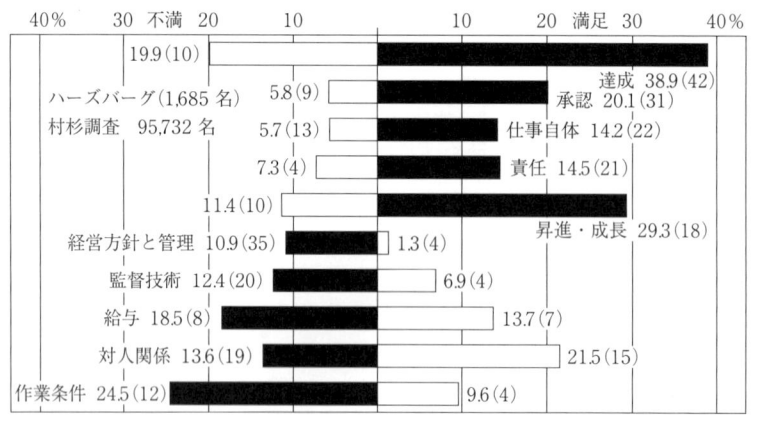

図表12-3　満足と不満の調査（ハーズバーグと村杉調査の比較）

不満	項目	満足
19.9(10)		達成 38.9(42)
5.8(9)	ハーズバーグ(1,685名)	承認 20.1(31)
5.7(13)	村杉調査 95,732名	仕事自体 14.2(22)
7.3(4)		責任 14.5(21)
11.4(10)		昇進・成長 29.3(18)
10.9(35)	経営方針と管理	1.3(4)
12.4(20)	監督技術	6.9(4)
18.5(8)	給与	13.7(7)
13.6(19)	対人関係	21.5(15)
24.5(12)	作業条件	9.6(4)

(1) **M因子**：これは「達成」「承認」「仕事自体」「責任」「昇進と成長」など**職務内容**（Job content）の要因群。これらは不満より満足の意見が多い「満足要因」で，満足によって動機づく満足モチベーション，また成長欲求に基づき内面から発生する内発的モチベーション。それゆえ，職務に

M因子を投入する**職務充実**（Job Enrichment）がモラールを高める。
(2) H因子：これは「経営方針と管理」「監督技術」「給与」「対人関係」「作業条件」など職務環境（job context）の要因群，これらは満足より不満の意見が多い「不満要因」。村杉データでは対人関係（M因子的傾向）のみ例外，このことがマルチ・モチベーション理論の発端。不満要因は不満によって動機づく不満モチベーション，また欠如欲求なので外面から強制的に発生させる外発的モチベーション。それゆえ，企業が改善しても最終的に不満ゼロになるだけで，これらによって満足は得られない。

　以上から，M因子追求者は成長欲求が強く仕事志向，H因子追求者は生存欲求が強く仕事以外を志向するので，ハーズバーグのM-H理論から仕事志向性次元を導出。

3. バーナードの二重人格論（対人志向性次元）

　バーナード（Barnard, C. I.）は，「共通の目的・協働意欲・伝達」の「**組織の3要素**」を指摘。そして現代企業では，協働意欲が共通目的に向かうことは例外，故に伝達が極めて重要。その例外の理由は，人の「**組織人格**」と「**個人人格**」の二重人格性にある。組織人格（集団的欲求）とは，組織目的の達成を優先する人格，個人人格（個人的欲求）とは，個人目的の達成を優先する人格。この両者は常に葛藤を起こし，組織目的と個人目的の一致は困難。また伝達は「権限受容説」と「無関心圏」で説明，良好な人間関係が部下の無関心圏を広め，命令の受容を増やす。その命令の受容によって，協働意欲は共通目的に向かう。したがって，人間関係が組織目的と個人目的を一致させるので，バーナードの二重人格論から対人志向性次元を導出。

4. 4つのモチベーション

　ハーズバーグ理論から仕事志向性次元，バーナード理論から対人志向性次元を導出，図表12-4のような二次元のマルチ・モチベーション理論が成立。リーダーシップ理論でも三隅二不二のPM理論など，同様な二次元のものが多い。これらから，次のような4つのモチベーションが成立。
(1) **報酬モチベーション**：仕事志向も対人志向も低い時，経済的動機が強く機能する報酬モチベーションが起る（経済人モデル）。
(2) **対人モチベーション**：対人志向のみ高い時，人間関係動機が強く機能す

る対人モチベーションが起る（**社会人モデル**）。
(3) **職務モチベーション**：仕事志向のみ高い時，自己実現動機が強く機能する職務モチベーションが起る（**自己実現人モデル**）。
(4) **理念モチベーション**：仕事志向も対人志向も高い時，意味探求動機が強く機能する理念モチベーションが起る（**意味探求人モデル**）。

　モラールは，以上の4つのモチベーションが複合したマルチ・モチベーションの合成。故に，インセンティブ・システムは，**報酬システム・対人システム・職務システム・理念システム**の4つ。

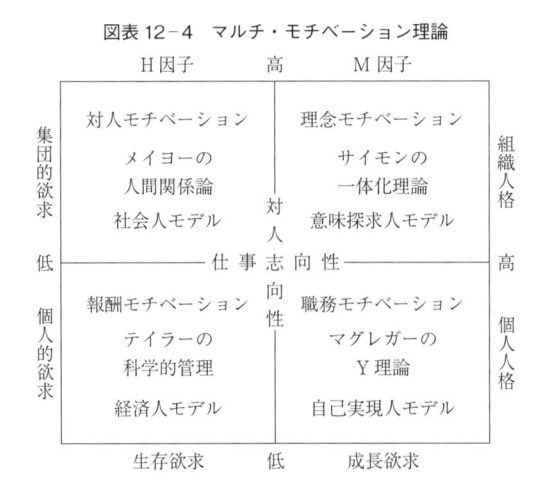

図表12-4　マルチ・モチベーション理論

	H因子　高　M因子	
集団的欲求	対人モチベーション メイヨーの 人間関係論 社会人モデル	理念モチベーション サイモンの 一体化理論 意味探求人モデル	組織人格
低	─対　人　志　向　性─仕　事	高
個人的欲求	報酬モチベーション テイラーの 科学的管理 経済人モデル	職務モチベーション マグレガーの Y理論 自己実現人モデル	個人人格
	生存欲求　低　成長欲求	

12.3　報酬システム（経済的インセンティブ・システム）

1．テイラーの科学的管理

　テイラー（Taylor, F. W.）の科学的管理における第一の特徴は，「**時間・動作研究**」に科学性を見出したこと。これは，ギルブレス（Gilbreth, F. B.）のサーブリックという記号で表す要素動作を，ストップウオッチで計り，標準作業と標準時間を定める手法。第二の特徴は「**課業管理**」，標準時間を使い課業（タスク：1日に課せられた仕事量）を定め，このタスクを中心に管理。第三は「**差別（異率）出来高給制**」。出来高に応じタスク以上を高能率

者，タスク以下を低能率者とし，差別した賃率で賃金を支払う制度。この科学的管理は，経済的動機によって行動する人間，**経済人モデル**が前提。

2. 公正理論

アダムス（Adams, J. S.）によれば，公正な報酬だと従業員は満足し，不公正だと不満になる。公正か不公正かが動機づけの主要因。公正か不公正かは，自分の職務投入（Input；努力）に対する報酬（Outcome）の比率と，他人の職務投入（努力）に対する報酬の比率との大小関係より決まる。**公正理論**では，不足（アンダー）報酬はもちろんであるが，過剰（オーバー）報酬も精神的不安定になるし，過剰な分だけハードに働き過ぎ結局，職務不満となる。日本では過労死も起こっている。したがって同じ職種の前提で，報酬／努力（O／I）の比率が他人と相対的にイコールである適正な報酬が必要。

3. カフェテリアプラン

労働時間短縮（各種休暇を含む），安全衛生・健康管理，工場の緑化など職場環境の改善，これら従業員全員に均等に与えられるものは**無条件報酬**。それらの多くは福利厚生，当初**フリンジ・ベネフィット**といわれ，作業服・ロッカーなどの小物だった。やがて休憩室・食堂・体育館などの施設，保養所・ピクニック補助など法定外福利費が多くなる。しかし最近は，育児休暇・介護休暇などが加わり法定福利費が法定外福利費を上回った。そこで福利費節約のために**カフェテリアプラン**が出現。これはアンケートによるニーズ調査を行い，各々の規模を縮小したメニューから選ぶ「福利厚生選択制」。また，業績と連動した持ち点制にして福利厚生をインセンティブ化した「福利厚生持点制」もある。

4. ヘイシステム

ヘイシステムは，作業員の出来高払制，販売員の歩合制，プロ野球の年俸制など，と同様な管理職・専門職の**成果主義報酬**システム。これらは，職務基準評価による職務給（仕事給）。日本では，目標管理と連動させ目標達成率により賃金を決めるなどもある。ヘイシステムの職務評価基準は，「ノウハウ（専門性・対人力など）」，「問題解決（挑戦性・自由度など）」，「アカンタビリティ（困難性・責任度など）」の3基準。日本でも成果主義が普及し

ているが，成果主義は結果の評価であり，プロセスを評価しなければ問題が生じる。

12.4 対人システム（人間関係インセンティブ・システム）

1. ホーソン研究と人間関係論

メイヨー（Mayo, G. E.）は**ホーソン研究**により，職場のインフォーマル（非公式）な人間関係や集団規範（ノームズ）など，社会心理的要因（モラール）が生産性を高めることを発見。科学的管理を補完する人間関係論（ヒューマン・リレーションズ）を提唱。科学的管理と人間関係論を対比すると，科学的管理は，作業条件（Stimulus＝刺激）が作業能率（Response＝反応）を直接的に決定するS-R説。ホーソン研究から，作業条件に対して生体（Organism）の内的要因（モラール）が媒介して作業能率を決定するS-O-R説。人間関係論は，インフォーマルな人間関係がモラールを形成，モラールが作業能率を決定する説。科学的管理の経済人モデルにくらべ人間関係論は，人間関係に強く影響を受けて行動する人間の**社会人モデル**。

2. グループ・ダイナミックス

レヴィン（Lewin, K.）は**グループ・ダイナミックス**＝集団力学を起こす。集団力学は，集団の団結力や人間関係結合力を表す**凝集性**を研究。凝集性とモラールと生産性のアチブメント・バランスを主張。アイオワ実験では民主的集団の優位性を確認。**ソシオメトリー**という人間関係分析法を有す。ソシオメトリーでは，①相互選択が多い，②スターが存在，③クリークやアイソレートは不在，などにより凝集性を高める。さらに，④コミュニケーションが活発，⑤コンフリクトを処理，⑥集団目標への強い支持，⑦集団維持への強い意識，など7条件で高い凝集性に基づく集団モラールが発生し**チームワーク**が生まれる。

3. 小集団活動

ヒューマン・リレーションズは，日本の終身雇用制とマッチし忠誠心の強化に寄与。また，人間関係論の提案制度が小集団活動を支えたし，集団力学が小集団活動の基礎理論。**小集団活動**とは，QCサークルやZDグループな

ど。10人くらいの小集団が，作業終了後にミーティングをして，不良撲滅・ミス低減への改善（Kaizen）を提案。ZD（Zero Defects）は，アポロ宇宙計画の無欠点（ミスゼロ）運動であり，個人的モチベーション・プログラムだが，日本に導入され直ちにグループ化しZDグループとなった。米国人は個人主義で日本人は集団主義が影響か，とにかく小集団活動が高品質の製品を生み，Made in Japanのブランドを形成。

4. ソシオ・テクニカル・システム

ソシオ・テクニカル・システムは，社会技術論による小集団生産システム。社会技術論は，タビストック研究に基づき社会システムと技術システムの統合をめざす。レスリスバーガー（Roethlisberger, F. J.）によれば，経営システムは技術システムと社会システムの複合体，社会システムにフォーマルとインフォーマルの両システムがあり，フォーマル・システムと技術システムの結合が科学的管理で，人間関係論のインフォーマル・システムがそれを補完。しかし，社会技術論は，インフォーマル・システムと技術システムも結合。この社会技術システムは，ボルボ社のカルマル工場で実験。従来のコンベア・システムでは，一人の作業者は1分くらいの単純反復作業だが，ボルボ社はコンベアを廃止し，小集団がミーティングしながらモジュール作業をするという小集団生産システム。これら小集団活動やソシオ・テクニカル・システムは，次節の職務システムでもある。

12.5 職務システム（自己実現インセンティブ・システム）

1. アージリスの参加システム

アージリス（Argyris, C.）の未成熟-成熟理論によれば，図表12-1のように生理的欲求と安全の欲求は，人間と一般動物に共通の動物的欲求で一次的欲求，これが行動の主原因の場合，未成熟な子供的人間。一方，帰属・尊重・自己実現欲求は，人間だけの欲求であり人間的欲求で二次的欲求，これが行動の主原因の場合，成熟した大人的人間。現代企業は未成熟者が多過ぎる。その原因は官僚制組織や科学的管理にあり，意思決定などの考える仕事は管理者が行い，労働者は管理者の決定に従って作業，という管理者と被管

理者の二大階級。考える仕事を与えられない労働者は未成熟のまま，管理者の仕事に労働者を参加させて成長させる**参加システム**が必要。参加システムはラインとスタッフの分業の壁を除くこと。

2. マグレガーの目標管理

マグレガーのX-Y理論によれば，図表12-1のように，経営管理の背後にX理論とY理論という二通りの人間観がある。

(1) **X理論**：命令と統制による伝統的管理の考え方（科学的管理）。
　① 人は生まれながら仕事が嫌いで，それを出来るだけ避けようとする。
　② そのため人は強制・統制され，処罰に脅かされなければ働かない。
　③ 命令される方を好み責任を逃れ，野心をもたず何よりも安全を望む。

(2) **Y理論**：**自己実現人モデル**に立脚した新しい考え方（目標管理）。
　① 人は生まれながら仕事が嫌いということはない。
　② 自分が進んで身を委ねた目標には，その達成に自ら努力する。
　③ その努力は報酬しだいであるが，最高の報酬は自己実現である。
　④ 普通の人間は自ら進んで責任を取ろうとする。
　⑤ 問題解決のために創意工夫する能力は，たいていの人が持っている。
　⑥ 現代企業は人間の知的能力の一部しか生かしていない。

　マグレガーは，Y理論を適用した管理方法，コミットメント（専心従事）する目標に自己管理させる**目標管理**（management by objective）を提唱。

3. エンパワーメント

　ハックマン（Hackman, J. R.）の**職務特性論**によると，モチベーションは「課業多様性」「タスク・アイデンティティ＝課業同一性」「有意味性」の合計を3分割した値と，「自律性」と「フィードバック＝結果知見性」の3変数の積で決まる。職務特性論から，参加システムはモチベーションを大きく高めるといえる。目標管理も作業者が目標設定に加わる参加システムであり，管理業務の一部を作業者に任せることだから，見方を変えれば**エンパワーメント**。Empowermentは権限委譲と訳せ，重い責任を与え権力を強化する意味。エンパワーメントは，職務にM因子を投入する職務充実，対人システムと職務システムの統合である小集団活動，ヘイシステムのアカンタ

ビリティのように結果責任や自己責任を加えるなど，自律性を高めること。リーダーシップやコーチングによって，仕事意欲の強化のみならず，結果や成果を確実にするインセンティブ・システム。

4. キャリア・モチベーション

産業社会は，ブルーカラー中心の工業社会から，ホワイトカラー中心の情報社会へ，そして，ナレッジワーカー中心の知識社会へ変遷。現代企業は，キャッチアップ型からフロントランナー型へ，研究開発中心の経営戦略を必要とし，ゆらぎ（カオス理論）を起こしイノベーションを速めるため，終身雇用から流動雇用へシフト。終身雇用下では昇進モチベーション（出世意欲＝管理職志向）が機能したが，流動雇用下では**キャリア・モチベーション**（自律性・専門職志向）が有力。前者は組織コミットメントが強い組織人，後者は仕事コミットメントが強い仕事人（プロフェショナル）。組織人は終身タイプ（長期勤続），誘因と貢献の交換を組織内で行うので，企業はクローズド・システム。仕事人は流動タイプ（短期勤続），誘因と貢献の交換を組織外で行うため，企業はインフラ・システム。キャリア志向者が多くなり，ハーズバーグ理論が再評価されている。

12.6 理念システム（意味探求インセンティブ・システム）

1. 一体化（Identification）理論

サイモン（Simon, H. A.）によると，個人目標が集団規範に同調する集団一体化は，「目標共有の知覚度」「相互作用の頻度」「集団内で満足される個人的欲求の数」「個人間の競争量」「集団威信の知覚度」，この5つの要因が促進。この内で，**集団威信**（prestige）が理念システムに相当，他の4要因は報酬・対人・職務システムに含まれる。集団威信は，①集団の目標達成度（収益性・成長性など），②社会的地位（規模・事業内容・知名度など），③特異性（差別化戦略やメセナ・フィランソロピィなど社会貢献），④集団威信の個人的基準，によって決まる。

2. フランクルの意味探求人モデル

フランクル（Frankl, V. E.）によると，意味（meaning）とは価値と同義

で，**意味探求**とは真善美などの価値の追求，真（学問・科学技術など），善（福祉・奉仕など），美（文化・スポーツ・芸術など），少子高齢化対策や地球環境保護などの社会貢献を行うこと。自己実現を潜在的能力の最大発揮とすれば，自己実現が人間性の最高次元ではない，なぜなら，自己実現した上級管理者が能力の限界を感じ，虚無の意識を抱き自殺することが多いから。本来，人間は意味を探求する存在（**意味探求人モデル**）。マズローもY理論の自己実現と超越的自己実現（意味探求）を分ける。人は成長すると自分・家族・職場・社会・地球と順に精神世界が広がる。意味探求とは自己超越し，人のため世のために尽くすこと，他者愛と共同存在である。意味探求人は報酬を求めず，ボランティアやチャリティを好む。

3．ブランド・モチベーション

集団威信を高める差別化戦略の典型はブランド戦略。ブランドはエンゲル係数が小さくなって出現。ブランドは価値を追求する意味探求人に重要。ブランドは，企業理念や商品コンセプトの表現，品質保証による信用・安心の提供。消費者がそれを受け入れ，リピータになり他人に推奨し，仲間を作る（リレーショナル・マーケティング）。そして，パーソナリティやアイデンティティにまでなり，人生そのものにもなる。ブランドは，良いものを供給しようという理念モチベーションが，ミラー効果によって消費者の心理に宿る。ブランドは消費者心理だけと見られがちだが，ブランドは，供給者と消費者のコラボレーションによって生まれる。価値を創造しようとする供給者の**ブランド・モチベーション**が，価値を求める消費者のブランド・モチベーションを形成するのである。

4．シナジー効果とイネイブラー

パッチェン（Patchen, M.）によると組織一体化は，「組織目的と個人目的の一致」からくる運命共同体意識や連帯感。サイモンは「目標共有の知覚度」，バーナードは「共通の目的」への「協働意欲」，これら組織目的を達成するための企業理念によるインセンティブが理念モチベーション。グループ・ダイナミックスではチームワーク，対人システムと職務システムの統合である小集団活動では，個人的目標達成ではなく「みんなで協力して成し遂げた満足感」集団的目標達成（協働達成）。それらは同質型集団のイメージ。

一方，知識（発明・発見）を創造する研究開発などのプロジェクト・チームは補完型集団。現代は資本主義から知本主義へシフト。企業の価値は，資本（お金）でなく知本（知識ないし知的財産）で決まる。コンピュータ・バイオ・ナノテクなどの異質な専門家，価値観の違う個性的な人々の，多様性を結集する必要がある。補完型集団の多様性の結集から**シナジー効果**が発生する。シナジーとは，一致団結して各々の能力を合計した何倍ものパワーにすること。一致団結には「理念」が必要。また，理念は知識創造の**イネイブラー**（enabler）でもある。

【より進んだ学習のための文献】
A. 村杉　健・岡田好史編『わかりやすい経営工学―初心者のビジネス技法36―』理工図書，2009年。
A. 村杉　健著『起業家行動論―アントレプレナーシップ研究―』税務経理協会，2006年。
B. 村杉　健著『経営の意味探求―現代企業の人事労務―』税務経理協会，2000年。
B. 村杉　健著『モラール・サーベイ―作業組織管理論―』税務経理協会，1994年。
C. 村杉　健著『作業組織の行動科学―モラール・モチベーション研究―』税務経理協会，1987年。

（村杉　健）

第13章
リーダーシップ

> 《中心的論点とキーワード》
>
> リーダーシップは，人間の相互作用過程で発揮される目標達成へ向けた影響力であり，あらゆる状況に適用される。多くの理論は効果的なリーダーシップのあり方を追求し，リーダーシップ・スタイル研究から，リーダーシップ条件適応理論へと発展している。キーワード：リーダーシップ機能，スタイル研究，条件適応理論，感受性訓練

13.1 リーダーシップとグループダイナミックス

1. リーダーシップの概念
(1) ある状況の中で行使され，しかもコミュニケーション過程を通じて，特定目標のために向けられた対人間の影響である。リーダーシップには，状況の中での行動を触発（影響）しようとする側の意図が常に含まれる。（R.タンネンバウム他）
(2) 目標達成に向けて人々に影響をおよぼすプロセスである。（野中郁次郎）
(3) リーダー（Leader）…影響をおよぼす主体
    フォロアー（Follower）…影響のおよぶ客体
(4) これらの定義の特徴
    リーダーシップを1つの過程あるいは機能としてとらえ，特定の役割だけに与えられた属性とは考えない。
(5) したがって，リーダーとフォロアーは，固定的ではなく，互換的。
(6) これらの考え方は，グループ・ダイナミックスに起源を持ち，現在最も有力なものである。

2. グループ・ダイナミックス（Group Dynamics）
(1) 創始者……クルト・レヴィン（Lewin, K., 1890-1947）
(2) 集団の性質，集団発達の法則，集団と個人の関係，集団と集団の関係などの知識の体系化を目指す社会心理学の1研究分野。
(3) ①実証的研究，②現象の力動性，相互依存性，③研究成果の社会的実践，応用の可能性などの重視を方法的特徴とする。
(4) 1945年，マサチューセッツ工科大学（MIT）に「グループダイナミックス研究センター」を設置。レヴィンの死後，ミシガン大学へ移管。R.リカートらの研究はこの系統に属する。

3. リーダーシップ研究の発展
(1) リーダーシップ**特性論的アプローチ**

初期の（1950年頃まで）リーダーシップ研究で，リーダー自身の持つ資質や特性に焦点をあて，リーダーの普遍的属性を究明。ちなみに「資質・特性研究」で明らかにされたリーダーの特性。

① 能力（知能・機敏さ・表現力・判断力・創造性）
② 素養（学識・経験・業務知識・体力）
③ 責任性（信頼性・忍耐力・自信・優越欲）
④ 参加態度（活動性・社交性・協調性・適応性・ユーモア感覚）
⑤ 地位（社会的威光・人気）

(2) リーダーシップ**状況論的アプローチ**

1950年代，上記のアプローチに代わって現れた研究で，リーダー個人ではなく，集団行動における諸要因のダイナミックスの中でリーダーシップをとらえようとする立場。

どの様な行動をとるリーダーがどの様な効果をもたらすかという，リーダーの機能，影響に主たる関心が向けられた。

この中で，次の2つの研究が生まれた。

① リーダーシップ・スタイル研究

リーダーの行動パターンと集団の業績，集団成員の満足等のリーダーシップ効果との関係を分析。

② リーダーシップ条件適応理論（Contingency Theory）

リーダーシップ・スタイル研究をより発展させたもので，リーダースタイルと集団の業績や成員の満足度などとの関係を明らかにする際に，課題の性質やリーダーとフォロアーとの人間関係，集団の構造，成員の成熟度といったような種々の状況的要因を考慮に入れて，リーダーシップの効果を分析する立場。

13.2 リーダーシップ・スタイル研究

1. アイオワ研究（民主型・専制型・放任型のリーダーシップ）

(1) グループダイナミックスの創始者，レヴィンの指導のもとに，R. リピットと R. ホワイトによってアイオワ大学で行われた一連の実験。

(2) リーダーの行動様式の相違（民主型，専制型，放任型）が，集団成員の行動や，態度，集団の生産性にどのような影響を及ぼすかを探求。

(3) 10歳の少年20名を5名ずつの小集団に編成し，放課後「面づくり」を行わせた。3種の指導様式に熟練した成人リーダーが，6週間毎に交替でそれぞれのグループを指導し，その間の少年たちの行動を観察した。

(4) 3種の指導様式の定義および行動（図表13-1参照）

(5) 結果

① 民主型のリーダーシップ
作業量，作業への動機づけ大
独創性に富む
作業中の会話で，we や our という一人称複数形がよく用いられ，集団意識性，友好性大

② 専制型のリーダーシップ
作業量大
作業中の会話で，I や my という一人称単数形がよく用いられ集団意識性が低く，攻撃的行動，敵対的行動大

③ 放任型のリーダーシップ
遊び行動大
作業の量，質（独創性）など全ての面で劣る

第13章　リーダーシップ

図表13-1　3種の指導様式の定義および行動

専制的指導	民主的指導	自由放任的指導
1. 方針のいっさいは指導者が決定した。	1. あらゆる方策は集団によって討議され決定された。指導者はこれに激励と援助を与えた。	1. 集団としての決定も個人的決定も全く放任されて成員まかせであり，指導者は最小限にしか参加しなかった。
2. 作業の要領と作業の手順は，そのつどひとつずつ権威的に命令する。そのため，それから先の作業の見通しの多くはいつも不明瞭であった。	2. 作業の見通しは討議の間に得られた。集団の目標に達するための全般的な手順の予定が立てられた。技術上の助言が必要な時には，指導は二つ以上の方法を提示して，その中から選択させるようにした。	2. いろいろな材料は指導者が提供した。また，求められれば情報を与えることを言明しておいた。仕事上の討議においてもこれ以外の役割はしなかった。
3. 指導者は通常個々の作業課題を指令し，各成員の作業の相手方も指導者が決めた。	3. 成員は仕事の相手として誰を選んでも自由であり，仕事の分担は集団にまかされた。	3. 作業には，指導者は全く参加しなかった。
4. 指導者は，各成員の仕事を賞讃したり批判する際に，「個人的主観的」にする傾向があった。実演してみせる場合以外は，集団の仕事に実際に参加することはなかった。	4. 指導者は，賞讃や批判をするにあたって，「客観的」で，「即事的」であった。指導者は気持のうえでは正規の集団成員の立場にあるようにつとめたが，差出がましくならぬように気をつけた。	4. 質問されないかぎり，指導者は，成員の作業上のことについて自発的に意見を述べることは稀であった。そして，作業のやり方を評価したり調整したりすることは全くしなかった。

（出所）D.カートライト＝A.ザンダー編，三隅二不二他訳編『グループダイナミックスⅡ』誠信書房，630ページ。

④ 少年たちは，民主型のリーダーシップを好んだ

2. ミシガン研究

(1) R.リカートを中心とするミシガン大学グループによる，種々の企業の従業員を対象とした一連の質問紙調査と監督者への面接調査。

(2) 生産性の高い集団の監督者の特徴

ホーソン研究の示唆するところと一致。即ち，部下を人間らしく扱い，部下の失敗に対し，処罰よりもその原因の改善を求める。

生産性の低い集団の監督者の特徴

部下の失敗を非難し，部下を目標達成の道具とみる。
(3) 「仕事中心的」なリーダーシップよりも「従業員中心的」なリーダーシップの方が，従業員のモラールや集団の生産性を高める上で優れていることを検証（D. カッツらの研究　1950）。
(4) 「従業員中心的」リーダーシップは，リカートによる「システム 4」，即ち集団参画型経営管理の指導原理となった「支持関係の原理」へ発展。
(5) 「支持関係の原理」
「組織体の中の人間が，自分の経歴，価値，欲求，期待との関連において，組織のあらゆる相互作用，人間関係の中で自分が支持されているという実感を持つこと，さらにいえば，人間としての尊厳性を自覚し，かつ信じ続けること，これを組織体のリーダーシップやその他のやり方によって最大限にもたせるようにする」こと。

3. オハイオ研究

(1) オハイオ大学で行われたリーダーシップの次元，機能を明らかにする一連の研究。
(2) J. K. ヘンフィルの研究（1957）
リーダーシップを「集団に共有された目標の方向に集団を導く個人の行動」と定義し，リーダーの9つの行動次元を提起。（主導性，成員性，代表性，統合性，組織性，支配性，意志疎通性，承認性，生産性）
(3) A. W. ハルピンと B. J. ワイナーの研究（1957）
J. K. ヘンフィルの9つの行動次元に基づいて，リーダーの行動を測定する質問項目を作成し，爆撃機の搭乗員に彼らの指揮官の行動を評価させた。その結果を因子分析し，「配慮」，「体制づくり」という主要な2因子を抽出した。
(4) E. A. フライシュマンの研究（1962）
「配慮」，「体制づくり」の2因子は，監督者が仕事を成し遂げる上で，如何なる意味を持つかを解明。
結果（図表13-2を参照）この表は，監督者が部下に対して「配慮」的な行動を示せば示すほど，上司の評価は低く，部下の欠勤は少なく，部下の好意度は高くなるということ，そして，監督者が部下に対して「体制づ

第13章　リーダーシップ

図表13-2　監督者の行動スタイルと集団の諸特性との相関関係

指導型＼調査事項	監督者に対する上司の評価	欠　勤	事　故	不　満	転　職	監督者に対する部下の好意度
配　慮	−.31**	−.49**	−.06	−.07	.13	.96**
体制づくり	.47*	.27*	.15	.45**	.06	−.48**

（注）　*5％水準で有意，**1％水準で有意。
（出所）　佐野守・若林満編『経営の心理』福村出版，155ページ。

くり」的な行動を示せば示すほど，上司の評価は高く，部下の欠勤は多く，部下の好意度は低くなるということを示している。

(5) したがって，上司も部下も満足させるリーダーシップをとるには，これら2つの次元で平均以上の得点をとるよう行動することが望ましい。

4. リーダーシップPM理論

(1) 三隅二不二によって，アイオワ，ミシガン両研究の批判的検討から生み出された理論。

(2) リーダーシップP機能（Performance）
目標達成や課題解決に関して，メンバーに指示，命令する行動。
リーダーシップM機能（Maintenance）
目標達成の過程で生じるメンバー間の葛藤を解決し，集団を維持する行動。

(3) P機能とM機能との組合せにより，リーダーがそれらの機能をどの程度発揮しているかによって，リーダーシップ行動を4つに類型化（図表13-3参照）。

図表13-3　リーダーシップPM4類型

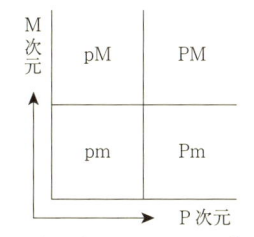

	P次元低	P次元高
M次元高	pM	PM
M次元低	pm	Pm

(出所)　三隅二不二著『リーダーシップの科学』講談社，71ページ。

(4) 集団の生産性や成員の満足度
PM型＞pM型＞Pm型＞pm型

5. マネジリアル・グリッド理論（Managirial Grid Theory）

(1) R.ブレークとJ.S.ムートンによる理論で，自己の管理スタイルとその背景にある考え方を認識し，それをどの様に変革すべきかという指針を提示し，かつ訓練するもの。

(2) 理論の出発点：組織の3要素
　① 目的（業績に対する関心）
　② 人（人間に対する関心）
　③ 階層（管理者の立場）
(3) 人の上にたつ経営管理者は，組織目標を達成するには，「業績に対する関心」と「人間に対する関心」を持って行動することを主張。
(4) 「業績に対する関心」
　方針決定の質，研究開発の成果，工程の改善，作業能率，製品売上高，実際生産量 etc.
　「人間に対する関心」

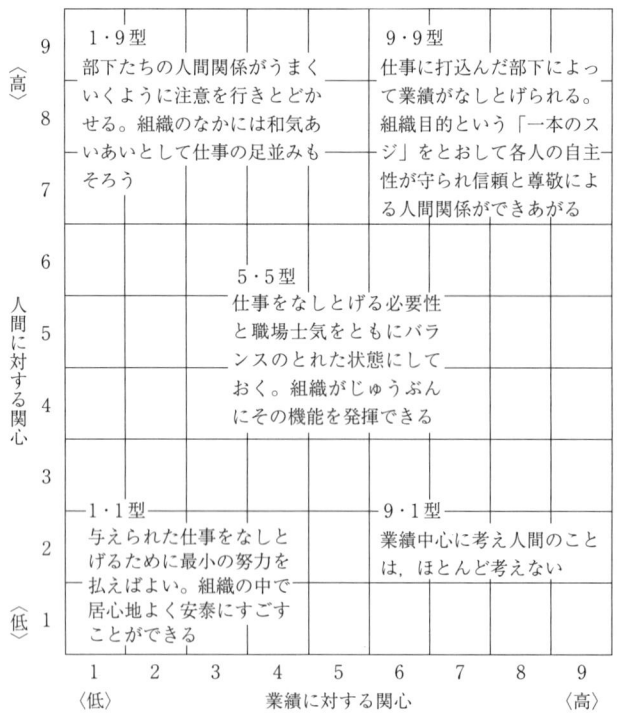

図表13-4　マネジアル・グリッド

人間に対する関心			
〈高〉9, 8, 7	1・9型 部下たちの人間関係がうまくいくように注意を行きとどかせる。組織のなかには和気あいあいとして仕事の足並みもそろう		9・9型 仕事に打込んだ部下によって業績がなしとげられる。組織目的という「一本のスジ」をとおして各人の自主性が守られ信頼と尊敬による人間関係ができあがる
6, 5, 4		5・5型 仕事をなしとげる必要性と職場士気をともにバランスのとれた状態にしておく。組織がじゅうぶんにその機能を発揮できる	
3, 2, 〈低〉1	1・1型 与えられた仕事をなしとげるために最小の努力を払えばよい。組織の中で居心地よく安泰にすごすことができる		9・1型 業績中心に考え人間のことは，ほとんど考えない
	1　2　3〈低〉	4　5　6　業績に対する関心	7　8　9〈高〉

（出所）R.ブレーク＝J.S.ムートン著（上野一郎訳）『期待される管理者像』産業能率短期大学，14ページ。

第13章　リーダーシップ

部下の自尊心・責任感，良好な作業条件の確立と維持，公正な給与制度と福利厚生，職場の同僚間の社会的関係や友情
(5) 2つの関心の組合せによる管理スタイル（図表13-4参照）
(6) グリッド（Grid）とは，図表13-4のような「格子」を意味する。

13.3　リーダーシップ条件適応理論

1. フィードラーの条件適応理論

(1) **LPC得点**（Least Preferred Co-worker）

いっしょに仕事をする相手として最も好ましくない人（Least Preferred Co-worker）に対する印象を18項目の形容詞の対で評価する（1項目1-8点）。

(2) **高LPC得点者**

最も好ましくない仕事仲間を好意的に評価する傾向（配慮的，許容的，受容的）を有する。したがって，「**関係指向的**」

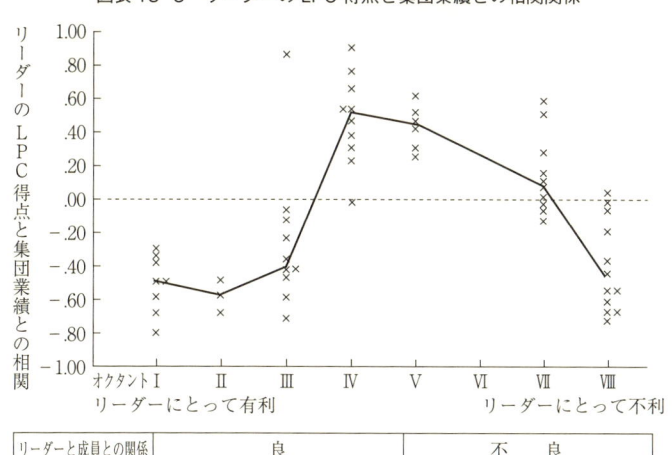

図表13-5　リーダーのLPC得点と集団業績との相関関係

リーダーと成員との関係	良				不　良			
課題の構造性	構　造　的		非構造的		構　造　的		非構造的	
リーダーの地位の努力	強	弱	強	弱	強	弱	強	弱

オクタント I　II　III　IV　V　VI　VII　VIII
リーダーにとって有利　　　　　　　リーダーにとって不利

（出所）表13-2に同じ，159ページ。

図表13-6　スタイルの略称

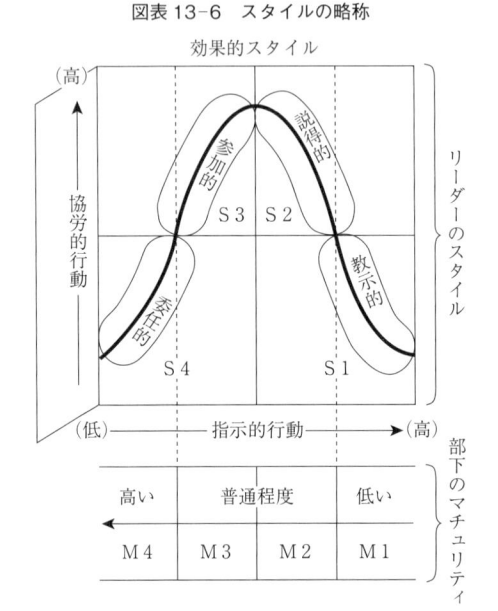

(出所) P. ハーシー = K. H. ブランチャード著（山本誠二他訳）『行動科学の展開』, 232ページ。

低LPC得点者

最も好ましくない仕事仲間を拒否する傾向（支配的，統制的，指示的）を有する。したがって，「課題指向的」

(3) 次の3つの要因の組合せによる8通りの状況の設定

　① リーダー・成員関係（リーダーが成員から得る忠誠心，信頼，支持の程度）

　② 課題の構造度（課題の目標や目標達成への手続き，方法が明確にされている程度）

　③ リーダーの地位の勢力（リーダーに公的に与えられている権限の程度）

(4) 8つの状況と効果的なリーダーシップ（図表13-5参照）

①集団状況が，リーダーにとってかなり有利か（Ⅰ―Ⅲ）あるいは逆に不利（Ⅷ）な場合には，LPC得点は集団業績と負の相関を示し，「課題指向的」リーダーシップの方が効果的である。

②集団状況が，リーダーにとって中程度の有利さにある時（ⅣやⅤ）には，LPC得点は集団業績と正の相関を示し，「関係指向的」リーダーの方が効果的である。

2. ハーシーとブランチャードのライフサイクル理論

(1) 別名 SL 理論（Situational Leadership）とも言う。

(2) リーダースタイル

　①「課題指向的（指示的）」行動

　②「協労的」行動

オハイオ研究の「体制づくり」，「配慮」に基本的に一致。

第13章　リーダーシップ

(3) 成員の「**成熟度**」の内容
　① 達成可能なできる限り高い目標を設定しようとする成就意欲
　② 責任負担の意志と能力
　③ 教育，経験の程度
(4) 部下の成熟度の低い段階から高い段階へ，部下の成長に応じて，それぞれリーダーシップ行動の型を変えることを提起。（図表13-6参照）

13.4　リーダーシップ過程とリーダーシップ訓練

1. **リーダーシップ過程**（図表13-7参照）
2. **リーダーシップ効果**
　(1) LE＝f（LP・FP・S）
　(2) LE　リーダーシップの効果
　　　LP　リーダーのパーソナリティ（ニーズ，知覚能力，行為能力，パー

図表13-7　リーダーシップ過程

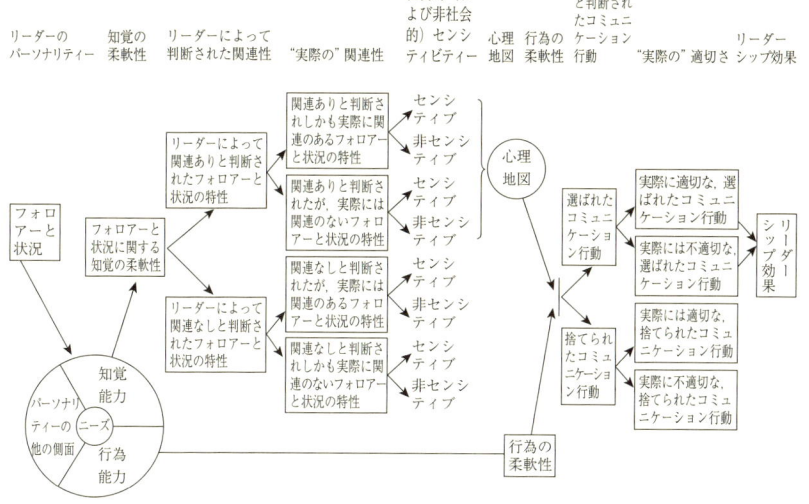

（出所）R.タンネンバウム他著（嘉味田朝功他訳）『リーダーシップと組織』産業能率短期大学，60ページ。

ソナリティのその他の側面）

　　FP　　フォロアーのパーソナリティ

　　S　　　状況

3. リーダーシップ訓練とセンシティビティー（感受性）

(1) リーダーシップ過程より，リーダーシップ効果をあげるには，いかにしてリーダーのセンシティビティーを高めるかにつきる。

(2) 対人関係の**意志疎通**の改善や，フォロアーの欲求や期待を的確に受け止める**感受性**，集団の力動的過程に対する**洞察力**の向上によって，柔軟で適切な行動がとれる社会的センシティビティーを高める。

(3) これらの方法

　①**Tグループ訓練，センシティビティー訓練**（グループダイナミックス）

　②**エンカウンターグループ**（Encounter Group）（C. ロジャースの非指示的カウンセリング）

　③**交流分析**（Transactional Analysis）（E. H. エリック等の心理療法）

4. センシティビティー・トレーニング

(1) 目的

　　人間の生き方や日常の問題の処理について，人々に異なる「考え方」ではなく，異なる「感じ方」や異なる「行い方」を体得させる。

(2) 方法，特徴

　①**無構造**の訓練計画

　　議題，日程無し。何について話し合ってもよいが，Here And Now（いまここで生じていること）に限定。

　②「内容指向的」ではなく，「**過程指向的**」

　　無構造な集団が，相互コミュニケーションを通して構造化されていく過程そのもの，そこでの体験を学ぶ。

【より進んだ学習のための文献】

A. 園原太郎他著『心理学辞典』ミネルヴァ書房，1981年。
A. 三隅二不二著『リーダーシップの科学』講談社，1986年。
B. D. カートライト＝A. サンダー編（三隅二不二他訳編）『グループダイナミックスⅡ』誠信書房，1971年。
B. 佐野　守・若林　満編『経営の心理』福村出版，1984年。

B. 西田耕三他著『組織の行動科学』有斐閣，1981年。
B. P. ハーシー＝K. H. ブランチャード著（山本成二他訳）『行動科学の展開』日本生産性本部，1987年。
B. R. ブレーク他著（上野一郎訳）『期待される管理者像』産業能率短期大学，1974年。
C. R. リカート著（三隅二不二訳）『組織の行動科学』ダイヤモンド社，1975年。

（三島倫八）

第14章
労使関係と従業員の権利

《中心的論点とキーワード》

労使関係の基本的枠組みと日本の労使関係に対する外からの評価，改めて問われている従業員の権利，労使関係の前提としての労働者像の変化。キーワード：企業別労働組合，使用者団体，団体交渉，労働協約，労使協議制，国際的労働基準，スウェットショップ，生活賃金運動，任意雇用原則，労働契約法，ディーセント・ワーク

14.1 労使関係の枠組み

1. 労使関係とはなにか
(1) **労使関係の概要**
  ① 使用者としての経営者（資本家）と被使用者としての従業員（労働者）が労働条件を巡って交渉する過程で形成される社会的諸関係の総体
  ② 調和・友好・協力あるいは協調の関係だけではなく，支配・隷属あるいは対立・反抗の関係を含む複雑な関係
  ③ そのどちらを本質的なものとして見なすかによって，例えば労使関係なのか労資関係なのか，を含めていくつかの解釈が可能
(2) **労使関係の類型**

専制型	使用者が従業員に対して独断的に低賃金・長時間労働などを押しつけ，従業員はこれに絶対的服従を強いられる
温情的	使用者の家族的温情主義的見地から労働条件の改善が志向されるが，従業員は滅私奉公を強いられる

階級闘争型	従業員は労働条件の改善を目指すだけでなくその労働条件をうみだす体制の変革を目指し，労使の対立が激化する
均衡型	従業員の組織化・その発展が是認され，均衡化した力関係の労使の交渉によって労働条件の改善が進められる
協調型	能率向上を主要な課題として労使の協力関係が推し進められ，交渉に代わって協調のもとで労働条件が決定される

(3) 労使関係のレベル

① 縦の構造的レベルには，1）企業を超えた次元（国民経済レベル，地方・地域レベル，産業レベル），2）企業内の次元（企業ないしは工場レベル，職場レベル）がある。

② 横の流れ（労働力再生産の循環過程）として，労働力の流通・取引過程の労働市場レベルの労働者（労組）―経営者関係と，雇用関係に入った後の労働力消費過程レベルの従業員―経営者関係に区別される。

③ 日本では，欧米とは逆に，企業や職場レベルの従業員―経営者関係が中心であり，全国・産業レベルの労働者―経営者関係は未成熟である。

④ 労使間の交渉プロセスは，団体交渉と労使協議に大別される。

2. 労使関係の当事者

(1) 労使関係の当事者：基本的には，労働者およびその組織と使用者およびその組織。この両者の関係に対する規制者ないしは介入者としての政府が当事者として見なされることもある➡トライアングルの関係

(2) **労働組合**

① 定義：労働者が主体となって自主的に労働条件の維持・改善そしてその他経済的地位の向上を図ることを主要目的として組織する恒常的な団体およびその連合体

② 機能

経済的機能	雇用の確保，労働条件の標準化・維持・改善
共済的機能	生計を失った組合員に対する生活上の資金援助
政治的機能	民主的権利の確立や対等的地位の確保をめざす政治活動

③ 組織形態

職業別労働組合	同一職種に従事する熟練労働者が企業の枠を超えて結成している労組の形態。伝統的な組合形態。アメリカの事例：カリフォルニア看護士組合や Iron Workers 等
産業別労働組合	同一産業で働くすべての労働者が職種や熟練度の違いに関係なく企業の枠を超えて結集している労組の形態。現代の代表的な形態。アメリカには産業別組合の連合体（CIO）がある。日本では海員組合等がこれに該当
一般労働組合	産業や職種や熟練度の違いに関係なく企業の枠を超えて労働者が結成している労組の形態。イギリスのGMB，オーストラリアの「オーストラリアワーカーズユニオン」等
企業別労働組合	個々の企業レベルでその企業の従業員が結成している労組の形態。日本の労働組合の基本形態として有名

④ 日本の労働組合

日本では**企業別組合**を単位組合（単組）として上部団体が組織されているために，労働組合は（下から上への）重層構造を成している。

ナショナルセンター	産業別連合体や地域連合体が集まってつくられた全国レベルの組織体。連合，全労連，全労協，等
産業別連合体（単位産業別労働組合＝単産）	欧米の産業別労組に相当するが，個人加盟ではなく，企業別組合や企業連が同一産業別に結集している連合体。自治労，自動車総連，電機連合，UIゼンセン同盟，JAM，等
企業連	大企業で工場ごとに組織されている組合が構成する同一企業レベルの連合体

(3) **使用者団体**

① 定義：経営者が共通の利益を代表して労働組合に対抗するために結成した組織

② 組織形態：産業（業種）別，地域別，全国レベルで存在

③ 日本の全国レベルの使用者団体

日本経済団体連合会（日本経団連）	2005年に経団連（1946年設立）と日経連（1948年設立）が統合して発足した総合経済団体。大企業，主要業種別全国団体，地域別経済団体が構成メンバー
日本商工会議所	地域の商工業者の利益を代表している地域別商工会議所のナショナルセンター。商工会議所連合会（1892年設立）が1954年に「商工会議所法」に基づいて特殊認可法人として改編され今日に至る
全国中小企業団体中央会	中小企業の利益を代表している全国レベルの団体（1956年設立）。中小企業の組織化の推進・連携強化・支援を目的として47都道府県ごとに存在する中小企業団体中央会，中小企業関係組合・団体等が加入
経済同友会	経営者が経済職能人もしくは経営技術者の立場から，個人加盟している中堅経済人有志の機関（1946年設立）

14.2 団体交渉と労使協議

1. 団体交渉の機能と方式

(1) 定義：労働組合が使用者と労働条件の維持・改善そして労働者の地位向上をもとめて使用者またはその団体と対等の立場で交渉すること。これは必ずしも多数で交渉することではなく，双方の利害を代表して一元的に交渉するならば，一対一でも成立する。

(2) 団体交渉の方式

欧米諸国	産業別ないしは職業別の全国交渉ないしは地域別交渉が中心。アメリカでは企業別交渉（「パターン交渉」）も行われるが，実質的には，産業別交渉と同一の機能を果たしている
日　本	企業別交渉が中心であるが，そこに上部団体が関与することがある（統一交渉，対角線交渉，集団交渉）

2. 労働協約

(1) 定義：団体交渉を通して当事者が合意に達したときに一定の期間を定め

て締結される労使間協約（団体交渉は労働協約を締結するための交渉）。労働協約は文書による契約であり，口約束は効力がない。

(2) 内容：団体交渉では，賃金，労働時間，安全・衛生，福利厚生などの労働条件だけではなく，それと密接に関係する人事事項も交渉される。したがって，労働協約の内容は労働条件に関する事項が中心となるが，その他にも，組合員の範囲，ショップ制，人事事項，争議事項等が含まれる。

(3) 苦情処理

① 概要：団体交渉は労働協約の締結によって終了するのではなく，安定した労使関係の確立にはその適用・解釈から生じる労働者の不平不満を解決することが必要になる。それが苦情処理である。

② 手続：苦情処理は基本的には現場において職場委員と上司の間で処理される。しかしそこで解決されない場合には上部機関にまわされ，そこでも解決されない場合には第三者の仲介に委ねられる。

3. 労働争議

(1) 交渉が合意に達せず紛争状態に入る（労使紛争）と労働争議となる

労使紛争のタイプ	権利争議	既存の権利・義務をめぐる紛争（裁判所による司法処理）
	利益争議	新たな権利・業務をめぐる紛争（交渉によって解決）
日本では，権利争議と利益争議が明確に区別されていない		

(2) 労働争議の形態

ストライキ	組合員が労務の提供を拒否すること（無期限スト，時限スト，波状スト，ゼネスト）
サボタージュ	作業の能率を下げること
ピケティング	スト破り，脱落者の就労を防止するために，スト中の労働者や支援団体が監視・説得すること
ロックアウト	使用者側が争議に入った労働者を工場から閉め出すこと
日本では，労使協議が普及しているために，労働争議の数もその継続日数も少ない	

(3) **労働委員会**の調整

① 労働争議は当事者によって自主的に解決されることが原則であるが，解決されない場合には，労働委員会の調整に委ねられる。
② 調整のタイプ：斡旋，調停，仲裁。但し，調停はあまり行われず，仲裁が行われるのは極めて希である。

4. 労使協議制
(1) 定義：従業員側と使用者側が全国レベルの団体交渉で対象外となった個別企業レベルの経営上の諸問題を協議すること→個別企業を単位として協議機関が設置される。
(2) 労使協議制の類型
① 従業員と使用者は人格的に平等である。しかし現実には，雇用関係の成立ともに「不平等なもの」へと転化する。と同時に，管理・被管理関係も支配・被支配関係へと転化する。
② このような現実のなかでさまざまな不平等をなくしていこうとする考え方が**産業民主主義思想**である。産業民主主義は，従業員側からすると，「自由」民主主義ではなく，「平等」民主主義を意味する。
③ 労使協議は労働条件以外の生産・経営上の問題についても発言の機会をもてる対等の労使関係をめざしている→職場レベルの経営参加形態
④ 代表的な労使協議機関

ドイツ	経営協議会	フランス	企業委員会，従業員代表制
日本	経営協議会	イギリス	ホイットレー委員会
アメリカ	特別な機関はなく，ローカルユニオンが発達している		

⑤ 日本の労使協議制
　イ) 歴史：日本生産性本部の発足（1955年）とともに，労使協議制が生産性向上の具体的な方式として位置づけられる。
　ロ) 現状：大企業を中心に，多くの企業において設置されている。
　ハ) 特徴：本来的には，団体交渉はパイの分配を争うものであり，労使協議はパイの増大をめざしている。日本では，企業別組合が基本形態であるために，団体交渉と労使協議の区別がつきにくく，団体交渉事項も労使協議制という協調風土のなかで協議されている。

二）協議対象

経営的事項	経営方針，生産・事務の合理化方針，経理
生産的事項	生産計画，生産性の測定，提案制度の処理事項
人事的事項	採用・配置・人事異動・評価・評定基準，人員整理，等
社会的事項	安全衛生，福利厚生
労働条件的事項	賃金制度，労働時間，休日，定年制労働協約の解釈
その他	苦情処理，就業規則の改廃

5. 日本の労使関係に対する評価

(1) 協調的労使関係の時代

① 1980年以降，世界の主要諸国の労使関係は協調的性格を帯び，特に日本の労使関係は「協調性」を典型的に示すものとして熱い注目を浴びる。

② 日本の労使関係の評価の例：（労組の政策参加がある程度進展している）「緩やかな」**ネオ・コーポラティズム**としての労使関係，（企業内の労働者になんらかの形で直接的参加を認める）従業員管理企業の1モデル，ポスト・フォーディズムとしての労使関係

(2) レギュラシオン理論の問題提起

① 戦後経済体制としての**フォーディズム**（**構想と執行の分離**を特徴とするテイラー主義＋生産性インデックス賃金）が1970年代に危機に陥る→1980年代以降はアフター・フォーディズムの時代であり，ネオ・フォーディズムとポスト・フォーディズムの2方向が生まれる。

② 日本のトヨタイズムがポストフォーディズムの代表として位置づけられる。

(3) **ステイクホルダー資本主義への変容**

① 世紀の転換期頃から，日本は，アングロサクソン系タイプの資本主義との比較で，ステイクホルダー資本主義の一形態（「会社は株主だけのものではない」）として論じられ，一部で高い評価を得ている。

② しかし，これは皮相な見方である。人本主義パラダイムが結果的に

は虚構であったことを反省して,資本主義(市場経済のもとでの企業のあり方)が変容していることを押さえつつ,普遍性と特殊性の複眼的視点から慎重に比較研究することが必要になっている。

14.3　従業員の権利—労働 CSR

1. **国際的労働基準**
   (1) 労使関係のあり方に大きな影響力を及ぼす動きが活発化➡ステイクホルダーとしての従業員の権利の保障を求める運動➡国際的労働基準の制定に向けた動きと連動して,労使関係のもう一つの当事者である政府にとって無視できない「外圧」へと転化
   (2) 国際的労働基準の事例

GRI 人権パフォーマンス指標	投資および調達慣行,非差別,結社の自由および労働協約,児童労働撲滅,強制労働防止,苦情および不満に関する慣行,保安慣行,先住民の権利
SA8000	児童労働撤廃,強制労働撤廃,労働者の健康と安全,結社の自由と団体交渉の権利,差別撤廃,肉体的な懲罰等の撤廃,労働時間の管理,基本的な生活を満たす報酬等
4大基準	結社の自由,差別待遇撤廃,強制労働撤廃,児童労働の廃止

   国際労働基準は国際法として成文化されているわけではない。しかし国連の働きかけを受けた政府の指導もあり,経済のグローバル化のもとで,多国籍企業をはじめとする多くの企業が無視できない状況が徐々に生まれている

2. **従業員の権利をめざす社会運動の高まり**
   (1) アンチ・スウェットショップ運動
      ① スウェットショップの概要
         イ)「労働搾取工場」として知られる,非衛生的で低賃金で長時間労働を強いられている労働現場
         ロ) はじめはアメリカ本土のアパレル関連産業の工場で移民が低賃金で過重労働させられている状況,その後アメリカの多国籍企業が製造を委託した発展途上国の工場でその土地の住民(特に子供)が劣悪

な労働条件で働かされている状況を示す言葉として使われた。今日では，対象は特定の産業だけでなくサービス業も含めて多くの産業に拡がる。さらには，ホワイトカラーを取り巻く労働環境を念頭に置いて「ホワイトカラー・スウェットショップ」として語られる。

② アンチ・スウェットショップ運動の経緯

　イ) 労組だけでなくNPOや学生がアンチ・スウェットショップ・キャンペーンを実施して情報を発信し抗議活動を展開している。

　ロ) アテネ・オリンピックの開催（2004年）にあわせてNGO「オックスファム・インターナショナル」によって展開された，スポーツウェア産業で働く労働者の権利尊重をもとめる「PLAY FAIRキャンペーン」が有名

③ スウェットショップからの問題提起：人間の権利とは何なのか，それは労働の世界で遵守されるのか，労働者の権利とは一体何なのか，等々の問題が改めて問われる➡サプライチェーンの見直しがはじまる。

(2) **生活賃金運動**

① 生活賃金運動の概要：フルタイムで働きながら家族を養うことができない労働者が多数存在する状況を踏まえて，アメリカでうまれた，雇用者に連邦レベルあるいは州レベルの最低賃金以上の賃金を要求する「生活賃金条例」を求める動き。現在では，カナダ，イギリス等，世界各地に拡がっている。日本も無関係ではない。

② 生活賃金運動の背景：最低賃金の価値が実情に合わないほど低下しているにもかかわらず改正されない現実

③ 生活賃金運動の問題提起：最低賃金の意味を問いかけ，「公平な」賃金とは何か，あるいは働くものの権利は何か（生活賃金が支払われるジョブに就く権利），等々，新たな問題を提起している。日本の**年功賃金**（≒生活費が必要になるにつれて賃金が上がる仕組み）が海外にて評価されている。

3. 個別企業内の無権利状態の解消に向けた動き

(1) 従業員は市民としては自由を保障されているが，ひとたび工場（オフィス）の門をくぐると無権利状態に置かれてきた，という現実が問題視され

第14章 労使関係と従業員の権利

ている。
(2) 現在，アメリカでは「従業員権利目録」が再評価されるなど従業員の権利に対する関心が高まっている。また，デュー・プロセス・ロー（法の適切な手続き）を求める動きがアメリカ以外の多くの国々でも生まれている。
(3) 他方で，世界的な傾向として，集団的労使関係から個別的労使関係への流れが加速➡従業員は個人的に経営者と対峙する状況に追い込まれている。

14.4 労使関係の展望

1. 集団的労使関係から個別的労使関係への転換
(1) 転換の背景
① 労働組合の組織率の低下。組織率は21世紀に入っても世界的に低下傾向にある。厚生労働省の資料に依れば，イギリス，ドイツ，オーストラリアでは20％台（2001年）であるが，アメリカでは13.5％（2001年）であり，日本の推定組織率は18.5％（2009年）である。
② 規制緩和の流れの中で，「契約の自由」という考え方が使用者側から強く主張される➡労働ビックバン
(2) 前提としての労働者像の変容：現代の労働者は，保護の対象である「弱い」労働者ではなく，自立した「**強い**」労働者である。

2. 労働者個人と使用者の労働契約
(1) **労働契約法**の成立：アメリカでは，19世紀から労使関係の根底に「**任意雇用原則**」というアメリカルールが流れている。多くの労働者がこの慣習法の適用下にあるが，同時に「例外事項」も数多く積み重ねられ，解雇はそれほど容易ではない。他方，日本では，3〜4年の議論を経て，2007年に「労働契約法」が制定される。
(2) 労働契約法の特徴
① 労働基準法よりも**就業規則**が優先されること
② 初めて解雇について言及され，解雇しやすい状況が生まれたこと➡そ

の結果，トラブルが頻発し，労働審判に持ち込まれるケースが増加
3. 展望：転換の見直しを求める動き
(1) 実態に即した労働契約法が必要である，という認識は労使双方が共有
(2) 課題：労働者側から提案された「公正で効率的な社会を，当事者の参加で実現する」という理念をどのようにして実現していくのか➡労働分野の社会的規制のあり方の見直し➡ディーセント・ワークへの途

【より進んだ学習のための文献】
A. 白井泰四郎・神代和欣・花見　忠著『労働組合読本（第2版）』東洋経済新報社，1986年。
A. 社会経済生産性本部『新版・労使関係白書』（財）社会経済生産性本部，2006年。
A. 田端博邦著『グローバリゼーションと労働世界の変容　労使関係の国際比較』旬報社，2007年。
A. 野川　忍著『わかりやすい労働契約法』商事法務，2007年。
A. 五十嵐仁著『労働再規制』筑摩書房，2008年。
B. 八代尚宏著『日本的雇用関係の経済学』日本経済新聞社，1997年。
B. 宮坂純一著『ステイクホルダー行動主義と企業社会』晃洋書房，2005年。

（宮坂純一）

第15章

財務管理

> 《中心的論点とキーワード》
>
> 　企業の財務は経営の重要な柱である。直接金融・間接金融の資金調達は多様化し複雑化している。資産の証券化や戦略的配当政策は有力な財務戦略である。投資の適否，M&Aの会社価値等には資本コストや企業価値評価の意思決定が必要である。キーワード：資金調達形態，有価証券，金融機関，企業財務の変化，配当政策，エイジェンシー理論，資本コスト，企業価値評価

15.1　財務管理

企業の資金は**運転資金**，**設備資金**などに分類され，最終的に製品（商品）の

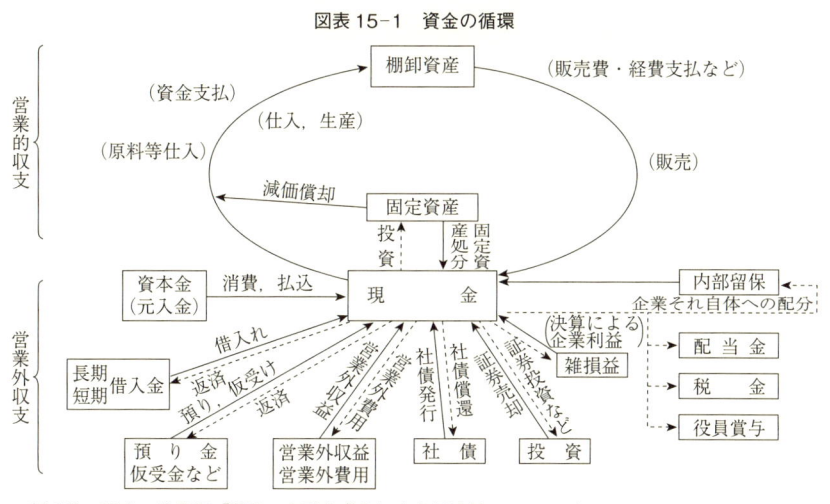

図表15-1　資金の循環

（出所）　諸井・後藤編『財務・金融小事典』中央経済社，63ページ。

販売を通じて回収される。当初の投下資金よりも回収資金が大きければ，その差額は**利益**となる。企業の生産・販売に要する資金の流出入を**営業的収支**，それ以外の資金の流出入を**営業外収支**という。資金の調達，運用など資金の循環を**財務活動**という（図表15-1参照）。

15.2 資金の需要と調達形態

1. **資金の需要**
   (1) **運転資金**……① 現金・預金　② 売上債権　③ 棚卸資産
   (2) **設備資金**……① 土地　② 建物・機械　③ 車輌　④ 工具など
   (3) **その他**……① 給与等の経費　② 出資金・貸付金　③ 決算資金
2. **資金の調達形態**（図表15-2参照）
   (1) **自己資本と他人資本（資本構成）**
      ① **自己資本**と**他人資本**の割合を**負債比率**（他人資本／自己資本）と言い，**企業財務の安全性**を計る指標である。負債比率が高ければ財務の安全性は損なわれる。
      ② 総資本に占める自己資本の割合である**自己資本比率**（自己資本／総資本）も企業財務の安全性を計る指標である。バブル崩壊後の**1990年代以降，自己資本比率は急速に増大した**。

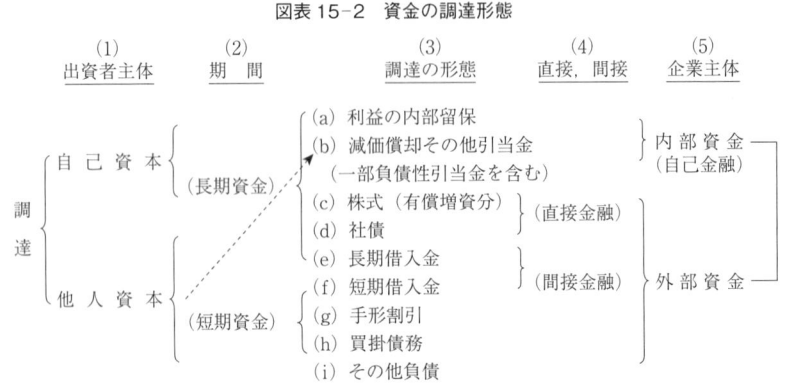

図表15-2　資金の調達形態

(1) 出資者主体	(2) 期間	(3) 調達の形態	(4) 直接，間接	(5) 企業主体
自己資本	（長期資金）	(a) 利益の内部留保 (b) 減価償却その他引当金（一部負債性引当金を含む）		内部資金（自己金融）
		(c) 株式（有償増資分） (d) 社債	（直接金融）	
他人資本		(e) 長期借入金		外部資金
	（短期資金）	(f) 短期借入金 (g) 手形割引 (h) 買掛債務 (i) その他負債	（間接金融）	

（出所）『財務・金融小事典』59ページ，一部変更。

③ 自己資本は純資産のうち株主資本に評価・換算差額等を加えた額である（2006年新会社法）。
(2) 内部資金と外部資金
① 内部資金は内部留保と減価償却であり，自己金融ともいう。
② 内部資金は資金使途に制約がないので最も安定した資金。外部資金と比較すると内部資金の調達コストはゼロに等しい。
③ 外部資金は証券市場，為替レート，金利，金融機関等の制約条件が多く内部資金よりも不安定でリスクの多い資金。
④ 近年のわが国の企業倒産等の増加もあり，内部資金は急速に増大した。
(3) 直接金融と間接金融および市場型間接金融（図表15-3，図表15-4参照）
① 直接金融は最終借り手が本源的証券（株式，社債等）を発行して，最終貸し手から資金を直接に調達する直接金融方式である。発行体の債務不履行などのリスクは貸し手が負うことになる。一般的に金融・証券市場が直接金融に関係している。
② 間接金融は最終貸し手が銀行に預金（預金証書。間接証券）し，最終借り手が銀行から資金を調達する間接金融方式である。貸し手の預金者

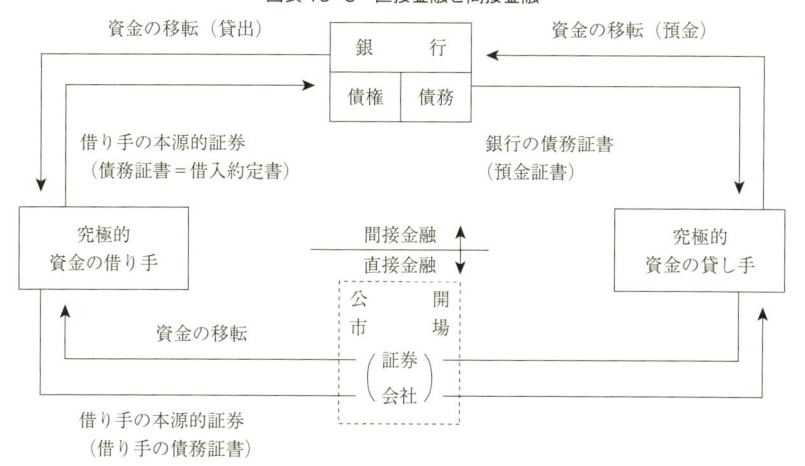

図表15-3 直接金融と間接金融

(出所) 円居総一著『ベーシック金融自由化入門』日経文庫，27ページ，一部変更。

図表15-4 市場型間接金融

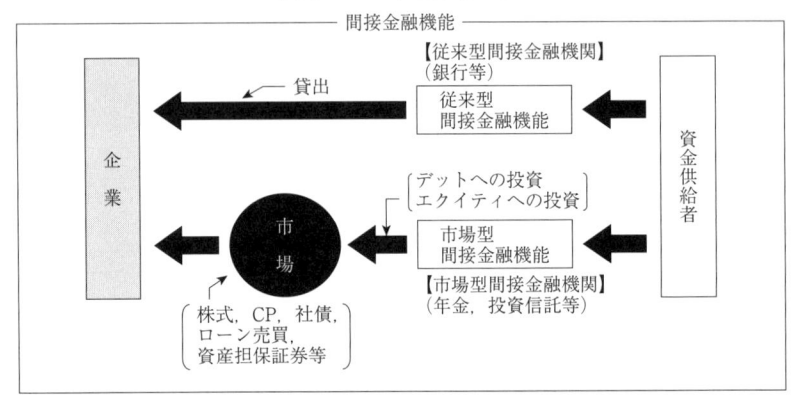

(出所) 高田 創・柴崎 健著『銀行の戦略転換 日本版市場型間接金融への道』東洋経済新報社，2004年，31ページ。

はリスクを負わず銀行などが負う（ペイ・オフで1千万円まで預金者が一部リスクを負担）。

③ わが国では**間接金融方式**が強く，米国では**直接金融方式**が強い。

④ **市場型間接金融**とは最終的な**資金供給者**（貸し手）が最終的な**資金需要者**（借り手）の証券等を直接購入する方式ではなく，ファンドなどの**投資法人**が貸し手と借り手の間に介在する（間接金融）とともに，投資法人が多数の投資家にファンド，**特定目的会社の出資証券，受益証券**などの金融商品を市場で売却する（市場型）ことで，**間接金融の金融機関が負担したリスクを多数の投資家に移転させる新たな金融方式である**。**金融商品取引法**では「**集団投資スキーム**」と呼ばれるもので，金融機関の**貸出し債権を証券化したCLO**も新金融方式に含まれる（図表15-4参照）。

15.3 主な資金の調達手段

1. **証券市場の機能**
   (1) **証券市場の機能**……① 国・企業等が株式・債券を発行し長期資金を調達する市場　② 国家・国民・企業等が投資し資金運用する市場　③ 資金

余剰の所から資金不足の所へ資金を循環させる市場　④ 資金の証券化機能　⑤ 資金転換機能（短期資金から長期資金への転換）

(2) **発行市場と流通市場**……発行市場は新規発行の**株式（増資）・公社債**を発行者から一般的に**証券会社等を通じて投資家に売り渡される市場**。発行者は証券の発行で資金調達し，購入者は証券に投資することで**株主・社債権者**になる。流通市場は投資家の保有する株式・公社債を他の投資家に流通させる市場で，**投資家は有価証券の売買でキャピタル・ゲインを得る**。

2．証券資金

(1) 株式と社債の違い（図表 15-5 参照）

図表 15-5　株式と社債の違い

	株　式	社　債
経営参加権	○	×
資金形態	資本（資本金）	負債（借入金）
償還	×	○
配当・利息	配当	利息
資金提供者の地位	株主 （所有者）	社債権者 （債権者）

(2) 株式の種類（普通株と種類株）

配当その他の株式の権利内容が異なる 2 種類以上の株式が発行されると，各株式を**種類株式**という（図表 15-6 参照）。

図表 15-6　普通株式と種類株式

普 通 株 式	株式の権利内容が限定されていない最も一般的な株式。議決権，配当請求権，残余財産請求権を持つ。
種 類 株 式	配当，議決権，譲渡制限等に一定の制限が設けられた株式で，議決権制限株式などの内容の異なる株式を総じて種類株式という。
優先株式（種類株式）	配当順位が普通株式よりも上位にあり，議決権が制限される。償還権あり。累積的優先株式，非累積的優先株式。
劣後株式（種類株式）	配当順位が普通株式の下位にある。

(3) 株式の発行形態

① 株式の発行形態として**新株の発行（募集株式の発行等）**と株式分割等がある。新株の発行は有償増資で株主割当発行，公募発行，第三者割当

発行，新株予約権の権利行使があり，株式分割等は無償発行である。
② 額面株式から無額面株式に発行制度が変わり，現在はすべて無額面株式である。
③ 株式分割は例えば1株を2株に分割し，配当も半分になる。株価が高く流動性が低いときに，株式分割の実施で流動性を高める。

(4) 社債の種類

社債は株式（自己資本）と同様に直接金融の資金調達手段で負債（他人資本）に含まれる。返済期間は借入金よりも長期で確定利息の支払いが必要。また，格付け会社の社債格付けにより支払利息は変動する。無担保社債が現在主流である。

① 普通社債（Strait Bond）は最も基本的な社債で，一定期間後に償還される。
② 新株予約権付社債（Bond with Share Purchase Warrant）は株式予約権を付した社債で，株価が上昇したときに，新株予約権を行使し予約権行使価格で新株を取得してキャピタル・ゲインを得る。社債権者は割安で新株を取得でき，発行会社は普通社債よりも低利で資金調達ができる。
③ 劣後債（Subordinated Debenture Bond）は債務不履行（デフォルト）のとき債務の返済順位が預金等の一般債務よりも劣後する社債。普通社債よりもリスクが高くリターンも大きい。

3. 借入金

借入金は最も一般的な外部資金で，返済期間が1年を超える借入金は長期借入金，1年未満を短期借入金という。わが国では借入金による資金調達は直接金融よりも多い。

(1) 金融機関の種類……民間金融機関と政府系金融機関

① 民間金融機関

㋑ 預金金融機関

銀行（都市銀行，地方銀行，第二地方銀行，信託銀行），協同組織金融機関（会員または組合員の相互扶助を基本理念とする法人。信用金庫，信用組合，労働金庫），農林系金融機関（農業協同組合，漁業協同組合），インターネット・バンキングなど。

ロ 非預金金融機関

　　　　保険会社，証券会社，証券金融会社，ノンバンク（預金を受け入れないで与信業務を行う会社。消費者金融会社，クレジット・カード会社，信販会社，リース会社，ファクタリング会社，ベンチャーキャピタル会社など）。

　② 政府系金融機関

　　　　ゆうちょ銀行，かんぽ生命保険，日本政策投資銀行（旧日本開発銀行など），日本政策金融公庫（旧国民生活金融公庫・旧中小企業金融公庫など），国際協力銀行（旧日本輸出入銀行），住宅金融支援機構（日本住宅金融公庫），商工組合中央金庫など。

(2) **借入形態**

　① 手形借入れ　② 証書借入れ　③ 当座借越し　④ 手形割引

(3) **その他**

　① 企業間信用　② コマーシャル・ペーパー（CP）

4. 自由金利と規制金利

　金利には**自由金利と規制金利**がある。自由金利とは**日本銀行によって政策的に決定される金利**ではなく，金融市場の資金需給関係で決まる金利なので，**貸出金利も預金金利も銀行によって異なり**，基本的に自由に金利は決定できる。規制金利はかつて日本銀行が手形・国債を担保に銀行に貸し出した基準金利（公定歩合）で，銀行が企業に融資する際の基礎となる金利であったが，**制度改革により公定歩合はロンバート型貸出制度に移行**し，銀行は公定歩合の金利（規制金利）でいつでも日本銀行から資金を借りられるようになった。日本銀行による規制金利は１年未満の短期資金の貸出金利である。

5. 内部留保と減価償却

　内部留保は配当・役員賞与支払い後の**留保利益**。内部留保は減価償却とともに**内部資金として最も安定した資金**。有形固定資産の**減価償却**は費用として会計処理されるが，社外に流出しない資金のため，内部留保とともに最も安定した資金である。

15.4 資金調達手段の特性

資金の調達手段は次の点を勘案して決められる(図表15-7参照)。(1) 資金コスト(金利,配当等) (2) アベイラビリティ(資金利用の可能性,資金調達の難易度) (3) 安全性(返済の有無,返済期間の長短など) (4) 調達のタイミング(手続きの簡便性,金融環境の動向)

図表15-7 資金調達手段の特性

	資金コスト	アベイラビリティ	安全性	期限・ロット
内部資金	■見かけ上はない	■企業収益に影響される	■最も安全な資金	■長期の安定資金 ■金額が確定しない
株式	■配当や収益により企業側で変更が可能	■企業収益,株価に左右される ■手続き,日数を要する	■返済義務なし ■経営悪化時に減配・無配にできる ■資金提供者が所有権をもつ	■長期の安定資金 ■大口資金
借入	■固定,変動の双方が利用できる ■企業の信用力により変わる	■手続きが比較的簡単 ■調達条件も多種多様	■利払いと元本の返済を要す ■経営悪化時のコストが高い	■短期,長期ともに利用可 ■大口,小口ともに利用可
社債	■固定金利 ■外債は為替相場により変動	■国内債・外債は無担保が主流 ■発行タイミングと手続きが煩雑	■利払いと元本の返済を要す ■経営悪化時のコストが高い ■外債は為替リスクを有する	■長期の安定資金 ■大口
買入債務	■見かけ上はない	■調達は容易	■経営介入のリスクがない	■短期資金 ■小口中心

(出所) 小野正人著『ゼミナール これからの企業金融・財務戦略』東洋経済新報社,1992年,30ページ,一部変更。

15.5 新世紀の企業財務の変化

バブル経済崩壊以後,企業財務は大きく変化した。その変化の主な項目を上

げておく。

(1) **金融ビッグバン**……1997年11月から2001年までに実施され,「**自由な市場**」「**透明で公正な市場**」「**国際的市場**」の基で,金融制度が大幅に改革された(図表15-8参照)。

図表15-8 金融ビッグバン

価格自由化	①預金金利自由化 ②証券手数料自由化
業務自由化	①銀・証・信託自由化 ②参入基準の自由化
金融商品・サービスの自由化	デリバティブ,投信商品,ABS,MBS,MRF,ラップなど
外為規制の自由化	対外取引を完全自由化,為銀主義撤廃
会計制度の改革	時価会計,連結会計

(2) **銀行破綻と再編成**……日本長期信用銀行,日本債券信用銀行,北海道拓殖銀行の大銀行の破綻と都市銀行の再編成(15都市銀行から5都市銀行)が行われ,さらに,地方銀行,信用金庫などの地域金融機関も破綻し,営業権譲渡などの吸収合併で再編成された(1989年1001行,2008年550行)。

(3) **銀行の不良債権処理**……2001年には43兆円の銀行の不良債権が2006,7年には4分の1にまで削減し,不良債権処理がほぼ終了した。金融庁の監査が強化されるとともに,銀行の不良債権処理の進展によって企業融資は増大した。

(4) **企業財務の健全化**……企業の破綻リスクを回避するために財務の健全化が進み,自己資本比率は上場企業の全産業で欧米並みの39%(2006年度),製造業で49%(2006年度)に上昇した。同時に大企業の金融機関借入金比率も大幅に低下し,負債比率が大きく減少した。

(5) **法人企業の資金余剰**……部門別資金過不足状況において**法人企業は1998年以降恒常的に資金余剰**となり,巨大企業では間接金融中心の資金調達から内部資金に移行し始めた。

(6) **株式保有比率の変化とメインバンクの解消**……90年代末頃から株式保有比率が変化して**外国人投資家**,個人投資家の所有が増え,金融機関・事業法人の所有が減少した。その変化の中でメインバンクは企業の財務危機に対応ができなくなり事実上解消された。また,**株式相互持合い制も実質**

的な意義を失って解消し，証券市場は年金基金，投資信託や投資ファンドを含む**機関投資家**が一層重視されるようになった。
(7) **M&Aの増大**……M&Aが新世紀に入ると急増した。**新規事業への進出，経営資源の取得**など内外の**友好的買収，敵対的買収**が行われ，グリーン・メール，ゴールデン・パラシュート，TOBなどのM&A財務手法が駆使され，国内外のM&Aが普通に行われるようになった。
(8) **間接金融から直接金融へ**……バブル崩壊後，間接金融中心の資金調達から社債，新株予約権発行などの直接金融が増大し，しかも市場型間接金融や資産の証券化によって**直接金融への潮流**が強まった。

15.6 配当政策

2006年制定の**新会社法**は，それまでの数度に亘る旧商法改正を整理統一したものである。新会社法では**配当規制**は「利益の配当」ではなく「**剰余金の配当等**」となり，**資本剰余金からの配当**も認め，また，**自己株式の有償取得**との連動や**剰余金の株主還元政策**が強調された（図表15-9参照）。

図表15-9 剰余金の配当

配　　当	利益の配当ではなく「剰余金の配当等」
配当可能限度額	純資産から①資本金　②資本準備金と利益準備金の合計　③その決算期に積み立てなければならない利益準備金を控除。資本剰余金も配当可能。
剰余金の配当	利益配当，中間配当，資本金・準備金の減少に伴う払戻し，自己株式の有償取得などはすべて「剰余金の配当等」となる。
資本配当も可能	最終損益，利益剰余金が赤字でも資本剰余金（貸借対照表の「その他資本剰余金」）からの配当が可能。
配当と自己株取得の一体的実施	剰余金の株主分配の一環。自己株式の有償取得はROEを向上させる。

＊　配当政策に対するMM理論（モジリアーニ＝ミラー理論）では企業の投資政策を所与とすれば，配当政策は企業価値に無関連である。

15.7　資産の証券化

　資産の証券化はバブル経済崩壊以降，ROE，ROA，ROI などの利益率やキャッシュ・フローの重視の中で，資産効率の向上のために**債権**や**不動産**のリスクを回避し，それの**証券化**により**流動化**をはかり，**低コストの資金調達**を可能にするために行われる（図表15-10参照）。

図表15-10　資産の証券化

資産の証券化	資産の証券化はストラクチャード・ファイナンス（仕掛け金融）と呼ばれ，将来生み出すキャッシュ・フローを背景にした金融商品。
証券化の仕組み	貸出債権，売掛債権，不動産などの資産の保有者（オリジネーター）からその資産を分離して SPC などに譲渡し，その資産が将来生み出すキャッシュ・フローに対して有価証券（受益証券など）を発行して投資家に販売。証券化の仕組みとしてパススルー型と担保型があり，発行された証券を資産担保証券（ABS）という。
投資家への配当金・元利金	将来生み出すキャッシュ・フローから配当金や元利金を支払う。
証券化のメリット	①資金の固定化から流動化へ　②低コスト資金の調達　③オリジネーターの格付けとは無関係に格付けされ，格付けの低いオリジネーターでも資金調達が可能　④オフバランスによる資産効率の改善
証券化のデメリット	証券化商品の組成が複雑で，信用補完，流動性補完，格付けなど多くの会社が関係し，再証券化商品の仕組みはさらに複雑。

15.8　エイジェンシー理論

1．エイジェンシー関係とは

　企業は株主の所有で経営者は所有主の依頼で経営をしているという関係，即ち，**依頼人（プリンシパル，株主）**が**代理人（エイジェント，経営者）**との契約間系を**エイジェンシー関係**という。エイジェンシー関係には次の特徴がある。
　　(1)　依頼人と代理人との間には**利害の不一致**が存在すること　(2)　依頼人と代理人との間には**情報の非対称性**が存在すること。

2. エイジェンシー・コスト（図表 15-11 参照）

図表 15-11　エイジェンシー・コスト

監視コスト	代理人を監視するコスト（モニタリング・コスト）
保証コスト	代理人が依頼人の利害を損なわないためのコスト（ボンディング・コスト）
残余コスト	総エイジェンシー・コストから上記コストを控除した残余のコスト

15.9　資本構成と資本コスト

　資本構成は株式と負債からなり，**負債資本コストは負債の利子率**がコストであり，それは負債の資金提供者に対するリターンなので，負債資本コストは負債利子率である。**株式資本**は負債のように利子率に相当する確定的なリターンはない。しかし，**株式資本はリスクの高い資本**なので，**負債利子率以上の必要収益率**が求められ，それが株式資本のコストとなる。資本コストは負債資本コストと株式資本コストの合計である。

　資本コストは加重平均資本コストで求められる。したがって，資本コストは債権者の必要収益率（負債コスト）と株主の必要収益率（株式資本コスト）を加重平均する**加重平均資本コスト（WACC）**で計算する。

$$資本コスト = \frac{D}{D+E} rD(1-T) + \frac{E}{D+E} rE$$

　　　ただし，$D=$ 負債の価値，$E=$ 株式資本の価値，$rD=$ 負債コスト（利子率），$rE=$ 株式資本コスト（株式の必要収益率），$T=$ 法人税率

資本コストは次の2段階で求める。
(1)　**株式資本コストは資本資産評価モデル（CAPM）で求める。**
　　$r_E = r_F + \beta (r_M - r_F)$
　　　ただし，$r_E=$ 株式の必要収益率（株式資本コスト），$r_F=$ 無リスク利子率，$\beta=$ 株式のベータ，$r_M=$ 市場ポートフォリオの必要収益率
(2)　次に加重平均資本コスト（資本コスト）を求める。

$$R_W = \frac{D}{D+E} r_D(1-T) + \frac{E}{D+E} r_E$$

ただし，R_W＝加重平均資本コスト（資本コスト），r_D＝負債コスト（税引前），r_E＝株主資本コスト，D＝負債総額，E＝株主資本総額，T＝法人税率

* **MM理論の資本コスト**……モジリアーニ＝ミラーは企業の平均資本コストは資本コストに無関係であり，従って，企業価値も資本構成に無関係であると主張している。

15.10　企業価値評価

　ある事業あるいはある資産に投資すべきかどうか，M&Aの譲渡対象となる資産の評価など企業価値評価のケースは多い。その事業（投資資産）の価値は，その資産から得られるキャッシュ・フローの確実性と金利との比較で決まる。その投資から得られるキャッシュ・フローが預金（利子）よりも大きくなければ，その投資の意味がない。投資の妥当性を決める基本的な方法は**現在価値法**と**正味現在価値法**である。実物資産，金融資産などの資産評価がどのように行われているのか，投資プロジェクトを実行するか否か，そうしたことの意思決定は現在価値法，正味現在価値法などによって決められる。

1. 現在価値法（PV）

　ある投資プロジェクトが1年後に確実に一定額のキャッシュ・イン・フローがあれば，ある**割引率（利子率）**のもとでそのキャッシュ・フローは現在いくらになるかが算出でき，それが現在価値で，その現在価値が初期投資額より多ければ，そのプロジェクトは実行される。

$$\text{現在価値} = \frac{C_1}{1+r}$$

ただし，C_1＝1期目のキャッシュ・イン・フロー，r＝割引率（利子率）

　将来受け取るキャッシュ・フローを適当な割引率で割引いた現在価値で評価する方法を**割引キャッシュ・フロー法（DCF法）**という。現在価値と将来価値は常に同じ結果をもたらす。

2. 正味現在価値法（NPV）

　将来，確実に入るキャッシュ・イン・フローの現在価値から初期投資額を

引いた金額が**正味現在価値**。正味現在価値がプラスであれば，投資は実行される。

$$\text{正味現在価値（NPV）} = \frac{C_1}{1+r} - I \qquad \text{ただし，} I = \text{初期投資額}$$

企業価値評価あるいは投資プロジェクトに関する意思決定の方法は以下の通りである（図表15-12参照）。

図表15-12　企業価値評価法

企業価値評価法	内　容
現在価値法（PV） $= \dfrac{C_1}{1+r}$　$C_1 = 1$期目のキャッシュ・イン・フロー ただし，$r =$割引率（利子率）	投資プロジェクトの現在価値が利子から得られるキャッシュ・フローよりも大きければ投資は行われる。
正味現在価値法（NPV） $= \dfrac{C_1}{1+r} - I$　ただし，$I =$初期投資額	現在価値から初期投資額を引いた金額がプラスのとき投資プロジェクトは行われる。
回収期間法 ＝初期投資額／毎年キャッシュ・イン・フロー	小さな投資プロジェクトに利用され，投資額が回収されるキャッシュ・フローの回収期間数の早いプロジェクトが採用される。
平均会計収益法 ＝平均税引利益／平均投資額	投資収益率が平均会計収益率以上であれば投資プロジェクトは却下される。
内部収益率 $C_0 + \dfrac{C_1}{1+r} + \dfrac{C_2}{(1+r)^2} + \dfrac{C_3}{(1+r)^3} + \cdots\cdots$ $+ \dfrac{C_n}{(1+r)^n} = 0$　$C_t = t$期のキャッシュ・フロー	内部収益率＞必要収益率のときプロジェクトは実行される。内部収益率＜必要収益率のときプロジェクトは棄却される。

【より進んだ学習のための文献】

A. 小野正人著『ゼミナール　これからの企業金融・財務戦略』東洋経済新報社，1992年。
A. S. A. Ross, R. W. Westerfield, J. F. Jaffe（大野　薫訳）『コーポレート・ファイナンスの原理』第7版，金融財政事情研究会，2007年。
A. 松村勝弘著『企業価値向上のためのファイナンス入門　M&A時代の財務戦略』中央経済社，2007年。
B. 井出正介・髙橋文郎著『ビジネス・ゼミナール　経営財務入門』日本経済新聞社，2009年。
C. 津森信也著『企業財務　戦略と技法』東洋経済新報社，2007年。

C. 伊藤邦雄著『ゼミナール　企業価値評価』日本経済新聞出版社，2008年。

（本田英夫）

第16章
企業の情報マネジメント

―――――――《中心的論点とキーワード》―――――――

情報化時代に必要な「顧客価値を創造する経営革新」を実現するためには，経営品質向上プログラム　アセスメント基準の枠組みにおいて，情報マネジメントの役割は何か。キーワード：顧客価値を創造する経営革新，経営品質向上プログラム，価値前提の経営，基本理念，組織プロフィール，アセスメント基準，情報マネジメント，情報の選択・収集，情報の分析・加工，情報システムのマネジメント

16.1　企業を取り巻く環境変化
―工業化時代から情報化時代へ―

1. **工業化時代**
   (1) 社会の価値観や市場の構造があまり変化しない時代
   (2) 価値が労働により生み出される時代
   (3) 生産者主導の時代
2. **情報化時代**
   (1) 社会の価値観や市場の構造が急激に変化する時代
   (2) 価値が知識によって生み出される時代
       知識は情報を活用することにより作りだされる。
       新しい知識を生み出すためには，情報化時代に適した情報マネジメントが必要。
   (3) 顧客主導の時代
       ① 顧客ニーズの個性化・多様化

② 消費者の購買動機の変化……必要なもの，本当に気に入ったものしか買わない。
自分の価値に合ったものしか買わない。特徴がないと売れない。
顧客に密着した情報をすばやく入手でき，生活者の変化に対応した商品開発やサービスを提供できる企業の発言力が増す。

16.2 企業経営の課題の変化

1. 工業化時代の企業経営
(1) 供給者側の基本的考え方や基本的仕組みは一定の条件においたまま，個々の問題点に改善を加えていけばよい。
   改善……決められたことをもっとうまく行うためにさまざまな工夫をこらすこと。マーケティング，開発プロセス，生産プロセスなど，今まで行ってきたことをもっと効率的に行うための工夫。
   従来の品質概念……**規定品質**（第三者機関が決めた品質概念）
(2) 生産者指向

2. 情報化時代の企業経営
(1) 従来の考え方や仕組みでは対応できず，新しい価値観や概念をもとにした，新しい画期的な仕組みを作る必要がある。
   革新……これまでのプロセスを作り出している考え方そのものの問題点を発見し，その考え方を変えていくこと。例えば，従来の生産プロセスの持つ本質的問題を明らかにし，顧客価値創造のために新たなプロセスを創造すること。
   新しい品質概念……**顧客主導品質**（顧客と競争のあり方で決まる戦略的な品質概念）
(2) 顧客価値を創造する経営革新
   競争優位という業界内で一番の座を確保するよりも，顧客に価値あるものを創造する。自らのものの見方，考え方，行動を顧客価値に根ざしたものの見方，考え方，行動へと価値観を変革することによって，新たな戦略，プロセス，製品，サービスを生み出すことが経営革新。

(3) 経営革新に情報を活かす。

16.3　経営品質向上プログラムによる経営革新

1.「顧客価値を創造する経営革新」に必要な思考の枠組みを提供する

顧客価値を創造するための経営の構造

経営には階層構造がある。

縦の一貫性……**統合**

規範レベル

戦略・方針レベル

執行管理レベル

横の連携（業務間の連携）……**展開**

執行管理レベルで、目的実現のために横の連携が図られ、相互補完的に活動がなされているか。

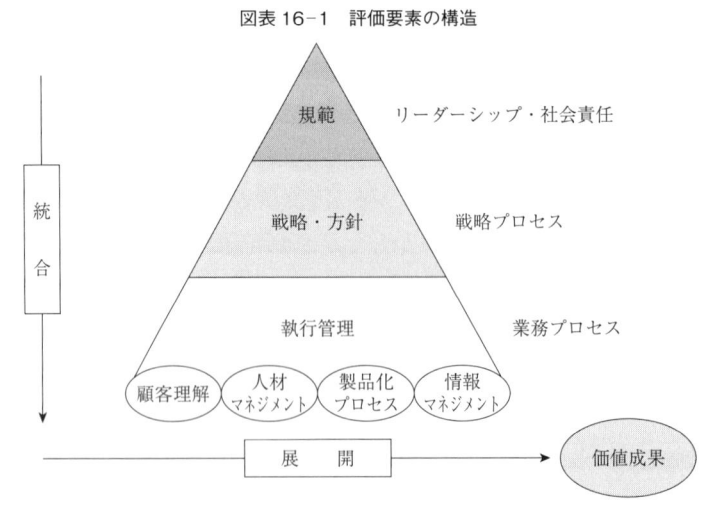

図表 16-1　評価要素の構造

```
                    規範           リーダーシップ・社会責任

統
合               戦略・方針          戦略プロセス

                   執行管理           業務プロセス
          顧客理解  人材    製品化   情報
                 マネジメント プロセス マネジメント
                    展　開                      価値成果
```

（出所）社会経済生産性本部『決定版　日本経営品質賞とは何か』生産性出版，2007年，38ページ。

2.「組織の成熟度」を高める方向性を提供する

顧客価値の創造に向けた自己革新能力の段階的状態を「組織の成熟度」として把握し，それを高める方向性を提供する。

16.4　経営品質向上プログラム

1. 経営品質とは

　組織が長期にわたって顧客の求める価値を創出し，市場での競争力を維持するための仕組みの良さ。

2. 経営品質向上プログラムとは

　経営品質向上プログラムとは顧客，競争（独自性），社員，社会のすべてにおいて高い価値を創りだすために革新し続ける経営づくりのプログラム。

3. 経営品質向上プログラムの目指すもの

　「卓越した経営」……組織の理想とする姿を目指した経営革新の実践と学習を重ねることで，世界に通用する独自の経営手法を創造し続け，それによって世界でトップレベルの成果を生み続ける経営。

　顧客価値創造のために何をどう考えればよいか，その枠組みを提供する。

(1)　「価値前提の経営」の重視

　「あるべき姿」や「望ましさ」を明確にし，事実として存在するさまざまな経営事象を「あるべき姿」から認識し最善の意思決定を行おうとすること。

　組織の「望ましさ」は何なのか，どこを目指しているか，何に価値の中心をおくかをまず明らかにする。組織のめざすものが明確であれば，社員は迷わずに判断できる。

　（比較）「事実前提による経営」……現在起きていることから意思決定を行うこと。

　目の前に現れた事実を，長期的なあるべき姿から見る場合と，その場その場で事実をとらえる場合とでは大きく異なる。事実のみを判断の基準にすると短期的な目先の利益のみに目が奪われ，時に長期的に誤った意思決定を行う。また，手段の選択のみに目を奪われ，目的のためには手段を選ばずという誤った方向に向かう危険性がある。

(2) 基本理念

「卓越した経営」を目指すための経営品質向上プログラムの基本的な価値，態度，信念，行動基準。

① 顧客本位

企業・組織の目的＝顧客価値の創造…評価の基準を売上げや利益ではなく顧客からの評価におく。顧客の価値評価こそがすべてに優先する基準であり，全てのことは，顧客へ価値を創造，提供することができているかという観点で評価される。利益は，顧客への価値提供の結果として得られる。

② 独自能力

他組織と同じことをよりうまく行うのではなく，独自の見方，考え方，方法による価値実現を目指す。同質的な競争意識に偏っていると，模倣的，あるいは目先の管理改善を繰り返し，全体を無視した部分最適に陥る。他組織とは異なる戦略的革新が求められており，それが組織全体に整合した全体最適と長期的な成功を可能にする。

③ 社員重視

一人ひとりの尊厳を守り，社員の独創性と知識創造による組織の目標達成を目指す。経営を知識創造，業務を学習ととらえる。

支配統制型の経営ではなく，社員による目標設定と自律的な経営を目指す。

④ 社会との調和

企業・組織は社会の一員であるとの考えにもとづいて，社会に貢献し，社会価値と調和することを目指す。

(3) 重視する考え方

基本理念に基づいて，その時代時代の経営環境上求められることや経営上の重要な関心事や課題に対応するためのもの①顧客から見たクオリティ，②リーダーシップ，③プロセス志向，④対話による「知」の創造，⑤スピード，⑥パートナーシップ，⑦フェアネス。

第16章　企業の情報マネジメント

16.5　アセスメント基準

「理想的な姿」に到達するために段階的な目標を定め，革新を実行し，その進捗状態を自己評価する。目標に対する進捗状態を自ら確認すること＝セルフアセスメント。

1. アセスメント基準の枠組み
   (1) アセスメント基準のフレームワーク
      ①「方向性と推進力」のブロック
         価値観にもとづく企業・組織の将来像や進むべき方向
         カテゴリー1．経営幹部のリーダーシップ
         カテゴリー2．経営における社会的責任
      ②「業務システム」のブロック
         企業・組織の将来像や進むべき方向を具体的に実現するための一連の活動とその活動全体の状況を把握する仕組み
         カテゴリー4．戦略の策定と展開

図表16-2　経営品質向上プログラム　アセスメント基準のフレームワーク

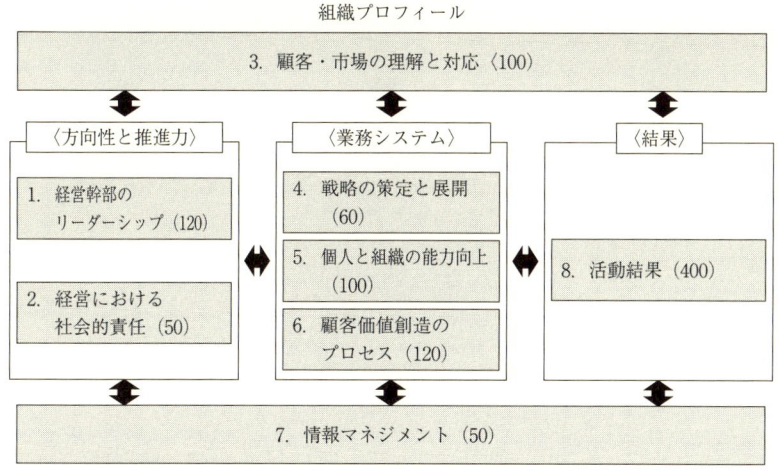

組織プロフィール

```
                    3. 顧客・市場の理解と対応〈100〉
   ↕                          ↕                          ↕
〈方向性と推進力〉          〈業務システム〉              〈結果〉
1. 経営幹部の          4. 戦略の策定と展開 (60)
   リーダーシップ (120)
                       5. 個人と組織の能力向上         8. 活動結果 (400)
                          (100)
2. 経営における
   社会的責任 (50)      6. 顧客価値創造の
                          プロセス (120)
   ↕                          ↕                          ↕
                    7. 情報マネジメント (50)
```

（出所）　日本経営品質賞委員会『2010年度版　日本経営品質賞　アセスメント基準書』2010年，23ページ。

カテゴリー5. 個人と組織の能力向上

カテゴリー6. 顧客価値創造のプロセス

③「結果」のブロック

方向性と推進力にもとづく業務システムを構成する活動を実行した結果

カテゴリー8. 活動結果

④「顧客・市場の理解と対応」と，⑤「情報マネジメント」のカテゴリーが，①②③のブロックとダイナミックに関係する。

(2) 組織プロフィール

① 組織が目指す「理想的な姿」を描く。

② 理想的な姿をもとに現状を分析する。

③ 3つの視点から問題を明らかにする。

　(イ) **顧客認識**……ターゲットとする顧客・市場の現状と将来の動きを整理し，課題を認識する。

　(ロ) **競争認識**……競争環境の現状と将来の動きを整理し，課題を認識する。

　(ハ) **経営資源認識**……経営資源に影響を与える現状と将来の動きを整理

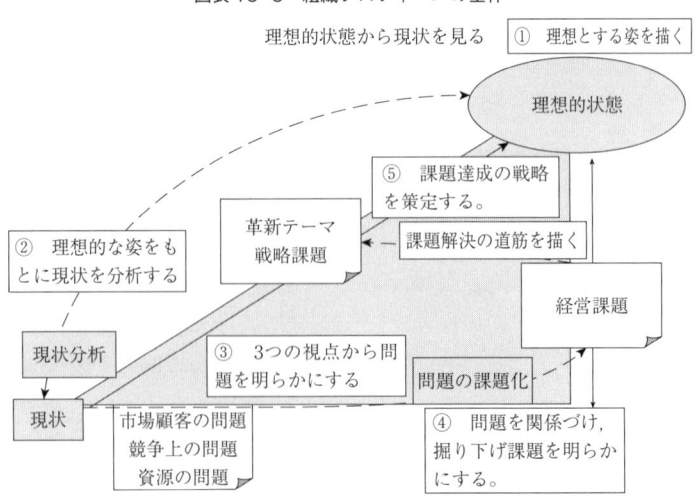

図表16-3　組織プロフィールの全体

(出所) 社会経済生産性本部『決定　日本経営品質賞とは何か』生産性出版，2007年，82ページ。

し，課題を認識する。
④ **変革認識**と**経営課題**……課題を整理統合し，価値を創造する上での経営課題を明らかにする。
⑤ 経営課題を達成する**戦略**を明らかにする。
(3) カテゴリー……どの組織にも共通する経営全体を見る8つの要素
顧客価値創造に必要な20の要素（プロセスと結果）に基づいて組織を評価する。

16.6　アセスメント基準の枠組みにおける情報マネジメントの役割

1. 情報マネジメントとは

経営に必要な情報を選択，分析・加工し，経営（改善や革新）に活かすために，情報をマネジメントすること。

2. カテゴリー7　情報マネジメントの内容

「事実に基づく経営」を実現していくために，業務能力の把握や意思決定を支援するのに必要な情報が適切に選択・収集され，分析されているか，また，情報システムがどのようにマネジメントされているか。

(1) 「事実に基づく経営」

「事実に基づく経営」＝憶測や思い込みではなく，組織が目指す理想的な姿に照らして事実をみつめ，そこから問題・課題を発見し，改善や革新を進める経営

「事実に基づく経営」は，「価値前提の経営」である。

「価値前提の経営」（前述）……事実として存在するさまざまな経営事象を「あるべき姿」から認識し最善の意思決定を行おうとすること。

(2) カテゴリー7．情報マネジメント

① カテゴリー7.1　**経営情報の選択と分析**

㋐ **情報の選択・収集**

組織が目指す理想的な姿を実現するために行っている戦略，プロセスや活動に必要な情報は何かをよく考え，正しい情報を選ぶこと。経営に必要な情報は何かを明確にしておかないと，正しく事実をつかむ

ことができない。

　　㋺ **情報の分析・加工**

　　　　組織の経営にかかわるすべての人々が，判断や業務に活用できるように，選んだ情報を分かりやすく分析したり，組み合わせたりすること。

　② カテゴリー7.2　**情報システムのマネジメント**

　　　「事実にもとづく経営」を行うために必要な情報・データが，利用者にとって信頼性が高く，タイムリーに提供され，活用しやすくするために行っている情報システムのマネジメントの運営方法。

　　　情報を必要とする人が共有・利用しやすく，利用者にとって質の高い情報が継続的に提供できるように情報システム全体を運営することをねらいとしている。

3.　経営情報管理の枠組み（前川良博氏の考え方）

　　経営情報管理＝情報を経営に役立つものとして管理すること。

（1）　**経営情報管理の目的側面**

　　　企業の情報管理のために要求され，真に役立つ経営情報が何であるかを明らかにすること。そのためには，企業がその目的や目標を達成するための企業行動やそれを効果的に展開する経営管理の実態を調査し，その情報要求を明らかにしなければならない。それを企業の実体システムの調査分析と呼び，経営情報が貢献し役立つための対象システムの実体を把握することである。**実体システム**＝企業の目的，目標を達成するために，経営管理や作業などを遂行する総合的なしくみ，各職能部門が分担し担当している業務システム。

（2）　**経営情報管理の手段側面**

　　　目的側面によって把握された経営情報ニーズにこたえるための総合的な情報管理の体制。情報はそれ自体が目的ではなく，つねに貢献すべき対象に奉仕し，役立つための機能と役割をもつものであり，目的側面に対応するものとして管理されなければならない。手段側面の可能性とその高度な内容が目的側面のレベルを引き上げ，向上させる。

4.　前川氏の経営情報管理の枠組みに基づき，アセスメント基準の枠組みにお

ける情報マネジメントを質問形式で再整理すれば（経営品質協議会『2009年度　経営品質向上プログラム　アセスメントガイドブック』を参照）

(1) **経営情報管理の目的側面……実体システム**
　① フレームワーク
　　㋑「方向性と推進力」のブロック
　　　　カテゴリー1.　経営幹部のリーダーシップ
　　　　カテゴリー2.　経営における社会的責任
　　㋺「業務システム」のブロック
　　　　カテゴリー3.　顧客・市場の理解と対応
　　　　カテゴリー4.　戦略の策定と展開
　　　　カテゴリー5.　個人と組織の能力向上
　　　　カテゴリー6.　顧客価値創造のプロセス
　　㋩「結果」のブロック
　　　　カテゴリー8.　活動結果
　② 組織プロフィール
　　㋑ 組織が目指す「理想的な姿」
　　㋺「理想的な姿」に基づく現状分析
　　　　ⓐ 顧客認識
　　　　ⓑ 競争認識
　　　　ⓒ 経営資源認識
　　㋩ 変革認識
　　　経営課題
　　　戦略

(2) **経営資源の手段側面……実体システムに必要な情報**
　　情報の選択・収集，情報の分析・加工，情報の共有により，経営に必要な情報が，必要な人に提供され，組織の理想的な姿の実現に役立っているか？　目標に対する進捗状況の確認に役立っているか？
　① 各カテゴリーとの関連性
　　㋑「方向性と推進力」のブロックに関して必要な情報
　　　組織の理想的な姿を実現するためにいま最も重視している「経営幹部

のリーダーシップ」と「経営における社会的責任」の活動は何か。その活動の善し悪しをとらえ，判断するための情報としては，どのようなものが必要か。
　㋺「業務システム」のブロックに関して必要な情報
　　組織の理想的な姿を実現するための革新テーマと戦略課題を達成するために重視している「顧客・市場の理解と対応」「戦略の策定と展開」「個人と組織の能力向上」「顧客価値創造のプロセス」の活動は，どのようなものか。それらの活動の善し悪しを確認するための情報としては，どのようなものがあるか。
　㋩「結果」のブロックに関して必要な情報
　　重要視している活動によって達成すべき顧客満足度，社員満足度，財務の結果はどのような情報で判断しているか。
②組織プロフィール作成において
　㋑組織が目指す「理想的な姿」を描くために，どのような情報が必要か。
　㋺顧客のニーズをとらえるために，どのような情報が必要か。
　㋩あなたの組織の経営に大きな影響を与える外部環境の変化をとらえるための情報としてどのようなものが必要か。
　㋥競争相手やベンチマーキング先について，どのような情報を収集することが必要と考えているか。
　㋭経営資源を認識するために，どのような情報が必要か。
③経営情報の選択と分析に関連して
　㋑集めた情報は，どのような目的でどのような分析を行っているか。
　㋺「経営情報の選択と分析」の有効性について，どのような視点から確認することができるか。
　㋩「経営情報の選択と分析」について，どのような状態を目指しているか。なぜそのような目標を作ったのか。
　㋥「経営情報の選択と分析」を，どのように見直し，改善・革新を図っているか。
④情報システムのマネジメントに関連して

㋑ 誰が，どのような情報を必要としているのか，どのような情報を知っておくべきなのかについて，どのような方法で明確にしているか．

㋺ 情報を必要とする人が，必要な時に容易に必要な情報を入手できるようにするために，組織としてどのような工夫をしているか．

㋩ 情報を提供する人（提供者）が，容易に必要な情報を提供できるようにするために，どのような工夫をしているか．

㊁ 関係者以外の人が勝手に「情報システム」にアクセスできないようにするために，どのような工夫をしているか．

㋭ 保存してある情報が消えてしまったり，壊れてしまったりしないようにするために，どのような工夫をしているか．

㋬ いつも新しい情報を提供できるようにするために，どのような工夫をしているか．

㋣ 情報システムを構成するハードウェア，ソフトウェアの選定や，システムの運用規則をどのような方法で決めているか．

㋠ 「情報システムのマネジメント」の有効性について，どのような視点から確認することができるか．

㋷ 「情報システムのマネジメント」について，どのような状態を目指しているか．なぜそのような目標を作ったのか．

㋨ 「情報システムのマネジメント」を，どのように見直し，改善・革新を図っているか．

【より進んだ学習のための文献】

A. 寺沢俊哉著『入門の入門　対話で学ぶ経営品質（第2版）』生産性出版，2008年．
A. 村山　博・大貝晴俊共著『高度知識化社会における情報管理』コロナ社，2003年．
B. 日本経営品質賞委員会『2010年度　日本経営品質賞　アセスメント基準書』，2010年．
B. 社会経済生産性本部『決定版　日本経営品質賞とは何か』生産性出版，2007年．
B. 土屋元彦著『「品質管理」と「経営品質」』生産性出版，2000年．
B. 前川良博編『経営情報管理（経営工学シリーズ10）』日本規格協会，1991年．
B. 涌田宏昭編『経営情報論（第8版）』有斐閣，1974年．
C. 経営品質協議会『2009年度　経営品質向上プログラム　アセスメントガイドブック』，2009年．

（大西　謙）

第17章
経営管理のための会計

> **《中心的論点とキーワード》**
>
> 経営管理の実践では会計の技法がさまざまに活用される。この章では，① 経営管理と会計のかかわりを整理したうえで，② 計画立案や統制の局面で使われる会計の諸技法を学ぶ。キーワード：構造改革計画，業務改善計画，統制，正味現在価値法，現在価値指数法，CVP分析，原価分解，利益図表，差異分析，責任会計

17.1　経営管理と会計

1．経営管理のプロセス

(1) **経営管理**……経営目標を達成するために，企業が保有する**限りある経営資源**（ヒト・モノ・カネなど）を効率よく配分し，活用するプロセス。

企業の最終目標は利益。利益がなければ企業は存続できないし，成長も見込めない➡目指すべきは適正利益。

限りある経営資源を効率よく配分し，活用するためには，あらかじめ計

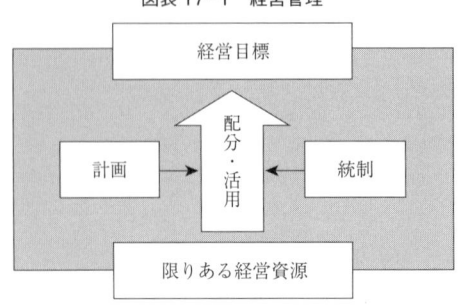

図表17-1　経営管理

画を立案し，計画どおりいくように統制する必要がある。
 (2) **計画立案（プランニング）**……目標とする利益（**目標利益**）を達成するための具体的な実施案を策定するプロセス。策定された実施案を**計画（プラン）**という。
 (3) **統制（コントロール）**……計画を実現できるように業務活動を指導・監督し，必要な是正措置を講じるプロセス。

2．2つの目標利益
 (1) **中長期目標利益**……向う3～5年間にわたって企業を安定成長させるために必要な利益。最大の利益ではなく，安定成長に必要な最低限の利益の確保に主眼を置くべき➡ふつう向う3年間を視界に入れ，**中期目標利益**として設定する。
 (2) **次期目標利益**……中長期目標利益を達成するために，さしあたり1年後に確保すべき利益。

3．2つの計画
 (1) **構造改革計画**……中長期目標利益を達成するために，**経営構造**（設備，人員，商圏・顧客，製品など）を革新する計画（例えば製品開発計画，設備投資計画など）。経営構造のどこをどのように革新すればよいかを明確にし，改革の具体的な道筋を示す**戦略計画**➡安定成長を実現するためのサクセスストーリー。**中長期計画**（3～5年の期間を対象とする計画）として立案する。ふつうは**中期3カ年計画**。

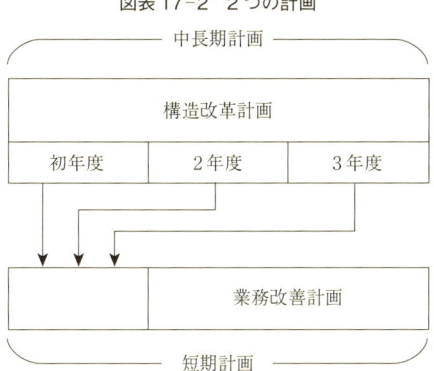

図表17-2 2つの計画

(2) **業務改善計画**……次期目標利益を達成するために，**業務活動**（製造・販売・財務・全般管理の諸活動）を改善し，効率化する計画（例えば製造計画，販売計画など）。与えられた経営構造のもとで利益を最大化する**戦術計画**➡実行のシナリオであり，統制と密接に結びつく。**短期計画**（1年以内の期間を対象とする計画）として立案する。
(3) **構造改革計画と業務改善計画の関係**……構造改革計画の年度計画は，短期計画の一部に組込まれる。

4. 管理会計とその区分

(1) **管理会計**……経営管理（計画立案と統制）に必要な情報を経営者に提供するための会計。経営意思決定の支援が目的➡経営管理のための会計。
(2) **管理会計の区分**
　① **戦略会計**……構造改革計画のための会計。
　② **戦術会計**……業務改善計画のための会計。
　③ **統制会計**……統制のための会計。

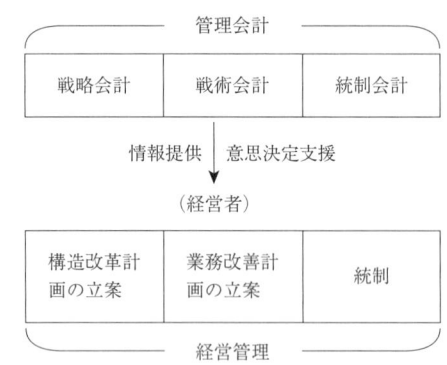

図表17-3　管理会計とその区分

管理会計		
戦略会計	戦術会計	統制会計

情報提供　意思決定支援
↓
（経営者）

構造改革計画の立案	業務改善計画の立案	統制

経営管理

17.2　戦略会計

1. 戦略会計の手続

　① 中長期目標利益を計算する。
　② 中長期予想利益を計算する。

③ 中長期予想利益が中長期目標利益を下回るときは，構造改革案をリストアップする。
④ 構造改革案を評価し，最適な組合せを採択する。

2. 中長期目標利益の計算

(1) **中長期目標利益の示し方**……一般に総資本経常利益率で示す。利益額は中長期目標利益にならない➡構造改革計画は経営構造を革新（例えば設備の更新など）するための計画であり，原則として資本支出を伴うから。

(2) **中長期目標利益の求め方**……向う3～5年間に使用する予定の資本（借入金，社債，資本金，留保利益など）の**個別資本コスト**（利子率，配当率，付加原価率など）を加重平均して求める（**加重平均資本コスト**）。

使用予定資本	金額	構成比（%）		個別資本コスト（%）		加重平均資本コスト（%）
借 入 金	○○	○○	×	利 子 率	=	○○
社　　債	○○	○○	×	利 子 率	=	○○
資 本 金	○○	○○	×	配 当 率	=	○○
留保利益	○○	○○	×	付加原価率	=	○○
	○○	100%				○○%

3. 中長期予想利益の計算

(1) **中長期予想利益の示し方**……経営構造を変えないで事業を継続した場合の3～5年後の利益を**中長期予想利益**という。中長期目標利益と比較できるように同じ指標（総資本経常利益率）で示す。

(2) **中長期予想利益の求め方**……経営構造を変えないので，分母の総資本と分子の固定費（減価償却費や人件費など）は変わらない。問題は3～5年後の売上高➡変動費は売上高が予想できれば推定できる。

$$中長期予想利益率（\%）= \frac{売上高-（変動費+固定費）}{総資本}$$

売上高＝業界全体の売上高×シェア
変動費＝売上高×変動費率

4. 構造改革案のリストアップ

中長期予想利益が中長期目標利益を下回るとき（経営構造を変えないで事

業を継続した場合，中長期目標利益の達成が困難なとき）は，経営構造上の問題点を洗い出し，問題解決の方策（例えば設備の更新，新製品の開発，新市場の開拓，新規事業分野への進出など）について，考えうるすべての代替案をリストアップする。

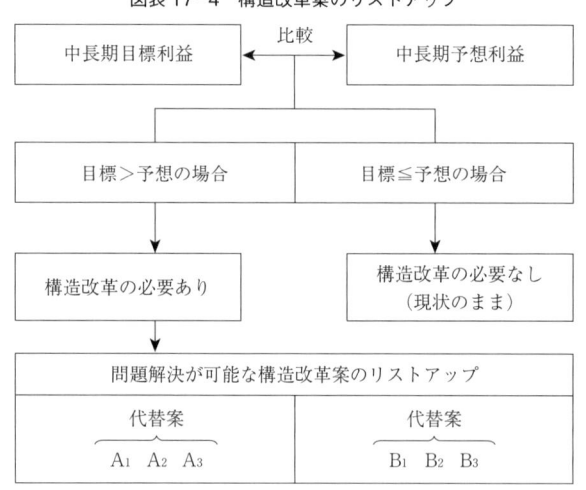

図表17-4　構造改革案のリストアップ

```
        中長期目標利益  ←比較→  中長期予想利益
                            │
            ┌───────────────┴───────────────┐
       目標＞予想の場合                目標≦予想の場合
            │                               │
       構造改革の必要あり              構造改革の必要なし
                                        （現状のまま）
            │
    問題解決が可能な構造改革案のリストアップ
         代替案              代替案
       A₁ A₂ A₃           B₁ B₂ B₃
```

5. 構造改革案の評価と採択

①　リストアップされた各代替案について経済性を計算し，最も有利な代替案を選定する。

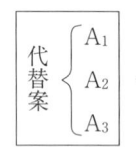

代替案 { A₁　①　原価だけが異なる場合→原価を計算して比較する
　　　　 A₂　②　原価・収益が異なる場合→利益を計算して比較する
　　　　 A₃　③　原価・収益・投資額が異なる場合→投資利益率を計算して比較する

②　最も有利な代替案の組合せを採択する（**戦略的意思決定**）。ただし，採択する組合せは，中長期目標利益をクリアしていることが条件。

　　採択した組合せをまとめたものが構造改革計画。

第17章　経営管理のための会計

図表17-5　構造改革案の評価と採択

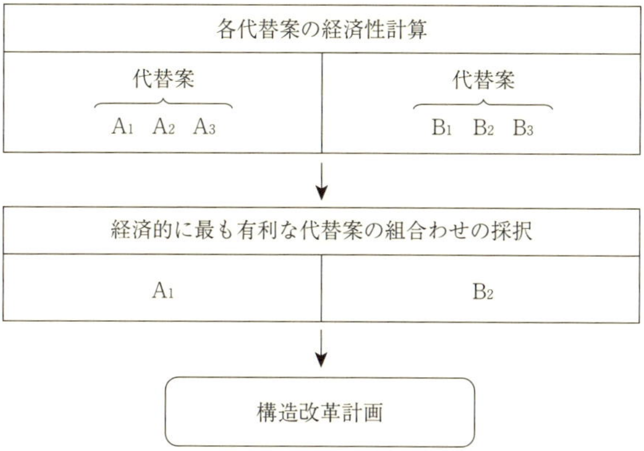

```
┌─────────────────────────────────────────┐
│           各代替案の経済性計算             │
│   ┌─────────────┐    ┌─────────────┐   │
│   │   代替案     │    │   代替案     │   │
│   │ A₁  A₂  A₃  │    │ B₁  B₂  B₃  │   │
│   └─────────────┘    └─────────────┘   │
└─────────────────────────────────────────┘
                    ↓
┌─────────────────────────────────────────┐
│   経済的に最も有利な代替案の組合わせの採択  │
│          A₁                  B₂          │
└─────────────────────────────────────────┘
                    ↓
              ┌───────────┐
              │ 構造改革計画 │
              └───────────┘
```

6. 構造改革案の評価の事例——設備投資の経済性計算

　　最も有利な設備投資案は各投資案の経済性計算に基づいて選定する➡投資額が回収できない投資案は問題外。投資額が回収でき，なおかつ中長期目標利益をクリアするものでなければならない。代表的な計算方法は2つ。

① **正味現在価値法**……各投資案の正味現在価値を計算し，その大小によって投資案の優劣を決定する方法。**正味現在価値**は，投資によって得られる毎年の正味現金流入額を現在価値に割引き，その合計額から投資額を差引いて計算する。

$$\text{正味現在価値} = \text{投資によって得られる毎年の正味現金流入額の現在価値の合計額} - \text{投資額}$$

　　この方法は，各投資案の投資額が同じ場合には最も合理的。正味現在価値がプラスで，かつ最も大きな投資案を採択すればよい。

② **現在価値指数法**……各投資案の現在価値指数を計算し，その大小によって投資案の優劣を決定する方法。**収益性指数法**ともいう。**現在価値指数**は，投資によって得られる毎年の正味現金流入額の現在価値の合計額を投資額で割って計算する。**収益性指数**ともいう。

　　この方法は，各投資案の投資額が異なる場合には最も合理的。現在価値指数が最も大きな投資案（投資効率が最も高い投資案）を採択すれば

よい。

17.3 戦術会計

1. **戦術会計の手続**
   ① 次期目標利益を計算する。
   ② CVP分析を行い，次期目標利益の達成に必要な売上高・原価の大枠を計算する。
   ③ 当期の売上高・原価が次期目標利益の達成に必要な売上高・原価の大枠を下回るときは，業務改善案をリストアップする。
   ④ 業務改善案を評価し，最適な組合せを採択する。
2. **次期目標利益の計算**
   (1) **次期目標利益の示し方**……一般に利益額で示す。経常的・反復的な業務活動の成果である経常利益で示すのが望ましい。
   (2) **次期目標利益の求め方**

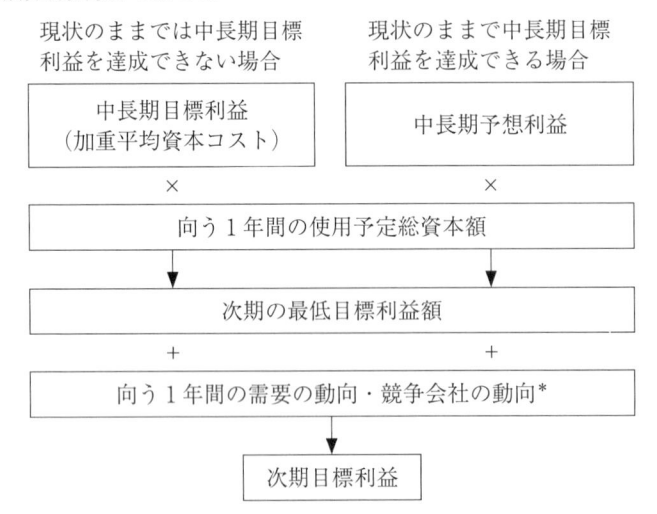

```
現状のままでは中長期目標           現状のままで中長期目標
利益を達成できない場合             利益を達成できる場合

┌──────────────┐         ┌──────────────┐
│  中長期目標利益      │         │  中長期予想利益      │
│ （加重平均資本コスト） │         │                    │
└──────────────┘         └──────────────┘
          ×                           ×
┌──────────────────────────────────┐
│       向う1年間の使用予定総資本額                │
└──────────────────────────────────┘
                    ↓
┌──────────────────────────────────┐
│           次期の最低目標利益額                   │
└──────────────────────────────────┘
          +                           +
┌──────────────────────────────────┐
│     向う1年間の需要の動向・競争会社の動向＊      │
└──────────────────────────────────┘
                    ↓
              ┌──────────┐
              │ 次期目標利益 │
              └──────────┘
```

＊需要が上向いている場合や競争会社と互角以上に戦えるときは，高めに設定。これは，低迷期の減益をカバーするため。こうした配慮がなければ，中長期目標利益を確実に達成することは困難。

3. CVP分析

(1) **CVP分析**……当期の損益データに基づいて，売上高（V）と原価（C）と利益（P）の関係を分析すること。**損益分岐分析**ともいう。

(2) **CVP分析の進め方**

① 原価を分解する。

② 利益図表を作成する。

この2つの手順を踏めば，次期目標利益の達成に必要な売上高と原価の大枠が計算できる。

(3) **原価分解**……売上高の増減によって原価がどのように変化するか（**原価態様**）の観点から，原価を固定費と変動費に分解すること。**固変分解**ともいう。

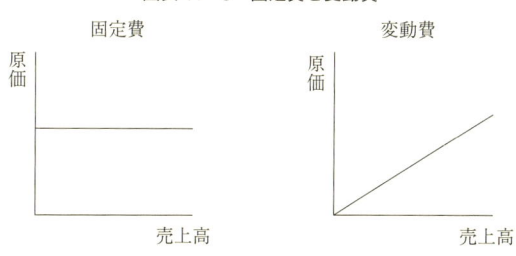

図表17-6　固定費と変動費

原価分解の方法は4つ。実務で最も頻繁に使われているのは勘定科目法。最も正確なのは最小自乗法であるが，あまり使われていない。

勘定科目ごとに分解する方法	① 勘定科目法
毎月の売上高と原価から分解する方法	② 高低点法 ③ スキャッター・グラフ法 ④ 最小自乗法

① **勘定科目法**……勘定科目を個別に精査し，変動費と固定費に分解する方法。**費目別精査法**ともいう。

② **高低点法**……売上高が最も多かった月の原価（高点）と，最も少な

かった月の原価（低点）を使って変動費率を求め，当期の変動費と固定費を数学的に計算する方法。

変動費率＝（高点原価－低点原価）／（高点売上高－低点売上高）

変動費＝売上高×変動費率

固定費＝原価－変動費

図表17-7　高低点法

③ **スキャッター・グラフ法**……各月の原価データを方眼紙（グラフ）にドットし，目分量で傾向線を引いて変動費率を求め，当期の変動費と固定費を推定する方法。**散布図表法**ともいう。

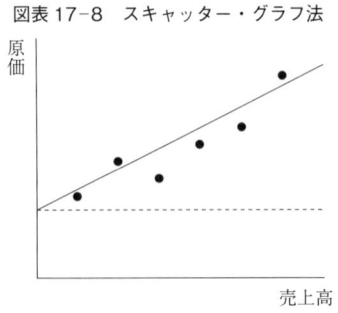

図表17-8　スキャッター・グラフ法

④ **最小自乗法**……スキャッター・グラフ法の傾向線を数学的に推定することによって，変動費と固定費を計算する方法。

傾向線の推定式 $\hat{y}=\hat{a}x+\hat{b}$ の $\hat{a}$（変動費率）を計算すると，

$$\hat{a} = \frac{\Sigma xy - n\bar{x}\bar{y}}{\Sigma x^2 - n\bar{x}^2}$$

x：各月の売上高　y：各月の原価　$\bar{x}$：xの平均値

$\bar{y}$：yの平均値　　　n：月数

変動費＝売上高（Σx）×変動費率（$\hat{a}$）

固定費＝原価（Σy）－変動費

(4) **利益図表**……原価分解に基づいて，CVPの関係を図表の形で示したもの。**損益分岐図表**ともいう。売上高線と総原価線の交点が**損益分岐点（採算点）**。

（例）売上高600万円，固定費250万円，変動費300万円

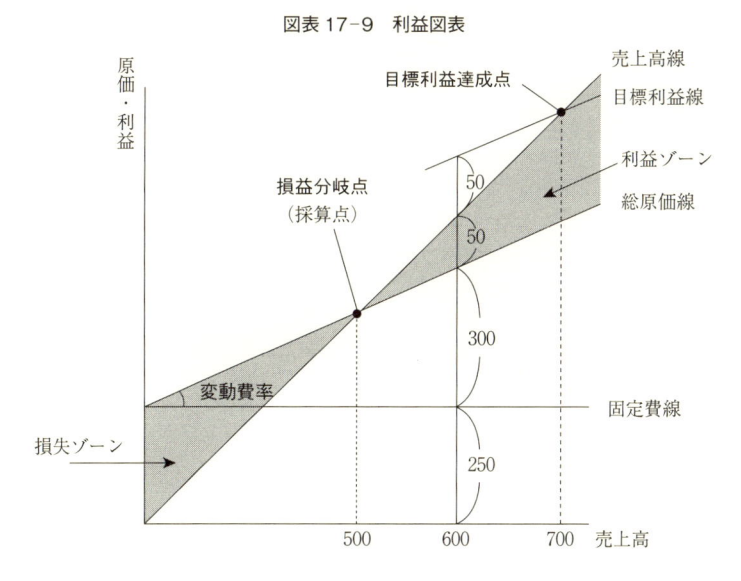

図表17-9　利益図表

次期目標利益100万円を達成するための売上高を求めるときは，総原価線と平行に次期目標利益100万円の幅をとって目標利益線を引く。この線と売上高線の交点が**目標利益達成点**。目標利益達成点から垂線を引けば，次期目標利益の達成に必要な売上高と原価を知ることができる。

$$\text{目標利益達成点の売上高} = \frac{\text{固定費} + \text{目標利益}}{1 - \text{変動比率}} = \frac{250 + 100}{1 - 0.5} = 700$$

（注）次期目標利益の達成に必要な売上高を x として，利益図表のうえで計算するとよい。

次期目標利益達成のための大枠は次のようになる。

次期目標利益 100 ＝売上高 700 －原価 600（変動費 350 ＋固定費 250）

4. 業務改善案のリストアップ

当期の売上高・原価が次期目標利益の達成に必要な売上高・原価の大枠を下回るとき（現状のまま業務活動を継続した場合，次期目標利益の達成が困難なとき）は，日常の業務活動を再点検し，利益改善が可能な方策（例えば売価改訂，広告宣伝の強化，販売方法の改善，工場経費・営業経費の削減など）について，考えうるすべての代替案をリストアップする。

図表 17-10　業務改善案のリストアップ

```
┌─────────────────────────────┐
│       日常業務の再点検        │
└─────────────────────────────┘
              │
              ▼
┌─────────────────────────────┐
│ 利益改善が可能な業務改善案のリストアップ │
│  ┌──────────┐   ┌──────────┐  │
│  │  代替案   │   │  代替案   │  │
│  │ A₁ A₂ A₃ │   │ B₁ B₂ B₃ │  │
│  └──────────┘   └──────────┘  │
└─────────────────────────────┘
```

5. 業務改善案の評価と採択

① リストアップされた各代替案について利益改善額を計算し，最も有利

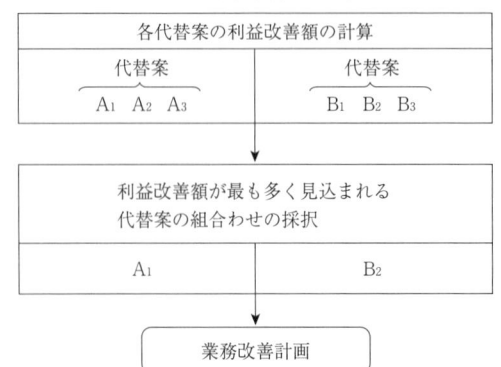

図表 17-11　業務改善案の評価と採択

```
┌─────────────────────────────┐
│      各代替案の利益改善額の計算     │
│  ┌──────────┐   ┌──────────┐  │
│  │  代替案   │   │  代替案   │  │
│  │ A₁ A₂ A₃ │   │ B₁ B₂ B₃ │  │
│  └──────────┘   └──────────┘  │
└─────────────────────────────┘
              │
              ▼
┌─────────────────────────────┐
│  利益改善額が最も多く見込まれる    │
│     代替案の組合わせの採択       │
│      A₁            B₂         │
└─────────────────────────────┘
              │
              ▼
       ┌──────────────┐
       │  業務改善計画  │
       └──────────────┘
```

な代替案を選定する。
② 利益改善が最も多く見込まれる代替案の組合せを採択する（**業務的意思決定**）。ただし，採択する組合せは，次期目標利益をクリアしていることが条件。

採択した組合せをまとめたものが業務改善計画。

17.4　統制会計

1. **統制会計の手続**
   ① 予算を編成する。
   ② 予算の達成度をチェックする。
2. **予算の編成**
   (1) **予算**……短期計画を管理組織上の各責任者に配分したもの→統制を有効に行うには，権限と責任を明確にした管理組織（計画を実現するための責任体制）の存在が不可欠の前提。

   管理責任者は，予算に基づいて業務活動を指導・監督する→予算編成にあたっては動機づけへの配慮が重要。

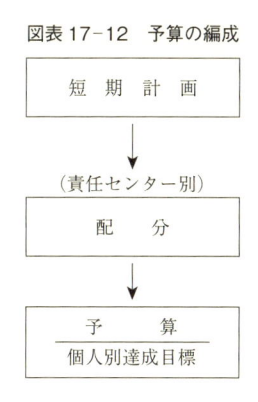

図表 17-12　予算の編成

```
        短 期 計 画
            ↓
       （責任センター別）
          配　　分
            ↓
          予　　算
        個人別達成目標
```

   (2) **責任センター**……一定の権限と責任を割振られた管理組織上の責任者。
   ① **原価センター**……原価に対して責任を負う責任センター→**管理可能費**によって業績評価する。

② **利益センター**……原価と収益に対して責任を負う責任センター➡管理可能収益から管理可能費を差引いた**管理可能利益**によって業績評価する。

③ **投資センター**……原価・収益のみならず，投資額に対しても責任を負う責任センター➡管理可能利益から管理可能投資額の資本コストを差引いた**管理可能残余利益**によって業績評価する。

3. 予算達成度のチェック

(1) **実績の計算と差異分析**……責任センターごとに実績を計算し，予算と比較して，差異が発生した場所と原因，その責任の所在を解明する➡期末には必ず行うが，期中にも必要に応じて随時実施。

(2) **分析結果の報告**……管理責任者への報告は，遅れれば遅れるほど統制の有効性が失われるので，タイムリーでなければならない➡内部報告制度の整備が不可欠の前提。

管理責任者は，期中の分析結果に基づいて必要な是正措置を講じる➡外部環境・内部状況に予期できない変化が生じ，著しい差異が発生したとき

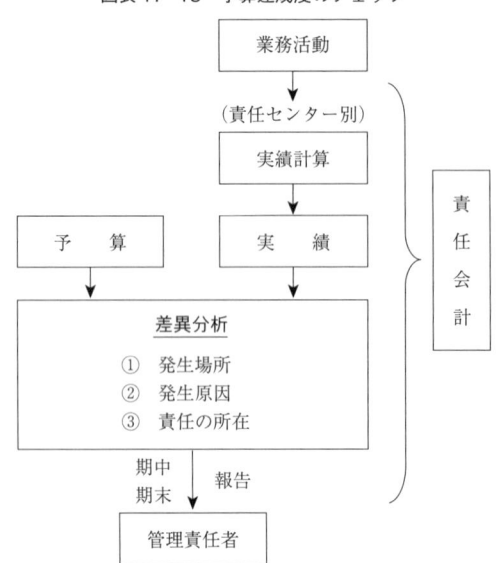

図表17-13　予算達成度のチェック

```
           業務活動
              ↓
         (責任センター別)
           実績計算        ┐
              ↓           │
  予　算     実　績         │
     ↓       ↓            ├ 責任会計
        差異分析           │
        ① 発生場所         │
        ② 発生原因         │
        ③ 責任の所在       │
         期中  報告         ┘
         期末 ↓
         管理責任者
```

は，計画を修正する。

期末の分析結果は，業績評価に用いられるとともに，次期以降の計画設定の資料となる。

(3) **責任会計**……責任センターの業績を個別に評価できるように，責任センターごとに実績を計算し，差異分析を行って，その結果を報告するシステム。

【より進んだ学習のための文献】
A. 大塚宗春・辻正雄共著『管理会計の基礎』税務経理協会，2010年。
B. 桜井通晴著『管理会計』同文舘出版，2009年。
B. 西澤 脩著『原価・管理会計論』中央経済社，2007年。

（政岡光宏）

第4編
企業経営体の発展

第18章
経営環境と経営戦略

《中心的論点とキーワード》

環境適応理論として生まれた経営戦略論にとって，戦略展開（戦略の創造と実行）能力と並んで環境認識能力が重要である。現代企業において，これら能力を担っているのが組織だ。組織能力の向上が長期的競争力の鍵を握っている。キーワード：認識環境，組織能力（ダイナミック・ケイパビリティ），戦略経営，競争戦略，知識ベース戦略

18.1 現代社会と経営戦略の重要性

1. 企業と環境の相互作用的創造
(1) 環境とは「主体（人や組織）を取り巻く状況，外界の事象」（図表18-1）
  ① 主体の成立とともに環境も生成
  ② システムと環境
    混沌とした世界を区切った
    内部➡システム，外部➡環境

図表18-1 システムと環境

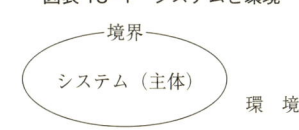

（境界／システム（主体）／環境）

(2) 企業は環境の創造物
社会（環境）に潜在する①シーズ（技術や素材）と②ニーズ（市場や顧客の要望）と③事業意欲を持つ人々の血気（企業家精神）が結合し，そこに④必要な資本が伴うとき，企業が成立し，環境も識別（図表18-2）。

図表 18-2　企業の生成

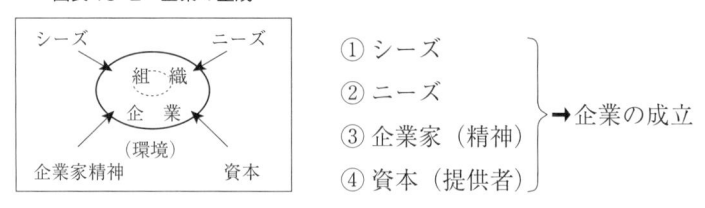

```
┌─────────────────────┐
│  シーズ      ニーズ  │      ① シーズ      ┐
│     ＼ 組織 ／       │      ② ニーズ       │
│       企業           │                     ├→ 企業の成立
│      （環境）        │      ③ 企業家（精神）│
│  企業家精神　資本    │      ④ 資本（提供者）┘
└─────────────────────┘
```

(3) 企業と環境の相互作用的創造が経営環境変化を引き起こす（図表 18-3）。

図表 18-3　企業と環境の相互作用的創造（庭本 1994）

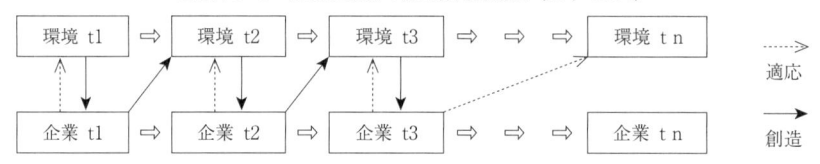

```
環境 t1 ⇒ 環境 t2 ⇒ 環境 t3 ⇒ ⇒ ⇒ 環境 tn      ┄┄> 適応
  ↕        ↕         ↕                              
企業 t1 ⇒ 企業 t2 ⇒ 企業 t3 ⇒ ⇒ ⇒ 企業 tn      ──> 創造
```

総体としての企業の環境適応行動が環境変化を招くが，自社の戦略や行動が他社にとって環境変化。他社の戦略変化も自社の環境変化。

2. 企業の環境認識

(1) 企業は自社を取り巻くすべてを環境と把握しているとは限らない。
　　　　└→自社とかかわる外的要素の集合を環境と認識
(2) 各企業の認識環境（主観的環境）と環境認識の深さは異なる
　　　　　　└→経営能力（組織能力）の差を反映
(3) 一般に，企業は認識環境の範囲を拡大
　　　　かつては自己の環境と認識しなかった自然を経営環境化
　歴史的にたどれば，総体としての企業の認識環境は以下のように拡大。

図表 18-4　企業の環境認識の拡大第

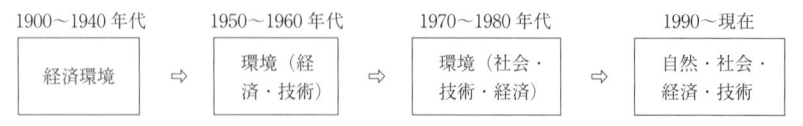

1900〜1940 年代	1950〜1960 年代	1970〜1980 年代	1990〜現在
経済環境 ⇒	環境（経済・技術） ⇒	環境（社会・技術・経済） ⇒	自然・社会・経済・技術

(4) 当該企業には自己の認識環境があるだけ
　　企業を取り巻く状況が環境➡客観的環境の存在を予想

第18章　経営環境と経営戦略　　　　237

　　↓　　「客観的環境は存在するか？」「環境を客観的に把握できるか？」
　　↓　　観察者にも当該企業にも，客観的環境の存在把握と記述は困難
当該企業の<u>主観的環境，**認識環境**</u>が戦略行動の前提
　　↓　　　　→客観的環境は存在するかもしれないが，ここに焦点
環境認識能力（＝戦略的組織能力）が重要

> 【認識環境と環境の主体化】（少し難しい。理解できなくてもかまわない）
> 　組織を中核にした企業は，対象である環境を認識する主体（＝意識する自己）であると同時に行為する主体でもある。主体が働く場である客体としての環境は，働きかけられる対象に終わらず，内包した主体的要素（自然の代理者としての地域社会や生活者，顧客，取引企業，債権者，株主などの活動）が主体化し，当該企業に働きかける力ともなる。主体は本質的に主体に対して主体であるから，当該企業の認識環境とは，さしあたり主体化した環境であろう。

3. 環境変化と経営戦略の要請
　(1)　過去の企業の環境適応行動が環境変化をもたらす
　(2)　現代社会（経営環境）⎰情報化　　　⎱軸に大変動→新たな戦略展開
　　　　　　　　　　　　　⎱グローバル化⎰
　　　　　　　　　　　　　　エコロジカル化
　(3)　環境変化が経営戦略を要請
　　　　　　└→<u>技術革新</u>→<u>製品革新</u>→<u>市場変動</u>→脅威と機会→戦略の要請
　　　　　　　　　　（環境変化）　　　　　　　　　└→脅威→機会

4. 経営戦略とは何か
　(1)　経営戦略の定義
　　　① 企業の目的や使命を達成する手段（狭義）。目的決定を含む定義（広義）
　　　② 変化する環境に事業機会を見出し，資源の再展開を伴う未来の事業活動を，現時点で意思決定し行為するルールないし方法。
　(2)　経営戦略の構成要素
　　　① 経営理念（ミッション＝存在目的・ビジョン＝将来像）の創造・確定

②　事業分野（ドメイン）の決定
③　資源展開（戦略）の決定
④　競争戦略の決定
⑤　組織戦略（実行戦略）の決定

戦略策定 ┤ 環境分析：脅威と機会
　　　　　　自社の能力（強弱）評価
　　　　　　自社の独自能力

18.2　技術革新と多角化戦略

1. 戦略論を離陸させた戦略計画論
(1)　激しい環境変化（＝技術革新・製品革新）に対応する説明理論と技法の要請
　①　第2次大戦時に膨大な国家予算を投入して開発された技術の種（シーズ）
　　　　↓　平時経済に移行（民間に開放）
　②　技術革新を直接に経験したアメリカから技術導入した日本企業も直面
　　　　↓　新たな経営理論・経営技法の要請
　③　A. D. チャンドラー, Jr, H. I. アンソフ, K. アンドルーズなどが応えた
(2)　戦略計画論を支えたチャンドラー命題

最初の戦略論形成者 ┤
　チャンドラー『戦略と組織（Strategy and Structure）』1962
　　　　↓　「構造は戦略に従う」
　アンソフ『企業戦略論（Corporate Strategy）』1965
　　　チャンドラー命題に依拠して戦略論を理論的に確立
　アンドルーズ　個人価値，公共義務も戦略構成要素と認識
　　『企業戦略の概念（Concept of Corporate Strategy）』1971

2. 多角化戦略の展開（アンソフ理論を中心にして）
(1)　戦略計画論（アンソフ企業戦略論）は多角化戦略計画論
　　　　アンソフの場合，「戦略的」＝「環境適応的」
　　　　H. A. サイモンの意思決定論を戦略的決定（戦略策定）論に応用
(2)　企業における意思決定のタイプ
　①　戦略的決定　潜在的なROIを最適化する「製品―市場（ドメイン）」
　　　　　　　　選択部分的無知の状況で，各事業機会への総資源の配分

が課題目的，成長方向・方式・タイミングなどの非反復的決定
② 管理的決定　最も組織遂行能力が高まるように資源を組織化する決定
情報・権限・責任の流れと資源の獲得・開発に関する決定
③ 業務的決定　各部門オペレーションの効率化をはかる決定➡資源生産性が問題。業務目標，生産日程計画や在庫水準，価格設定などの決定

(3) 多角化戦略の決定原理と構成要素

　└→ 共通の関連性 （common thread）：現在と将来の「製品—市場」の関連性
　　　　　新規の多角化事業の可否決定と範囲決定に有用
　　　　　オペレーショナル化（実際に使用可能化）

戦略の構成要素
① 特定の製品—市場
　製品—市場の具体化
② 成長ベクトル（図表18-5）
　成長の方向性（分野）
③ 競争優位
　特定市場で企業が競争優位を得る市場特性
④ シナジー（相乗効果）
　「共通の関連性」典型的なオペレーショナル化概念
　現行の製品—市場でコスト負担された部分の多重利用

図表18-5　成長ベクトル

	既存製品	新製品
既存市場	市場浸透	製品開発
新市場	市場開発	多角化

戦略構成要素（①～④）と並んで，能力プロフィール（自社の強みと弱点）や成長方式（内部開発かM&Aか）も，戦略決定には重要

(4) 企業が多角化戦略をとる理由
① 現行事業（製品—市場）では成長や発展を望めないから
② 余剰資源（E. I. ペンローズ）ないし組織スラック（サイアート＝マーチ）の有効活用
③ リスク分散　C. I. バーナードも多角化を経営のリスク分散と理解。

18.3　乱流的環境と戦略経営

1. 戦略計画論から戦略経営論への転換
(1)　戦略計画の行き詰まり

　　戦略計画概念は1970年代前半には広く普及したが，成果をあげられず

　　失敗の理由 ⎰ ① 環境の質的変化（豊かさ➡価値観の変化➡乱流的環境）
　　　　　　　 ⎱　　↓　速やかに対応する組織能力が不可欠
　　　　　　　　② 組織の考察の欠如➡<u>戦略実行を担う組織</u>

(2)　戦略経営への模索と軌跡

　　戦略計画論の形成者アンソフ　新たな経営戦略論を模索，

　　　　　　　　　実行局面（組織能力）を組み込んだ戦略経営論

　　1974年（ワーキングペーパー）で「組織的応答」「組織能力」に言及

　　1974年（ワーキングペーパー）「戦略計画から戦略経営へ」

　　1976年アンソフ編著『戦略計画から戦略経営へ』

　　『戦略経営』（1979）で全容を現し，『戦略経営の定着』（1984）で完成

2. 戦略経営論の特徴と展開

　　戦略経営論における戦略概念の特徴（庭本1984年）

　　　① 戦略概念の拡大化，② 戦略概念の統合化，③ 戦略概念の階層化，

　　　④ 戦略概念の精緻化，⑤ 戦略概念の道徳化（価値化）

(1)　戦略概念の拡大化（対象領域＝問題領域の拡大）

　　　① 戦略計画論は経済領域に限定した（PVもRBVも同じ）製品―市場戦略

　　　　　　↓　パラダイム転換を遂げる過程で戦略概念の拡大

　　　② 認識環境の拡大➡社会的責任領域を戦略論として展開する道

　　　　　　　　　地球環境問題が緊急課題化とした今日，重要

　　　③ 環境認識の深化➡単なる拡大ではなく，環境間関係や相互作用に視座

(2)　戦略概念の統合化

　　　① 乱流的環境➡対応時間は少＝時間節約が鍵➡執行（組織）能力が重要

　　　② 組織的視点の導入　戦略プロセス➡戦略策定（計画）＋<u>執行（組織）</u>

　　　　　　　ある意味では戦略プロセスの拡大であるが，単なる拡大ではない

第 18 章　経営環境と経営戦略

③ 計画（戦略策定）の中に執行能力を構築する統合に焦点

　　計画（戦略）と執行（組織）が相互浸透する統合が核心（図表 18-6）。

図表 18-6　戦略概念（戦略行為）の統合（Ansoff, 1982 を展開）

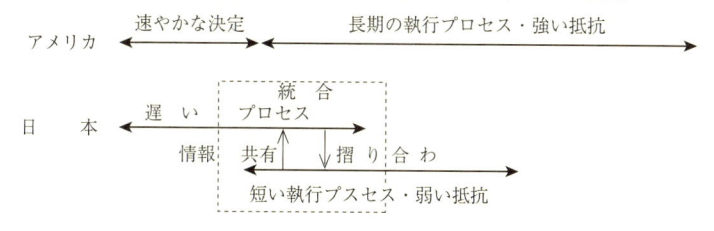

```
アメリカ　　←速やかな決定→　←──長期の執行プロセス・強い抵抗──→

　　　　　　　　　　　　統　合
日　　本　　←─遅　い─→　プロセス
　　　　　　　　　情報　共有　↓　摺り合わ
　　　　　　　　　　　短い執行プロセス・弱い抵抗
```

④ 組織認識の深化

　　戦略研究において，執行能力から始まった組織理解も，やがて環境認識や戦略創造を担う組織能力へと深化（図表 18-7）。

(3) 戦略概念の階層化

① 戦略の階層的理解の萌芽は，バーナード，アンソフにも見られる。

② これに大きく貢献したホファー＝シェンデル（1978）は，経営戦略を全社戦略（事業分野の決定），事業戦略，機能分野別戦略に識別。その後（1979）アンソフに倣って，「社会戦略（societal strategy）」を追加（図表 18-7）。

　社会戦略：企業が社会的に行動することを確保する戦略

　全社戦略：事業分野（ドメイン）の決定と事業群の管理。PPM は管理手法の 1 つ。アンソフ『企業戦略論』（1965）の対象戦略レベル

　事業戦略：機能分野別戦略の統合と特定製品―市場セグメントでの競争

図表 18-7　戦略の階層性と組織能力（庭本，1984）

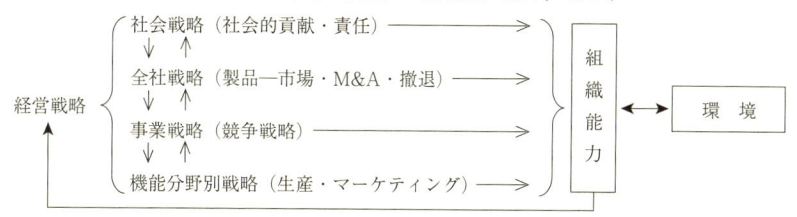

```
　　　　　　　　社会戦略（社会的貢献・責任）────┐
　　　　　　　　　　↓↑　　　　　　　　　　　　　│
　　　　　　　　全社戦略（製品―市場・M&A・撤退）─┤　組
経営戦略 ｛　　　　↓↑　　　　　　　　　　　　　│　織　←→　環　境
　　　　　　　　事業戦略（競争戦略）──────────┤　能
　　　　　　　　　　↓↑　　　　　　　　　　　　　│　力
　　　　　　　　機能分野別戦略（生産・マーケティング）─┘
```

が主問題。経験曲線，PIMS などはその手法

　機能分野別戦略：下位機能の統合と資源生産性が問われる実行戦略。
③ 戦略の階層把握は複数事業・多角化経営の解明に不可欠

　全社戦略と事業戦略の区別　⎧資源配分や組織戦略の重要性⎫
　　　多角化（複数事業）企業に⎨企業と事業の生命の区別　　⎬の明確化
　　　　　　　　　　　　　　　⎩その盛衰が事業の成否に依拠⎭
④ 環境認識も戦略創造（事業構想）も戦略実行も組織が担う（図表18-7）

　　　　　　　　　　　　　　　　　　➡**組織能力**の向上が鍵

(4) 戦略概念の精緻化

① 分析手法の発展と戦略概念の階層化➡戦略がより精緻に展開

　ボストン・コンサルタント・グループ（BCG）が提唱した「<u>経験曲線</u>（累積生産量—コスト関係の経験則），GE が開発した「PIMS」（マーケットシェア—利益関係の実証的研究），両者を結びつけた BCG のプロダクト・ポートフォリオ・マネジメント（PPM）は，多角化企業に合理的で論理的な投資の方向や選択基準を提示。

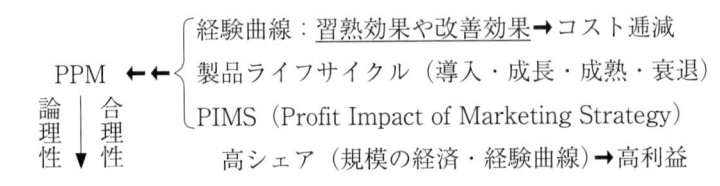

　　　　　　　　　　⎧経験曲線：<u>習熟効果や改善効果</u>➡コスト逓減
　　　　PPM ←←⎨製品ライフサイクル（導入・成長・成熟・衰退）
　　論　合　　　　⎩PIMS（Profit Impact of Marketing Strategy）
　　理　理
　　性　性　　　　高シェア（規模の経済・経験曲線）➡高利益
　　▼　▼

　事業方向や選択基準を提供➡全社的観点から経営資源の効率的配分

　　　　　　　　　　　　（見込みのない問題児・負け犬事業からの撤退）

② 競争概念の精緻化　M. ポーター『競争戦略』（1980）が貢献

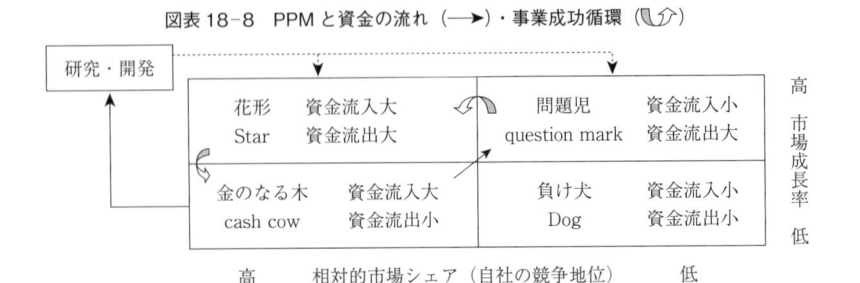

図表18-8　PPMと資金の流れ（—➡）・事業成功循環（↩）

研究・開発	花形　資金流入大 Star　資金流出大		問題児　資金流入小 question mark　資金流出大	高 市場成長率 低
	金のなる木　資金流入大 cash cow　　　資金流出小		負け犬　資金流入小 Dog　　　資金流出小	

　　　　　　高　　　相対的市場シェア（自社の競争地位）　　　低

第18章　経営環境と経営戦略

競争の基本戦略 ⎰ コスト・リーダーシップ：他社より低コスト化に集中
　　　　　　　⎨ 差別（差異）化：他社と異なった製品・サービスを提供
　　　　　　　⎱ 集中化：特定分野に資源を集中して競争優位を確保

図表 18-9　現代経営の競争構造（M. Porter, 1980 を一部変更）

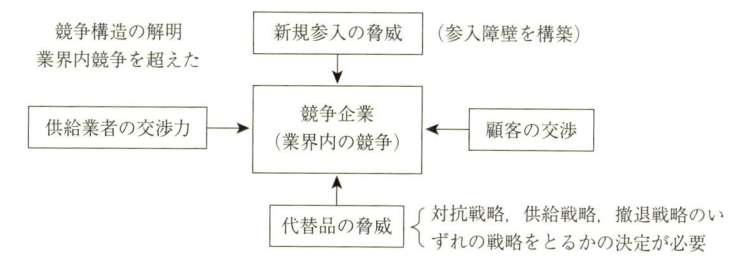

競争構造の解明　　　　新規参入の脅威　（参入障壁を構築）
業界内競争を超えた

供給業者の交渉力　→　競争企業　　　←　顧客の交渉
　　　　　　　　　　（業界内の競争）

　　　　　　　　　　代替品の脅威　⎰ 対抗戦略，供給戦略，撤退戦略のい
　　　　　　　　　　　　　　　　　⎱ ずれの戦略をとるかの決定が必要

(5) 戦略概念の道徳化（価値化）
① 組織道徳（組織価値，**組織文化**）の生成と戦略
・経営哲学・理念，組織構造，管理システム ⎫ 組織価値（組織文化）
・組織メンバーの情報的相互作用が生成・共有 ⎭　　　　（組織道徳）

② <u>組織価値（**組織文化**）は解釈システム</u>
　　→戦略の創造・形成・執行に影響→戦略概念の道徳化（価値化）

　　図表 18-10 でいま少し説明すると，環境変化を客観的に反映している
　かに見えるデータも構成されている。技術フィルターの設定に判断が介在
　するからだ。そのデータも，鋭敏なミドルを含めて経営現場を熟知した戦
　略的経営者層の解釈システムに合致したものだけが，知覚される。さらに
　トップ経営者層の解釈システムをくぐり抜けた情報だけが，戦略や組織行
　動につながるのである。

図表 18-10　組織（戦略）文化と環境認知（Ansoff, 1984 を展開）

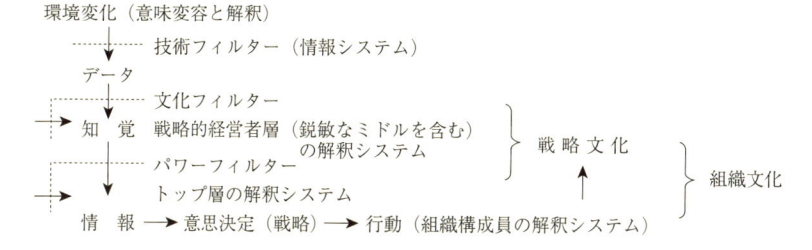

環境変化（意味変容と解釈）
　┆…… 技術フィルター（情報システム）
データ
　┆　　文化フィルター
　├→知　覚　戦略的経営者層（鋭敏なミドルを含む）⎫
　┆　　　　　　　　　　　　　　の解釈システム　　⎬ 戦略文化 ⎫
　┆　　パワーフィルター　　　　　　　　　　　　　⎭　　　　　⎬ 組織文化
　↓　　　　トップ層の解釈システム　　　　　　　　　　↑　　　⎭
　情　報　→　意思決定（戦略）　→　行動（組織構成員の解釈システム）

③ 戦略硬直性をものは組織価値＝解釈システムの硬直性
　　　組織価値の歴史的・環境的制約性とその認識の困難性
　　　　　　　掛けている眼鏡を通してその眼鏡を見る難しさ
　多くの経営体が行き詰まりに気づかず衰退→克服する仕組みが必要

組織価値 ┬ 「共有されている価値」→信念→一枚岩的理解ではない
　　　　 ├ 個人は独特の経歴と経験→組織価値理解に微妙なズレ
　　　　 └ 分有　困難な事態→組織の中核メンバー間にも理解に差異

新たな組織価値の創造　　　　組織価値の裂け目→眼鏡のヒビを理解

18.4　現代の経営戦略

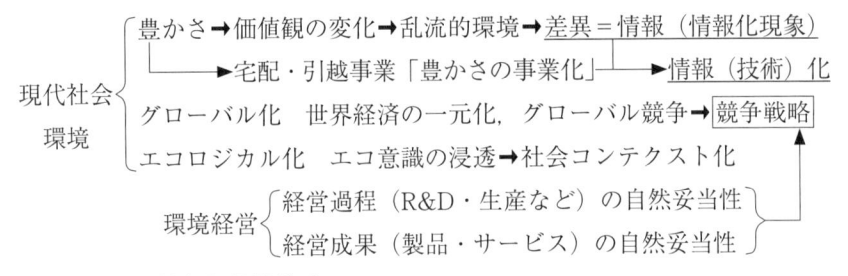

現代社会環境 ┬ 豊かさ→価値観の変化→乱流的環境→差異＝情報（情報化現象）
　　　　　　 │　　　→宅配・引越事業「豊かさの事業化」→情報（技術）化
　　　　　　 ├ グローバル化　世界経済の一元化，グローバル競争→競争戦略
　　　　　　 └ エコロジカル化　エコ意識の浸透→社会コンテクスト化
　　　　　　　　　環境経営 ┬ 経営過程（R&D・生産など）の自然妥当性
　　　　　　　　　　　　　 └ 経営成果（製品・サービス）の自然妥当性

1. グローバル競争と経営戦略

　　　グローバル化＋エコロジカル化→競争激化←アジア企業の台頭
　　　現代の経営戦略論の焦点：競争戦略

(1) ポジショニング競争戦略論（PV）M.ポーターが切り開く
　① 競争優位の源泉を外部環境→競争構造を分析（図表18-9を参照）
　② 「企業が属す業界が持続的競争優位の可否を決定」→目標（利益率）達成に好ましい環境に位置づける（ポジショニング）→戦略行動の中心
　　　（問題点）┬ 自社の参加自体が競争を激化→業界の平均利潤率低下
　　　　　　　 └ 業界の魅力は企業のケイパビリティと切り離して評価できず
　③ 参入障壁の競争戦略的把握。ゲーム理論を導入して動態化→「移動障壁」
　④ 競争上の位置に応じた競争戦略を示唆（マーケティング戦略と結合）

第18章 経営環境と経営戦略

競争の基本戦略　　{ コスト・リーダーシップ戦略➡トップ企業
（図表18-9参照）　 差異化（差別化）戦略➡チャレンジャー
　　　　　　　　　　集中化戦略➡ニッチャー，（模倣戦略➡フォロワー）

⑤ 産業の成熟度に応じた競争戦略（**撤退戦略**，参入戦略）を具体的展開

・リーダーシップ戦略

　残存市場を支配し，他社を早期撤退に追い込み，利益を確保

・拠点確保戦略

　他社に先駆け拠点確保

図表18-11　衰退産業での撤退戦略

衰退速度	残存需要での競争力　強	残存需要での競争力　弱
遅	リーダーシップ戦略 拠点確保戦略	刈り取り戦略 早期撤退戦略
早	拠点確保戦略 刈り取り戦略	早期撤退戦略

【その他の撤退理由】➡敗退，事業再構築，「選択と集中」戦略

(2) 資源ベース競争戦略論（RBV）

① 持続的競争優位の源泉➡「稀少かつ模倣困難な価値ある経営資源」

② 資源・知識・ケイパビリティ学派の形成

・B. ワーナーフェルト「資源に基づく企業観」（1982）に始まり，

・G. ハメル＝C. K. プラハラード「コア・コンピタンス」（1994）を経て

・J. B. バーニー『競争優位の構築と持続』（2002）で発展・定着

・D. ティース他「ダイナミック・ケイパビリティと戦略経営」（1997），『ダイナミック・ケイパビリティ』（2007）で一つの到達点

③ 管理システムやルーチン，チームワーク，組織文化などの組織要因が，競争優位を獲得する重要な経営資源であることを明確化

④ 知識，コンピタンス，ケイパビリティも経営資源と認識（バーニー）

(3) 資源ベース競争戦略論の問題点

①環境激変への対応が困難。「コンピタンス➡リジディティ（硬直性）」
②「何が価値ある資源か」を自らの理論内で決定できない➡PVと補完
③RBVの資源観に内在する弱点➡資源一般と能力の同列化

> 能力は，他の経営資源を組み合わせ，活用する力。資源と能力を同義に扱い，それを資源ベース戦略論としての資源から説けば，能力は客体的な資源一般の属性に埋没し，能力の主体的側面や能動的側面が弱められる。バーニーの資源理解が典型的。

④ **ダイナミック・ケイパビリティ（動的能力）論**➡組織能力論の一側面
(4) 資源ベース戦略論（RBV）と組織的知識創造理論（初学者には難しい）
①RBVの視点が能力に及んだ段階に野中の組織的知識創造論（1995）
②対立・補完するPVと ┐　対立？　┌RBVと親和的な知識創造
　　RBVは競争優位重視 ┘科学観は同じ└論は共創重視と主張？
③組織的知識創造論の核心は暗黙知と形式知の相互変換プロセス
　　野中理論は暗黙知（模倣困難な資源：RBV←矛盾→）の**形式知化理論**
　　≠共創的知識創造理論➡個人的暗黙知の形式知化➡知識共有理論
④野中理論は主体的・能動的作用を支える暗黙知のモノ化，客体化理論。

2. 危機的環境変化と組織能力
(1) 世界金融危機（2008）とGMの破綻・トヨタの苦境
　　2007年夏，危機のシグナル。2008年夏，世界金融（経済）危機
①GMの経営破綻は，短期的利益を求めて革新を怠った結果
②「トヨタ・ショック」をもたらしたのはトヨタ
　　経済危機直前まで拡大戦略➡日産，ホンダより2-3カ月対応が遅れた。
(2) 環境適応戦略と防衛的**組織能力**
①乱流的環境➡変化を活用➡革新的適応戦略➡事業革新➡発展
②危機的環境変化は経営戦略論の環境適応範囲を超えているが，対処。
　　バーナードの先見性の行使「蓋然性（＝過去に起こったことのある可能性）を，ほぼ確実に起こるものと見て，準備すること」
　　➡過去の経験から最悪の事態を含めた幾つかのシナリオを用意
③環境順応（ひたすら環境にあわせる適応）と防衛的組織能力（どのシナリオも速やかに移行し実行できる能力）の構築

(3) 環境創造戦略と組織能力の展開

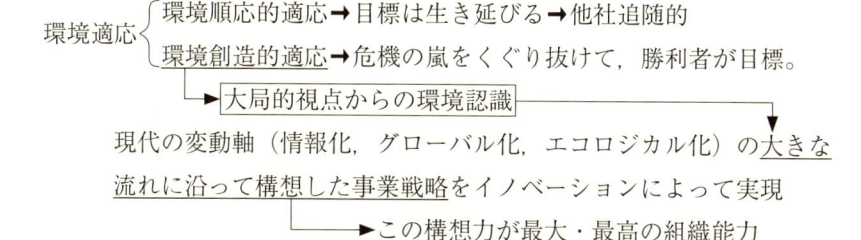

環境適応 ┌ 環境順応的適応 → 目標は生き延びる → 他社追随的
　　　　 └ 環境創造的適応 → 危機の嵐をくぐり抜けて，勝利者が目標。
　　　　　　　　→ 大局的視点からの環境認識

現代の変動軸（情報化，グローバル化，エコロジカル化）の<u>大きな流れに沿って構想した事業戦略をイノベーションによって実現</u>
　　　　　　　→ この構想力が最大・最高の組織能力

(4) ダイナミック・ケイパビリティ概念の発展と組織能力

「内部・外部のコンピタンスの統合・構築・再配置を実行し，急速な環境変化に対処する企業の能力」（ティースなどの原初的定義，1997）

　　↓ 精緻化・拡張

「組織が意図的に資源ベースを創造・拡大・修正する能力」（2007）

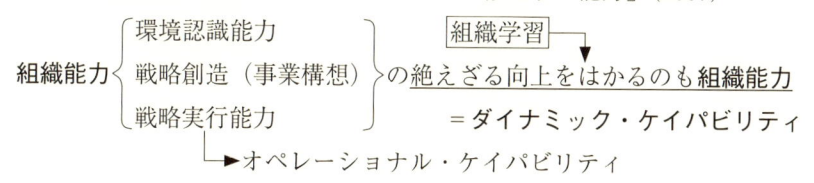

組織能力 ┌ 環境認識能力
　　　　 │ 戦略創造（事業構想） ├ の絶えざる向上をはかるのも **組織能力**
　　　　 └ 戦略実行能力　　　　　　　　　　　　　　　　　　　　＝ダイナミック・ケイパビリティ
　　　　　　→ オペレーショナル・ケイパビリティ

　　　　　　　　　　　　　　　　　　　組織学習

【より進んだ学習のための文献】

A. 榊原清則著『経営学入門（上）（下）』日本経済新聞社，2002年。
A. 沼上　幹著『わかりやすいマーケティング戦略』有斐閣，2008年。
A. G. Saloner, A. Shepard and J. podolny, *Strategic Management*, John Wiley & Sons, 2001. 石倉洋子訳『戦略経営論』東洋経済新報社，2002年。
B. 伊丹敬之著『経営戦略の論理（第3版）』日本経済新聞社，2003年。
B. H. Ansoff, *Strategic Management*, Macmillan, 1979.（中村元一監訳『戦略経営論』中央経済社，2007年。）
B. M. Porter, *Competitive Strategy*, Free Press, 1980.（土岐　坤・服部照夫・中辻萬治訳『競争戦略』ダイヤモンド社，1982年。）
B. J. B. Barney, *Gaining and Sustaining Competitive Advantage*, Second Ed., Prentice-Hall, 2002.（岡田正大訳『企業戦略論（上）（中）（下）』ダイヤモンド社，2003年。）
B. I. Nonaka and H. Takeuchi, *The Knowledge-Creating Company*, Oxford University Press, 1995.（野中郁次郎・竹内弘高著（梅本勝博訳）『知識創造企業』東洋経済新報社，1996年。）
C. 庭本佳和著『バーナード経営学の展開』文眞堂，2006年，第6・11章。
C. C. I. Barnard, *The Functions of the Executive*, Harvard University Press, 1938.（山本安

次郎・田杉　競・飯野春樹訳『経営者の役割』ダイヤモンド社，1968年。）
C. Helfat, S. Finkelstein, W. Michell, M. Peteraf, H. Singh, D. Teece and S. Winter, *Dynamic Capabilities*, Blackwell, 2007.（谷口和弘・蜂巣　旭・川西章弘訳『ダイナミック・ケイパビリティ』勁草書房，2010年。）

（庭本佳和）

第19章
経営のグローバル化と社会

> 《中心的論点とキーワード》
>
> 　企業経営は，グローバルに拡がる消費者，サプライア，従業員，投資家，地域社会，政府，地球環境など利害関係者（ステイクホルダー＝社会）との良好な相互関係を構築することなくして持続的に企業活動を継続できない。キーワード：新自由主義，オフショア・アウトソーシング，グローバル・ガバナンス，フェア・グローバリゼーション

19.1　企業経営のグローバル化と社会

1. 企業経営
　商品やサービスの購買物流，生産，出荷物流，販売，マーケティング，保守・サービスなどの主活動，研究開発，資材・部品調達，財務管理，人的資源管理など経営管理の支援活動を通じて顧客から価値を受け取り，企業利益（利潤）を獲得。

2. 企業経営と社会
　企業経営者，消費者，サプライア（供給業者），従業員（労働者），投資家（株主），地域社会，政府，地球環境などの**利害関係者（＝ステイクホルダー）**により企業活動が支えられている。企業経営者は，これらの**利害関係者（＝社会）**との良好な相互関係を構築することなくしては持続的に企業活動を継続できない。
　➡企業と社会は不可分離の関係。企業は社会の公器。

3. 企業のグローバル化（Ⅰ）
　企業は，これらの企業活動を国境を越えて行う。

➡商品・サービス貿易

　商品・サービス貿易：企業が行う商品・サービスの国境を越えた売買の取引が貿易。商品・サービスの国外への販売が輸出であり，国外からの購入が輸入。これらの商品・サービス貿易には，天然資源はじめ工業製品，資金や資本などの金融が対象。

4. **企業のグローバル化（Ⅱ）**

　企業は，商品・サービスの貿易だけでなく，商品・サービスの生産や研究開発など主活動や支援活動など企業活動を国境を越えて行う。

5. **国境を越えて活動を行う企業**

　多国籍企業（Multinational Corporation, Multinational Enterprise），グローバル企業（Global Corporation），国際企業（International Corporation），超国家企業（Transnational Corporation）。

6. **企業のグローバル化（Ⅲ）**

　企業の利害関係者（＝社会）もまた，グローバル化。グローバル化した企業は，グローバルな利害関係者（＝社会）と良好な相互関係を築くことなくしては持続的に企業活動を継続できない。

➡企業とグローバルな社会と不可分離の関係。企業はグローバル社会の公器。

7. **企業経営の発展**

　企業は，新しい商品・サービスを技術革新することにより社会との関係を変化させ，経営発展。また，企業は，社会との関係の変化とともに技術革新を行い，経営発展。1989年の東西冷戦の終結というグローバルな社会の変化と情報通信（ICT）革命は，企業経営に大きな変化。

19.2　経営のグローバル化の歴史

1. **企業による商品・サービスの貿易：商品・サービスの輸出入**
   - ➡19世紀の産業革命期のイギリスとアメリカとの間の商品・サービス貿易
     19世紀の日本とアメリカ，イギリスとの間の商品・サービス貿易
   - ➡資本の輸出入　証券投資（株式，社債，国債の保有）
     証券投資：利子や配当を目的とした投資。

2. 企業活動のグローバル化：対外直接投資（株式の保有）

19世紀の末から20世紀の初頭にかけて国外の農業・鉱業・製造業分野で欧米企業の海外直接投資が行われるようになった。

対外直接投資：株式会社の経営権や支配権を目的とした投資。株式会社の発行株式総数の10％以上を保有することにより，その株式会社の経営権を確保する。

3. アメリカ企業のグローバル化：1950年代後半〜1960年代

ヨーロッパに，自動車，化学，電気機器などの製造業を中心としたアメリカ多国籍企業が進出。セルバン・シュレベール（1968）『アメリカの挑戦』のベストセラーが出版。

進出理由：① 第二次世界大戦の戦後復興を遂げたヨーロッパ企業の国際競争力が増大。② 1958年にEEC（ヨーロッパ経済共同体：今日のEU，ヨーロッパ連合の母体）が設立，EEC域外共通関税の措置に対抗。

4. ヨーロッパ企業のグローバル化：1970年代

製造業，鉱業を中心としたヨーロッパの多国籍企業がアメリカへ進出。

進出理由：国際競争力を増大したヨーロッパ多国籍企業のアメリカ進出。

➡「対外直接投資の相互浸透」

5. 日本企業のグローバル化：1980年代後半

日本の製造業，卸売業を中心とした日本の多国籍企業がアメリカへ進出。国際競争力を増大した日本の製造業の多国籍企業がアメリカ進出。1970年代から1980年代に国際競争力を増大した日本企業は，アメリカ市場へ工業製品の輸出を増大。

➡日米貿易摩擦

進出理由：鉄鋼，民生用エレクトロニクス製品，自動車，半導体など工業製品分野での日米間の貿易摩擦を回避。1985年，プラザ合意による円高・ドル安の通貨調整。

6. 多国籍企業と新興経済諸国企業のグローバル化：1990年代

日米欧多国籍企業がBRICs（ブラジル，ロシア，インド，中国）をはじめ新興経済諸国へ進出。また，1990年代後半に発展途上国の企業が，2000年代後半に移行経済諸国の企業がグローバル化。

進出理由：東西冷戦構造が終焉し，新自由主義的な経済のグローバリゼーションが進展。

BRICsと新興経済諸国が，世界の工場・生産拠点の役割から世界の市場への役割を変化し，日米欧の多国籍企業は新興経済諸国へ進出。また，新興経済諸国の企業が競争力を高め，グローバル化。

19.3　東西冷戦構造終焉と経営のグローバル化

1. **1989年にベルリンの壁崩壊**

   第二次世界大戦後の東西冷戦構造が終焉。ロシア，中国など旧社会主義諸国が，社会主義経済体制を転換。市場経済や社会主義市場経済に移行

   ➡移行経済諸国。

2. **ワシントン・コンセンサス**

   これに対してアメリカは，財務省，IMF（国際通貨基金），WB（世界銀行）と一体になって移行経済諸国や発展途上国との間に自由な貿易と投資協定を締結。WTO（世界貿易機関）への加盟を促進。

   ➡ワシントン・コンセンサス

   ➡新自由主義，市場原理主義のグローバル化を推進。

3. **1990年代以降の直接投資**

   米欧日多国籍企業が発展途上国や移行経済諸国との貿易と直接投資の活

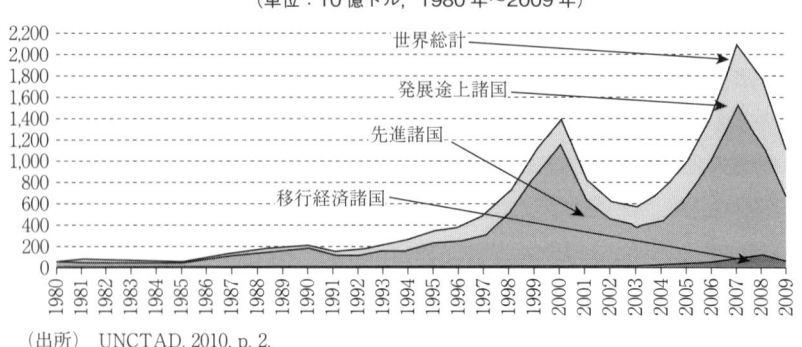

図表19-1　世界の対内直接投資フローと地域グループ別分布
（単位：10億ドル，1980年〜2009年）

（出所）UNCTAD, 2010, p. 2.

動。

4. 新興経済諸国のグローバル化

発展途上国の企業は，1980年代中頃から，移行経済諸国の企業は，2000年代後半から**海外直接投資（FDI）を展開**

→発展途上国と移行経済諸国が受け入れた**対内直接投資額**は，2000年に全世界の20％程度だったが，2009年には，約50％にまで増大。

図表 19-2　世界の対内直接投資及び対外直接投資に占める発展途上国と移行経済諸国の割合（パーセント：2000年～2009年）

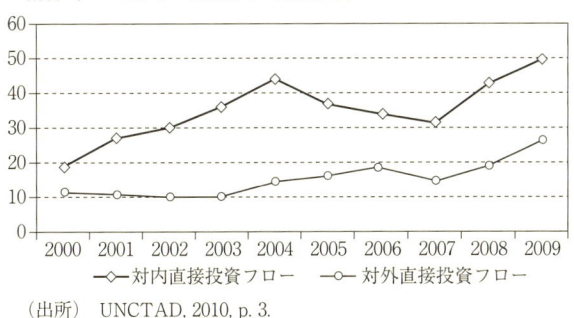

（出所）　UNCTAD, 2010, p. 3.

一方，発展途上国と移行経済諸国が行った**対外直接投資額**は，2000年に全世界の10％程度だったものが，2009年には，約25％にまで増大。

5. 日米欧多国籍企業と新興国企業の国際競争力の変化

日米欧多国籍企業と発展途上国と移行経済諸国の多国籍企業の数を比較：東西冷戦の終結直後の1992年では，92％：8％であったが，2008年には72％：28％にまで国際競争力を強化。

世界の多国籍企業上位5000社の海外活動を1995年と2008年を比較。アメリカ多国籍企業は，海外資産の割合を減らすが，売上高の割合は増加

→**オフショアリング，オフショア・アウトソーシング**の結果。

EUの多国籍企業は，海外資産の割合も売上高も増加。

日本の多国籍企業は，海外資産の割合を増やすが，海外売上高の割合を減少。

これに対して，新興諸国なかでもアジア企業は，海外資産や海外売上高をともに増大。

図表 19-3　本国・地域別の多国籍企業上位 5000 社の海外活動
（単位：パーセント，1995 年と 2008 年）

本国地域	海外資産 1995	海外資産 2008	海外売上高 1995	海外売上高 2008
先進諸国	98.9	92.0	98.7	90.9
EU	27.9	40.4	37.7	40.9
アメリカ	55.5	29.5	28.0	29.1
日本	8.8	13.3	27.8	13.9
開発途上国と移行経済諸国	1.1	8.0	1.3	9.1
内アジア	1.0	6.6	1.1	7.6
総計	100.0	100.0	100.0	100.0

（注）　1995 年については 2084 社の多国籍企業。
（出所）　UNCTAD, 2010, p. 18.

19.4　新自由主義・市場原理主義と経営のグローバル化

1. **リストラクチャリングの国際経営モデル：1980 年代～1990 年**

    アメリカ企業のリストラクチャリング（事業の再構築）戦略。アメリカ製造工場の海外移転。
    - → アメリカ製造業の衰退，産業の空洞化，雇用の輸出 → 空洞化会社：製造工場のないマーケティング，研究開発，バックオフィス，経営管理機能を行う本社を持つ企業。→ 脱国内製造の国際経営モデル

    自動車産業など企業の国際競争力を失った産業では，日本，ヨーロッパ企業がアメリカ市場に進出。
    - → 逆説的であるが，製造工場の投資と雇用の拡大に貢献。しかし，ICT 製品やサービスなど国際競争力の強い産業では，20 世紀型の国際経営モデル＝脱国内製造の国際経営モデル。
    - → 製造工場と雇用の海外シフトが進む。

2. **オフショアリングの国際経営モデル：1990 年代～2000 年代**

    アメリカ企業のオフショアリング（offshoring），オフショア・アウトソーシング（offshore outsourcing）戦略。アメリカ企業の国内工場の単なる海外移転ではない。海外工場を所有する現地企業との委託製造契約に基づく国

際的な委託生産。
- ➡OEM（相手先ブランド生産），ODM（相手先ブランドによる設計製造），EMS（エレクトロニクス・マニュファクチャリング・サービス）の普及。

　製造業，流通業におけるOEM，ODM，EMS：スポーツ用品のナイキ，小売業のウォルマート，PC製品メーカーのインテル，HP，デル・コンピュータ，携帯電話などエレクトロニクス製品のアップル，ソニー，シャープ，キヤノン。

　本社は，製品のデザインや設計，マーケティングなど差別化優位を築くことによる競争優位を持続。寡占価格の形成による高い売上高利益率の確保。

　日米欧多国籍企業のOEM，ODM，EMS委託先の企業は，中国企業，台湾企業などのアジア企業。

- ➡脱国内製造，脱海外工場の国際経営モデル。

3. **オフショア・アウトソーシングの国際経営モデル**

　サービス業におけるオフショア・アウトソーシング
- ➡ソフトウェア製品メーカーのマイクロソフト，アドビシステムズ，ICTサービス企業のIBM，HP，日本のNEC，富士通。
- ➡企業の事務処理，経理処理などバックオフィス部門のアウトソーシング（BPO：ビジネス・プロセス・アウトソーシング）
- ➡本社は，製品のデザインや設計，ソリューション，マーケティング，の提供など差別化優位を築くことによる競争優位。寡占価格の形成による高い売上高利益率の確保。
- ➡日米欧多国籍企業の委託先のソフトウェア開発，ITサービス，BPO企業は，インド企業，中国企業，フィリピン企業，メキシコ企業
- ➡脱国内開発，脱バックオフィスの国際経営モデル。

19.5　東西冷戦構造の終焉と国際経営

1. **東西冷戦構造後の国際経営**

(1) 1980年代のアメリカ企業の**国際経営**は，脱国内製造であり，研究開発，

マーケティング重視の**国際経営モデル**。
(2) 東西冷戦終結後の新自由主義・市場原理主義の国際経営は，脱国内製造であり，研究開発，マーケティング重視だけでなく，**オフショアリング，オフショア・アウトソーシングの国際経営モデル**。
(3) このオフショアリング，オフショア・アウトソーシングの国際経営は，1990年代中頃の**ICT革命**により，国境を越えて大容量の情報通信の伝送が可能になった国際経営モデル。
(4) しかし，研究開発やマーケティング，ソリューションなど差別化を生み出す企業活動は，技術やノウハウの流出を防ぐため，欧日多国籍企業の海外子会社を通じて展開。

2．BRICsと経営のグローバル化

BRICs諸国の対外直接投資と残高が示すように，2000年代から10年間，増大。

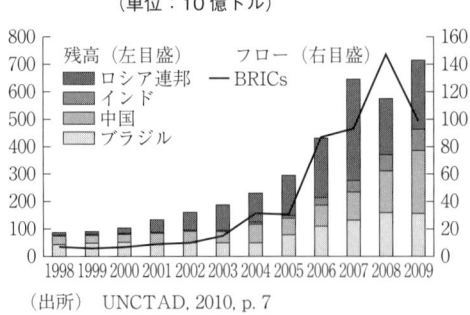

図表19-4　BRICs諸国の対外直接投資のフロー残高
（単位：10億ドル）

(出所）UNCTAD, 2010, p. 7

この**BRICs諸国の海外進出**は，国境を越えた**クロスボーダーM&A**によって達成。この10年間に，インド企業812件，中国企業450件，ブラジル企業190件，ロシア企業436件を達成。

これらのクロスボーダーM&Aは，グローバルな競争優位の源泉となる所有特殊優位（ownership specific advantages）を持った。

BRICs諸国企業の対外直接投資は，**国家所有企業**であることから，短期的な収益性を追求するよりも，戦略的な判断に基づく。

BRICs諸国のこれら多国籍企業は，真にグローバルな企業であり，グローバルなブランド，経営管理技術，競争力のあるビジネス・モデルを持つ。
→CITIC（中国），COSCO（中国），ルークオイル（ロシア），ガスプロム（ロシア），Vale.S.A.（ブラジル），タタ（インド），OGNC Videsh（インド）

3. アジアの新興諸国と経営のグローバル化

グローバルなICT産業におけるアメリカ多国籍企業は，ソフトウェア，インターネット，専業半導体部門など，売上高利益率の高い部門で圧倒的優位。また，売上高利益率が相対的に低いITサービス，IT機器・システム部門においても圧倒的優位。
→**オフショアリング，オフショア・アウトソーシングの国際経営戦略**。

他方，台頭するアジアICT企業のうち，台湾企業は，PC製品や関連製品，通信機器製品のOEMやODM，専業半導体の**受託製造（ファウンドリ）**の分野で寡占的な競争優位を確立。

グローバルなICT産業でひろがるアジアのODM，EMS，ICTサービスは，単なる安価な労働コストの受託生産ではない。さまざまな日米欧の顧客企業からの委託生産により独自技術の発展による差別化。

台湾ICT企業は，日米欧多国籍企業の単なる国際的下請けでなく，かれらのパートナー企業としてODM，EMSなど受託製造企業。

韓国ICT企業は，DRAM半導体と通信機器，液晶パネルなどエレクトロニクス部門の**OBM（独自ブランド生産）**で競争力。日本ICT企業のライバル企業。寡占企業のグローバル競争。

インドICT企業はITサービス，ソフトウェア，BPOで競争力を確立。中国企業のICT企業は大規模であるが少数で，国内市場志向で技術開発力に課題。

19.6　経営のグローバル化と社会

1. 先進諸国の経営と社会

(1) 東西冷戦構造終結後の1990年代，**オフショアリング，オフショア・ア**

図表 19-5　世界の産業別 ICT 企業上位 10 社（2006 年現在）

①ソフトウエア（23%） →欧米 10 社	①マイクロソフト（米），②オラクル（米），③ SAP（独），④シマンテック／ベリタス（米），⑤コンピュータ・アソシエイツ（米），⑥エレクトロニック・アーツ（米），⑦アドビ・システムズ（米），⑧ Amdocs（米），⑨インテュイット（米），⑩オートデスク（米）．
②インターネット（15%） →欧米日 10 社	①アマゾン（米），②グーグル（米），③ AOL LLC（米），④ヤフー（米），⑤ IAC/インタラクティブ（米），⑥イーベイ（米），⑦イートレイド（米），⑧エキスペディア（米），⑨ TD アメリトレード（米），⑩ヤフー／ジャパン（日）．
③専業半導体（12%） →欧米 9 社＋台湾 1 社	①インテル（米），②テキサス・インスツルメント（米），③インフィニオン（独），④ ST マイクロエレクトロニクス（スイス），⑤台湾半導体（台），⑥キマンダ（独），⑦フリースケール（米），⑧ NXP（蘭），⑨ AMD（米），⑩マイクロン（米）．
④電気通信サービス（9%） →日米欧 9 社＋中国 1 社	① NTT（日），②ベライゾン（米），③ドイツ・テレコム（独），④テレフォニカ SA（スペイン），⑤フランス・テレコム（仏），⑥ AT&T（米），⑦ボーダフォン（英），⑧スプリント・ネクステル（米），⑨テレコム・イタリア（伊），⑩中国移動（香港）．
⑤通信機器（8%） →欧米 9 社＋中国 1 社	①ノキア（フィンランド），②モトローラ（米），③シスコシステムズ（米），④エリクソン（スウェーデン），⑤アルカテル・ルーセント（仏），⑥ L-3 コミュニケーションズ（米），⑦ノーテル・ネットワークス（加），⑧ Huawei テクノロジーズ（中国），⑨クアルコム（米），⑩アヴァヤ（米）．
⑥エレクトロニクス（6%） →日欧 8 社＋韓国 2 社	①シーメンス（独），②日立（日），③パナソニック（日），④ソニー（日），⑤サムスン（韓），⑥キヤノン（日），⑦フィリップス（蘭），⑧三菱電機（日），⑨ LG 電子（韓），⑩シャープ（日）．Chi Mai オプトエレクトロニクス（台），AU オプトエレクトロニクス（台），Nvidia（米），Jabil サーキット（米），Sanmina SCI（米）．
⑦ IT サービス（5%） →欧米 10 社＋インド 3 社	① EDS（米），②テック・データ（米），③アクセンチュア（バミューダ），④ CSC（米），⑤キャップジェミニ・アーンスト・ヤング（仏），⑥ SAIC（米），⑦ファースト・データ（米），⑧ ADP（米），⑨エートス・オリジン（仏），⑩ユニシス（米）．インフォシス（印），ウィプロ（印），TCS（印），データテック（南ア），ディメンジョン・データ（南ア）．
⑧ IT 機器・システム（5%） →日米 7 社＋台湾 3 社	①ヒューレット・パッカード（米），② IBM（米），③デル・コンピュータ（米），④東芝（日），⑤ NEC（日），⑥富士通（日），⑦ホン・ハイ・ブレンジョン（台），⑧アップル（米），⑨ ASUSTeck コンピュータ（台），⑩クワンタ・コンピュータ（台），ハイテック・コンピュータ（台），ライト・オン・テクノロジー（台），レノボ（中），サンディスク（米），コンパル・エレクトロニクス（台），インベンテック（台），Benq / Qisda（台），TPV テクノロジー（中），Wistron（台）．

（注）　パーセントは，産業部門別の売上高利益率を示す．ICT 産業全体の売上高利益率は 7.69% であった．
出所：OECD, 2008, pp. 59-66. により著者作成．

ウトソーシングの国際経営モデルが登場。多国籍企業は，本国の製造業の衰退，産業空洞化，製造業の雇用のみならず，ビジネス・サービス業の雇用の喪失，非正規雇用の増大を招く。**技術者やホワイトカラーの失業や雇用の不安定化。**

(2) 製造業，ビジネス・サービス業における雇用の喪失は，脱国内製造，脱海外工場，脱国内開発の国際経営が続く限り悪化。失業率の増大と雇用の不安定化，非正規雇用の増大。

(3) 失業率の増大と雇用の不安定化，非正規雇用の増大は，地域間，産業間，企業間，職種間により異なり，所得格差を生み出す。

→ 1990年代以降，アメリカ製造業の雇用者数は，低下傾向。ビジネス・サービスの雇用にも悪い影響。また，日本においても非正規雇用が急拡大。

(4) オフショアリング，オフショア・アウトソーシングの国際経営は，多国籍企業本国の貿易・サービス収支および経常収支を悪化させる。この経常収支の悪化は，多国籍企業本国の通貨を安くする。

→ アメリカの経常収支は，1990年代以降，赤字幅が増大。アメリカ・ドル安の傾向と不安定化。

2. BRICs諸国はじめ新興経済諸国における経営と社会

(1) 先進諸国の製造業，サービス業の多国籍企業の受け入れとともに雇用数が増大。しかし，都市部と農村部の雇用地域の不均衡により，地域間の雇用数の不均衡。さらに，産業構造のちがい，景気循環の変動により地域間の雇用数の不均衡の増大。

(2) 農村部と都市部との地域間の雇用者数不均衡は，農村部と都市部との間の**所得格差**。この所得格差は，産業構造のちがい，景気循環と失業率の変動により拡大。社会的な不安定要因。

(3) 多国籍企業の途上国，新興経済諸国への進出は，多国籍企業の人的資源管理と受け入れ先企業との間に経営文化の摩擦。また，オフショア・アウトソーシングは，受け入れ先企業の**人権問題**，**労働問題**をグローバルな問題に。

(4) 先進国の農業，鉱業の多国籍企業の受け入れと，受け入れ先国の工業化

とともに自然環境に大きな影響。多国籍企業と地元企業による開発と環境問題の解決が，国境を越えたグローバルな問題に。途上国の環境問題は，**地球環境問題**。

19.7 これからの経営とグローバルな社会

1. グローバル・ガバナンスと多国籍企業

(1) 東西冷戦構造の終焉とともに，多国籍企業はグローバルに活動し，**ステイクホルダー**の存在と利害もグローバルな広がり。企業経営と社会の関係もグローバルに。

(2) 新自由主義・市場原理主義のグローバリゼーションが生み出した雇用問題，失業問題，所得格差，人権問題，環境問題などに対する批判や問題解決のため，さまざまなステイクホルダーの取り組み，社会運動の広がり。

→グローバルに起きている問題を解決するため，グローバルな企業経営と社会の関係を捉える2つのアプローチ（方法）。

(3) 国連のグローバル・ガバナンスと ILO のフェア・グローバリゼーションのアプローチ。

(4) グローバル・ガバナンスとは，国連の the Commission on Global Governance（1995）が提唱し，実践している考え方，方法。

→東西冷戦終結後のグローバル化した世界では，公的な国際機関や国家機関では解決ができないか，あるいは解決が難しい問題領域（難民問題，貧困問題，人権問題，労働問題，環境問題など）が発生。これらの問題領域に関して NGO などの個人やステイクホルダーが問題解決に参加または関与。グローバル・ガバナンスは，世界的な問題の解決主体として国家機関や国際機関のみならず，「個人と機関，私と公」に期待。

→グローバルなステイクホルダーの関与を期待。グローバル・ガバナンスは，多国籍企業に社会的責任，CSR を求める考え方に立ち，ステイクホルダーとともに世界的な問題解決に参加と協力を求める。多国籍企業もまた，グローバルな企業市民として問題解決に参加，協力。グローバルな世界での企業とステイクホルダーの新たな関係構築。

2. フェア・グローバリゼーションという考え方

(1) フェア・グローバリゼーションの概念は，アンフェア（不公正）なグローバリゼーションに対する批判から，特に人々に焦点をあてた考え方。ILO のグローバリゼーションの社会的側面に関する世界委員会が提唱。

(2) ILO の世界委員会によると，フェア・グローバリゼーションの基本は，すべての人々の要求を満たすこと。例えば，人権と個人の尊厳，文化的アイデンティティと自治を尊重すること，**人間らしく働くこと**，人々が暮らしている地元のコミュニティに活力を与えること，ジェンダーの平等である（ILO 2004）。

(3) フェア・グローバリゼーションは，世界的には，IMF や世界銀行（World Bank）がこれまで途上諸国に要求してきた新自由主義と市場原理主義的政策を転換する考え方。

→ IMF と世界銀行は，先進国への国際的債務の返済を優先するために，途上国に対し社会的セフティーネットの崩壊，政府のサービスの削減，労働者の法的保護の排除を押しつけ。IMF や世界銀行が，この政策を是正して途上国の社会的ニーズを満たす政策に転換すれば，全体としての仕事の創出，グローバル経済における経済需要の拡大に貢献。

【より進んだ学習のための文献】

A. Friedman, Thomas L., *The world is flat: a brief history of the twenty-first century*, Farrar Straus & Giroux（T），2006.（伏見威蕃訳『フラット化する世界：経済の大転換と人間の未来』日本経済新聞社，2006 年。）

A. 赤羽新太郎・夏目啓二・日高克平編著『グローバリゼーションと経営学』ミネルヴァ書房，2009 年。

B. Michael E. Porter（eds.），*Competition in global industries*, Harvard Business School Press, 1986.（土岐 坤・中辻萬治・小野寺武夫訳『グローバル企業の競争戦略』ダイヤモンド社，1989 年。）

B. The Commission on Global Governance, *Ourglobal neighbourhood*, Oxford; New York: Oxford University Press, 1995.（京都フォーラム監訳『地球リーダーシップ：新しい世界秩序をめざして』（グローバル・ガバナンス委員会報告書）日本放送出版協会，1995 年。）

B. 夏目啓二著『アメリカの企業社会』八千代出版，2004 年。

B. 夏目啓二編著『アジア ICT 企業の競争力』ミネルヴァ書房，2010 年。

C. ILO, the World Commission on the Social Dimensions of Globalization, *A Fair*

    Globalization: Creating opportunities for all, ILO, 2004.
C. OECD, *Information Technology Outlook*, 2010.
C. UNCTAD, *World Investment Report*, 2010.

(夏目啓二)

第20章
企業文化の変革

> 《中心的論点とキーワード》
>
> 企業文化はどのような要因から形成され，またその機能を発揮するのか。企業経営の発展に向けて，新たな企業文化への変革はどうすれば可能となるのか。キーワード：共有された価値観，企業組織のソフト面，企業の個性・雰囲気，垂直的・水平的コミュニケーション，統合化機能，活性化機能，経営理念，「人」の変革

20.1 企業文化の特質

1. 企業文化とは

(1) **企業の意思決定と行動パターン**……現代企業を取り巻く環境はめまぐるしく変化している。その環境変化に適応するため，企業組織は不断に意思決定をくり返し，具体的な行動パターンを展開する。

(2) **企業構成員の意識や考え方**……そうした企業の意思決定や行動を担うのが，企業組織を構成するすべての人々である。したがって，従業員1人ひとりがどのような意識と考え方で活動するかが，企業目標の達成や企業経営の発展にとって非常に重要なポイントになる。

(3) **企業文化の存在**……それほど大事な企業構成員の意識や考え方の背後にあって，それらを規定し，大きな影響を与えるものが企業文化に他ならない。**企業文化**とは，企業を構成する人々が共有している**価値観**ないし**共通した規範**のことである。それはまた**社風**といった言葉でも表現される。

(4) **企業の個性・体質**……私たち人間が1人ひとり独自の異なった性格をもっているように，企業にもそれぞれ固有の性質が備わっている。そうし

た企業の個性や体質とでも言うべきものが企業文化なのである。例えば，A社は生き生きと活発に行動し，新しいアイデアや新製品をどんどん生み出す雰囲気をもつが，B社は保守的で安全第一の慎重型である。さらに，C社には従業員のあいだに活気がなく，沈滞したムードで環境への対応も鈍いといった具合に，当然のように共通した文化が形成されている。こうした企業組織のもつ個性が，企業構成員の意識や考え方に影響を与え，最終的に人々の行動パターンを規定することになる。

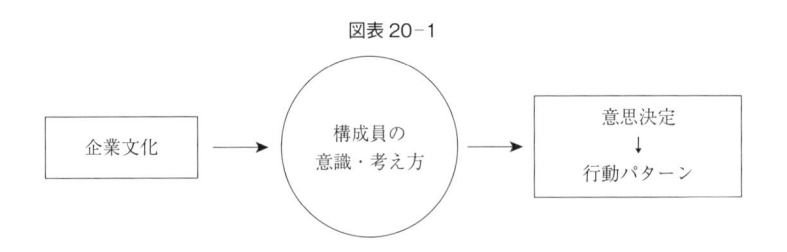

図表20-1

企業文化 → 構成員の意識・考え方 → 意思決定 ↓ 行動パターン

2. 企業組織の2側面

(1) **企業組織の構成**……もともと企業は，いわゆる経営資源として「人・モノ・カネ」の大きな3つの要素から構成されている。その中でも特に「人」は，他の諸要素である「モノ」や「カネ」を効果的に機能させる最も重要な要素であり，そうした「人」の集合体が企業組織を形づくる。企業組織は，利潤追求を基本目的とする複数の人々の**協働体系**なのである。

(2) **企業組織のハード面**……そうした企業組織は，一方でトップ・マネジメントからミドル，ロワーへと大きく3つの**管理階層**を形成する。また，それは企業全体の分業体系として生産・販売などの職能部門別に組織され，あるいは分権化の進展にともなって製品別・地域別などの事業部制といった**組織形態**をとる。これらの構造は，公式的な制度として1つの「**組織図**」に明確に表現され，それ自身は企業組織のハードな側面といえる。

(3) **企業組織のソフト面**……他方で企業組織の中には，構成メンバーのあいだに**目に見えない共通の価値観**や**行動規範**が形成される。それは，複数の人間集団が共通目的の達成に向けて，相互に考え方や信念を意思伝達する結果として生まれるものである。そうした企業組織を構成する人々が共有

第20章　企業文化の変革　　　　　　　　　　　　　　265

する価値観の特性によって，ある企業は革新的で創造的であり，リスクをあえて回避しない活性化された組織として，また他の組織は保守的で非協力的な沈滞した雰囲気に包まれる，というように企業組織の個性の違いが現れる。こうした企業の個性は，直接的には目に見えない，いわば企業組織のソフト側面といえる。

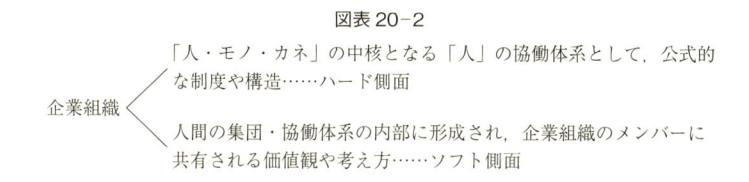

図表20-2

企業組織 ─┬─「人・モノ・カネ」の中核となる「人」の協働体系として，公式的な制度や構造……ハード側面
　　　　　└─人間の集団・協働体系の内部に形成され，企業組織のメンバーに共有される価値観や考え方……ソフト側面

20.2　企業文化の形成

1．今，なぜ「企業文化論」か

(1) **エクセレント・カンパニーと企業文化**……経営学の分野では，今さかんに企業文化について研究がなされ，「企業文化論」が1つの主要なテーマになっている。その契機となったのは，80年代初めにアメリカ経営学者**ピーターズ＝ウォータマン**たちが主張した超優良企業に関する仮説であった。彼らはアメリカで業績の高い超優良企業を調査研究した結果，そこに共通の特徴を見出したが，それが**企業文化（Corporate Culture）** に他ならない。

図表20-3

超優良企業（＝高い業績）　⇔　強い企業文化

(2) **現実的基盤**……「企業文化論」がもてはやされたのはなぜか，近年著しく企業組織の量的拡大と質的複雑化が進展したという背景がそこにある。現代企業はますます資本規模を大きくし，それに伴って企業組織も**事業部制**の普及によって**分権化**の原理を徹底させていった。また**リストラクチャリング（事業構造の再構築）** という戦略がとられ，それを**分社化**という方法で実現している。こうした動きの中で，分割された**企業組織を全体的に統合する企業文化**の意義が再認識されてきた。

2. 企業文化の形成要因

(1) **経営風土**……それでは，企業文化はどのように形成されるのか。すべての企業組織は，ある時代，ある国と地方，そしてある業種の中で生まれ発展していくが，そのような外的環境は企業にとって自然的・社会的な条件を成す。企業がおかれた時間的条件，地理的条件，文化的条件などが企業文化の形成に影響を与える。こうして企業が客観的におかれている外部環境は，一般に「経営風土」と言われ，これまでにも研究が進められてきた問題である。

(2) **社是・社訓**……企業文化を形成する内部要因として，企業組織のリーダーである**経営者の思想・信条**があげられる。経営者が自ら抱く考え方や信条は，「社是・社訓」となって表現され，人々に受容されながら組織全体に浸透し，構成員の共通した行動規範となることが多い。例えば企業のトップ・マネジメントは，対内的には「和」とか「協調」を，また対外的には「良い品をより安く」「社会奉仕」といった社是・社訓を好んで掲げるが，これらが企業文化を形成する要因となる。

(3) **経営戦略**……さらに企業文化の形成要因として「企業活動の方法」そのものをあげることができる。それは「**経営戦略のあり方**」と言いかえてもよいが，果たして企業がどのような経営戦略を立てて活動していくのか，その内容によって様々な企業文化が形成されてくる。例えば，ある企業が新製品開発や多角化の戦略を次々と打ち出した場合，それをうけて従業員は創造的で革新的な価値観をもち，その経営戦略の成功に向けて**活性化された企業文化**が生まれる。逆に，いつまでも既存製品のブランド性に依存し，新製品開発などほとんど実践しない企業には，**沈滞した保守的な企業文化**しか形成されない。

(4) **組織構造と人事制度**……企業がとる**組織構造や人事制度**のあり方によっても企業文化の内容は規定される。例えば，ある企業がトップに権限を集中して専制的な組織構造の段階で留まっているならば，そこではトップの指示・命令通りに仕事をすればよいという**受身的で責任を回避する価値観**が支配する。ところがそのような状況を改善し，できるだけ権限を下部に委譲する分権化の施策をとった場合，人々は自主的に仕事に取り組み，ま

た自らの行動に進んで責任をとるようになる。そしてトップまかせにするのではなく、様々な**新しいアイデアを生み出す活発な企業文化**が形成されてくる。さらに人事制度についても、もし企業が実力主義や能力主義を重視した昇給・昇進の方法をとったなら、それに強い刺激をうけ、人々のあいだに**積極的**で意欲的な**姿勢**が共有されていく。

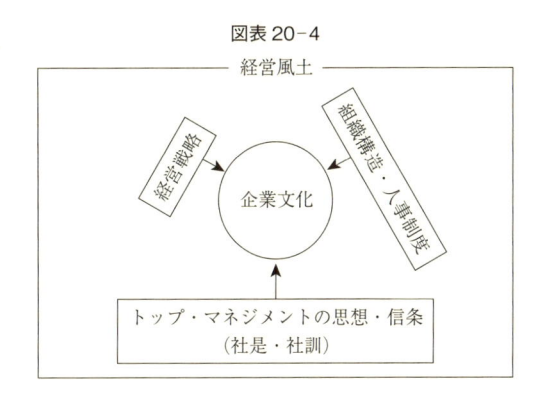

図表20-4

```
┌─────────── 経営風土 ───────────┐
│                                      │
│    経営戦略          組織構造・人事制度 │
│         ＼         ／                │
│          （企業文化）                 │
│              ↑                       │
│    ┌─────────────────┐              │
│    │ トップ・マネジメントの思想・信条 │
│    │       （社是・社訓）        │   │
│    └─────────────────┘              │
└──────────────────────────────────────┘
```

20.3　企業文化の機能

1. 統合化機能

(1) 企業構成員の能力は有限であり、その限られた人的資源をいかに効果的に活用するかが、企業の目標達成や業績向上にとって重要な意味をもつ。ところが、どれほど個々のメンバーが優秀でも、企業構成員の考え方や行動がバラバラでまとまりのない状態では、全体として高い水準の総力に結集できない。したがって、企業組織に参加する人々の**意欲**と**能力**をできるだけ**統合**し、同じ方向へと集中的に発揮させることが必要となる。

(2) 前述のように、現実の企業において企業組織はますます量的に拡大し、質的に複雑化している。事業部制が多くの企業に導入され、また80年代以降にリストラクチャリングが分社化などを通して盛んになっている。そうして新規事業の展開を分社化によって遂行しようとする傾向が顕著になるにつれて、**子会社を含めた企業グループ全体**、あるいは分社化された事

業単位全体を統括・調整することが必要となる。

(3) **全体的な統合機能**……こうして一方で事業部制の普及や分社化の進展に伴って、他方では全体を統合する機能が以前にもまして強く求められる。企業組織の構成員が一体感をもち、企業目的の達成に向け協力し合って仕事を遂行していく。そこに企業文化が重要視される根拠がある。従業員の共有する価値観、あるいは共通した考え方こそが企業文化であり、それを明確に形成することによって人々が1つに統合され、意欲と能力を結集しながら共同の目標を達成する。

2. 活性化機能

(1) **生き生き組織**……良好な企業文化は、単に統合機能をもつだけでなく、組織を生き生きと活力あふれる状態へ変化させる。そのためには、組織全体に**円滑なコミュニケーションのネットワーク**が形成され、また**民主的リーダーシップ**が発揮されなければならない。

(2) 組織内で構成メンバーの間に十分な意思伝達が行われ、それぞれの考え方や性格をよく理解し合うことによって、人々は互いに信頼感を強め、自由闊達に行動する雰囲気を獲得する。

(3) また、企業組織の中に近代的なリーダーシップが形成されることも重要である。もちろん、そのリーダーシップは専制的な指示・命令とは違って、フォロアーたちの意見や考え方を無視せず、むしろそれを積極的に生かすように配慮する民主的な**参加型リーダーシップ**である。

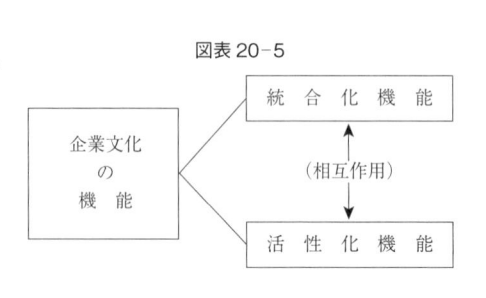

図表20-5

```
                    ┌─ 統 合 化 機 能
企業文化              │
   の       ────────┤   (相互作用)
 機 能                │
                    └─ 活 性 化 機 能
```

(4) トップからミドルそしてロワーへと、各管理階層にふさわしいリーダーシップが発揮されることによって、企業組織は生き生きと活気に満ちた企業文化を形づくる。

3. 両機能の相互作用

(1) 以上の2つの機能は、それぞれ独自の効果をもつと同時に、相互に作用し影響を与え合う。その相互作用を通して企業組織はさらに一層統合化

し，また活性化する。
(2) 例えば，一方で組織の統合化が進めば，組織全体が共通の考え方の下で目標達成に向けて力を集中させていく。その結果，組織構成員の間に活気がみなぎり，活性化された雰囲気に包まれる。
(3) また他方で活性化が進めば，人々の積極的な姿勢が刺激を与え合い，相互の信頼が強まるなかで1つの方向へとまとまっていく。共通の目標が明確になり，それを達成するために全体が一体となって統合される。

20.4　企業文化の発展

1. 優れた企業文化
(1) **重要な経営資源**……企業文化は，いまや「人・モノ・カネ・情報」につぐ**第5の経営資源**と言われる。企業が高い業績をあげて発展するには，**優れた企業文化**をもたなければならない。たとえ他の4つの経営資源が同じでも，企業文化の違いによって企業経営の発展は大きく左右される。
(2) **創造性と革新性**……優れた企業文化は，創造性と革新性にあふれている。**新しいものをつくり出す気風**，既存のものを模倣したり修正することで満足するのではなく，これまでまったく存在しなかった**革新的な方法やコンセプトを大事にする価値観**，それらのものが企業全体にみなぎっていなければならない。
(3) **自由で柔軟な発想**……そうした創造性と革新性にあふれた企業文化を実現するには，人々が**自由で柔軟な考え方をすること**が必要。固定観念にとらわれ，いろいろな条件や制約に縛られては，自由闊達な発想は生まれてこない。

図表20-6

| 優れた企業文化 | ⟷ | 想像性・革新性 |

（自由で柔軟な発想）

2. 企業文化の意識化
(1) ひとたび形成された良好な企業文化は，すぐに消え去ることなく，できるだけ長期間維持され発展していくことが必要。そのためには，何よりもその企業文化が**日常的**に人々に**理解**され，**意識**され，そして実際にそれが

行動となって実践されねばならない。
- (2) **社内広報**……企業内で広報活動が展開されることによって，企業文化が広く人々に受け入れられ，次第に**普及**していく。定期的に社内の広報紙で「わが社の企業文化」が明らかにされると，構成メンバーには無理なく自然に**浸透**していく。
- (3) **全社的運動**……ある統一された共通のスローガンを打ち出し，全社的な運動として展開することによって，企業文化は人々の間で強くまた急速に意識される。例えば「どんな仕事にも創造性を」という統一のスローガンを掲げ，それを全社的な意識改革に結びつけたりする。

3. 円滑なコミュニケーション

- (1) **情報伝達**……コミュニケーションとは，人と人との間で行われる情報伝達だが，とくに組織内でこれが円滑に実行されないと，組織自体も十分に機能せず，やがてその存続さえも危うくなる。
- (2) **コミュニケーションと企業文化**……企業文化が組織全体のものになるためには，**円滑な**コミュニケーションが確保されることが大切。コミュニケーションが網の目（ネットワーク）のように形成されると，それが伝達経路となって企業文化が敏速に普及していく。
- (3) **共通の価値観**……コミュニケーションが円滑に遂行されると，人々が互いによく理解し合い良好な人間関係がつくられ，その結果，共通の考え方や価値観も生まれてくる。
- (4) **コミュニケーション・ネットワーク**……コミュニケーションの経路（チャネル）が発展してくると，やがて組織全体に網の目のように張りめぐらされる。その径路を伝わって人々の間に意思疎通がはかられ，共通の考え方や価値観も共有化される。
- (5) **垂直的コミュニケーション**……これは企業組織の中で上司と部下との権限関係を基礎に形成されるもの。一方では**上から下へ**，また他方では**下から上へ**と双方的に展開されるものであり，まさに垂直的な流れをもつコミュニケーション形態である。
- (6) **水平的コミュニケーション**……組織階層上同じレベルにある人々の間で形成されるもので，伝達経路は横に向かって水平的に流れる。例えば職場

の仲間同士での意思伝達であり，それは口頭や文書などの様々な手段によって日常的に展開される。

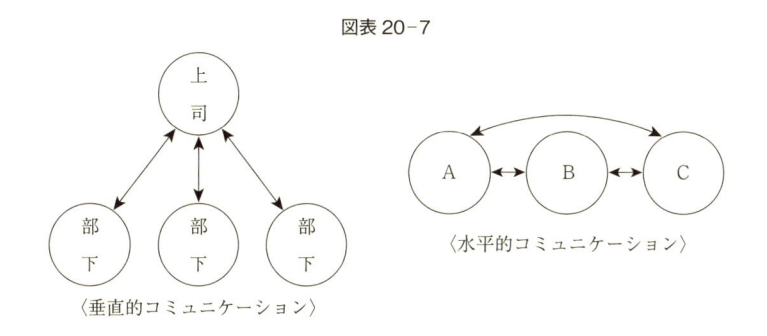

図表20-7

〈垂直的コミュニケーション〉

〈水平的コミュニケーション〉

20.5 新たな企業文化へ

1. 経営理念との関係

(1) 変革の必要性……生き生きと活気あふれる組織を実現するには，**創造的で革新的な企業文化を形成しなければならない**。保守的で沈滞した社風を変革していくにはどうすればよいか。

(2) 企業文化の具体化……もともと企業文化は企業組織のソフト側面に関わるものであり，人々はそれを直接見たり触れたりすることができない。そこで誰もがはっきりと意識し，常に自覚できるような企業文化にすることが必要である。そのための重要な方法として**経営理念の制定**がある。

(3) 経営理念の意義……**経営理念**とは，「その企業がなぜ存在し活動するのか」，また「どのような目標と方向性をもって進もうとするのか」といった企業の存在意義や経営方針を表現するものである。したがって企業の行動指針として，日常的な経営計画や経営活動を規定する基準でもある。多くの場合「社是」や「社訓」と表現され，創業者が事業を開始する時期から抱いていたり，あるいはその後の経営活動の中から経験的に生み出されたりするものである。

(4) 企業文化への作用……経営理念は，企業の目標や果たすべき役割を明確

にし，それを通して組織構成員の共有すべき価値観に訴える。経営理念の明確化によって企業文化が組織の中に定着し強化されていく。

(5) **不易の経営理念**……ひとたび制定した経営理念を維持することが必要であり，安易に変更することは望ましくない。なぜなら，経営理念がたびたび変えられると，その都度企業の行動指針や経営計画も影響をうけて動揺し，**一貫性**を保てなくなるからである。

(6) **経営理念の変更**……だが，現代のように企業を取り巻く政治的・経済的な環境が急激に変化する中で，時代に対応した新しい内容の経営理念が求められるのは避けられない。そこで思いきって古臭くなった経営理念を刷新し，それによって組織内の人々の意識を変え，**企業文化の変革**が目指される。

図表20-8

古い企業文化 → 新しい企業文化
経営理念の刷新

2. 戦略と文化

(1) **新しい経営戦略**……企業は常に新しい経営戦略を打ち出し，時代を先取りする未来型企業を志向することが必要。

(2) **企業文化へのインパクト**……トップ・マネジメントの打ち出す経営戦略が成功すれば，それは企業全体の構成員にも活気を与え，企業文化を変える作用を及ぼす。例えば，積極的に製品市場戦略を展開し，消費者の人気を得るヒット製品を出した場合，企業文化は大いに活性化される。すなわち**戦略が変われば文化も変わる**。

(3) **文化から戦略へ**……逆に全体の企業文化が活性化されると，それが戦略の側にはね返って，さらに新しい積極的な戦略を展開させる。人々の志向が前向きで，リスクを恐れないという雰囲

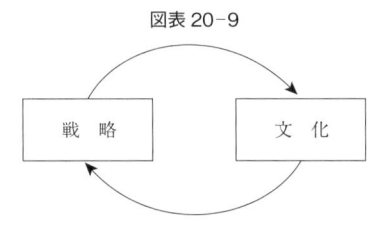

図表20-9

戦略 ⇔ 文化

気の中から，新製品開発のアイデアや新市場開拓の戦略が生み出される。

3.「人」の変革

(1) **経営者の主体的要因**……企業文化の形成に影響を与えるもの，それは新しい経営戦略や人々の意欲を引き出す人事制度などである。そうした方策実践の責任を担うのはトップ・マネジメントであり，そのため**経営者層**が**どのような考え方**や**行動様式**をとるかが，企業文化の形成にとって重要な意味をもつ。

(2) **トップ層の沈滞**……ところが，長いあいだ同じ人が経営者の地位についていると，自己の経験や知識に頼りきったり，狭い視野から判断を下したりして，自由で柔軟な発想がとりにくくなる。トップ・マネジメント自体が沈滞していく可能性が強くなる。

(3) **「人」の交代**……そこで新しい企業文化を生み出すために，「人」そのものを変えていくことが必要である。例えば経営者の交代・若がえり，多様な人材の思い切った登用，さらに仕事や職務の変化を通して「人」をも変える配置転換，そういった**積極的な人事政策**が求められてくる。文化をつくるのは「人」であり，また文化を変えるのも結局は「人」である。

20.6 企業文化論のメイン・ストリーム

企業文化に関する研究は，1980年代から現在まで急速に発展してきたが，その過程で基本的に2つの主要な流れが見られた。

(1) **機能主義的アプローチ**……企業文化が，ある組織の中で業績を高めるためにどのような機能を果たしているのかを論点にする。したがって，組織の発展にとって役立つような企業文化のマネジメントは可能だという考え方に立つ。

(2) **解釈主義的アプローチ**……組織内部の構成員たちが，自らの個人的な意味をコミュニケーションを通して互いに共有化することによって，企業文化が形成されると考える。そのため，企業文化の生成や発展のプロセスの解明こそが重要な論点になる。

【より進んだ学習のための文献】
A. 河野豊弘著『変革の企業文化』講談社現代新書，1990年。
B. 梅澤　正著『企業文化の革新と創造』有斐閣選書，1990年。
B. 増地昭男編著『経営文化論』中央経済社，1990年。
B. T. J. ピーターズ＝R. H. ウォータマン著（大前研一訳）『エクセレント・カンパニー』講談社，1983年。
B. S. M. デービス著（河野豊弘・浜田幸雄訳）『企業文化の変革』ダイヤモンド社，1985年。
C. E. H. シャイン著（清水紀彦・浜田幸雄訳）『組織文化とリーダーシップ』ダイヤモンド社，1989年。
C. 加護野忠男他編『リストラクチャリングと組織文化』白桃書房，1993年。

(田中照純)

第21章
日本的経営とその展望

> 《中心的論点とキーワード》
>
> この章では，毀誉褒貶の激しい日本的経営について，その内容を具体的に理解し，今後の展望を考えることを目的とする。キーワード：終身雇用，年功序列，企業内組合，企業内福祉，集団主義，企業系列，企業内養成訓練，内部労働市場，インフォーマル・コミュニケーションの重視，合意による集団的意思決定

21.1 日本的経営とは何か

　日本的経営が崩壊したとか，古くなくなったと言われるようになって久しい。他方で，日本的経営は新しい状況で進化しているのであって，崩壊ではないとする見方がある。特に，2008年のリーマンショック以後，日本的経営を再評価する議論も結構多い。毀誉褒貶の激しい日本的経営とは何なのか。その内容の原型をつかみ，あらためてその今日的意義や限界を考えてみる基礎知識をつけよう。

1．日本的経営の定義
　国際比較の際に，日本の企業経営に独特のものとされる経営理念，慣行，諸制度，経営者や労働者の行動様式等の特徴的総体を日本的経営という。

2．日本的経営の内容（構成要素）
　論者によって捉え方が異なるが，従来あげられてきたものを順不同で列記すれば次のようなものがある。終身雇用，年功序列（年功賃金と年功昇進），企業内（企業別）組合，企業内福祉，集団主義，経営家族主義，人間主義，生活共同体，間人主義，企業系列（企業城下町とも），二重の労働社会構造（中核

労働者と周辺労働者），労働者の同化同質性，強い忠誠心（帰属意識），労使協調，高い労働倫理（献身的労働），人間関係重視，新卒中心の採用と長期的育成，企業内養成訓練，組織の集団的編成（ラフな職務規定，責任・権限規定の不明確性による免責），ボトムアップないしミドルアップ，合意（全員一致）による集団的意思決定，稟議制度，インフォーマル・コミュニケーションの重視（根回し，以心伝心，腹芸），長期的成長性志向の経営，日本株式会社（政府と企業の一体的協調）など。

3．日本的経営はなぜ注目されたのか
(1) 1970年代後半以降のアメリカ経済・製造業の疲弊停滞と対照的な日本の躍進，怒濤的輸出攻勢➡躍進の秘密が国際的に注目された
(2) アメリカ企業経営における諸問題点の露呈（労働生産性の低下，設備投資の不十分さ，寡占的競争構造による革新性喪失，経営者の短期的業績指向傾向，品質管理の不十分さ，組織運営の硬直化，労働力の質的低下，勤労意欲の低下，高い欠勤率，労働倫理の問題，労使関係の不安定など），伝統的なアメリカ的経営への反省と日本的経営への強い関心
(3) 日米，日欧の経済摩擦と関連した日本的経営体質への海外からの批判が発生（ダンピング輸出，国内市場の閉鎖性と排他性，長時間労働，過労死，系列取引の閉鎖性，日本株式会社的政府・企業癒着構造など）
(4) 日本企業の多国籍化に伴い，日本的経営の特殊性と普遍性，海外での通用性如何をめぐる検討の必要性が発生
(5) 80年代以降のアメリカの巻き返し，日本の「失われた10年」のなかで，風靡した「アメリカモデル」がリーマンショック（2008年）以後行き詰まった中で，あらためて日本的経営の意義や有効性を問い直す動きの登場

21.2　日本的経営の形成史

1．日本的経営の風土的文化的な一般背景
(1) 大陸から離れ海で囲まれた島国➡異民族の侵略から防護➡同一民族が大多数を占める人口構成（人種，民族，宗教，思想，言語等）➡連続性のあ

る民族国家 ➡ 対内的には**相互信頼の均質的民族意識**

(2) **儒教**の強い影響（共同体的人間関係の倫理道徳）＝「**仁**」（親愛関係）と「**義**」（共同体的生活規範）を基礎 ➡ 「**孝**」（父母や祖先によく仕える），「**悌**」（兄や年長者に従順でよく仕える），「**忠**」（君主や国家に真心＝誠を尽す），「**信**」（朋友とは信義をもって交わる），「**修身，斉家，治国，平天下**」，修養の強調，分限意識（身分に応じて守るべき本分）

(3) 「**斉家**」（家を守り子孫の繁栄を図る）＝この場合の「家」概念の拡張（血縁家族＋婚姻・養子縁組で家に加わる人やその子孫＋家臣団，いわゆる一族郎党）➡ 明治期以降の戦前までに「家族国家」観レベルにまで拡張，相互に無関係だった人が作る組織も家に擬制して捉える傾向（○○一家，ウチ，オタク）

(4) 「**恩**」（武家は家臣団に土地など生活を保障して恩を施し，家臣は武家に**無限定な忠節と奉公によって恩に報いる**）➡ 主従間の**生活一体感，恩顧，恩賞，無償の献身，滅私奉公** ➡ 現在の日常意識にも，「恩をほどこす上長」（面倒見のよい上長）と「冷たい人」（面倒見の悪い上長），「よく努める部下」と「恩知らずの部下」などのように残存

(5) **恥の意識**（所属集団の掟を裏切る，または集団の名誉を傷つけた際に，所属集団から非難されることを覚る意識）➡ まったくの他人同士間には生じない（例：旅の恥はかきすて）

(6) **義理**（自分の所属集団・恩義のつき合い関係などからしなければならない事柄・制約・掟）➡ 「**世間体**」（世間への体面，体裁）に関連

(7) **人情**（人間が本来もつ情愛・感情と共感に裏付けられた判断）と**甘え**（相手の好意を期待して情に入りこみ，自分を相手に委ねる心の働き。自己責任，自立心の逆）

(8) **多神教的な神の観念**（神道，仏教，……）➡ 固定的統一的宗教倫理の欠如 ➡ 現世利益志向の実用的儀礼，外来宗教への寛容（混淆主義）

(9) 個別集団別の強固な生活規範（恩，恥，義理，世間体等）と多神教的宗教倫理 ➡ **普遍的道徳規範の未成熟** ➡ キリスト教（絶対神と人との契約，内面的普遍的な道徳規範）と対照的 ➡ 普遍的法意識や契約思想の未発達 ➡ 企業経営は厳格な法的契約・規則・手続き等よりも，共同意識・相互信頼・

集団規範等に依存

(10) 「行雲流水」（少しのこだわりや執着もなく，自然の成りゆきにまかせて動く）的価値観や社会観➡所与の規範への受動的適応➡戦後の欧米的権利の観念，個人中心の生活意識の移植にもかかわらず，確立された主体的な個の規範意識は未成熟

(11) 「**たこつぼ型文化**」（丸山真男），「**雑種性文化**」（加藤周一）＝異質文化と決定的に対決せず，すべてを積極的に飲みこんで混在並存させる文化構造（和魂漢才，和魂洋才）

2. 日本的経営の生成と発展

(1) **明治期**……① 富国強兵・殖産興業・商工立国・文明開化の政策➡西欧からの近代産業や制度の輸入（株式会社や銀行制度），② 国益志向型の企業家（個人的富豪化を第一目的とせず，国家天下のためを強く意識），③ 同族的・家父長制的家族主義経営の残存（勤続・年齢・学歴等による身分的秩序，恩恵的関係），④ 未成熟な分業体制や職務分担体制，稟議による（仕事の）直接個別的専制管理（明治中期～），⑤ 農村・地方からの家族制度意識を持った出稼ぎ労働者の採用

(2) **大正・戦前昭和期**……① テイラーシステム等のアメリカ的管理法の導入（但し，戦前昭和は途絶），② 企業規模拡大・産業構造変化・新技術対応のための高等教育機関充実と人材供給，企業内教育と熟練工養成，③ 専門経営者・高学歴職員層による本社組織を通じた専制的管理。職員・工員間の身分階級的差別，④ 稟議制度の存続──仕事の分散・決定権限の集中，⑤ 終身雇用・年功賃金の普及（大正半ば～）と確立（戦前昭和）──労働者は大企業に固執し，企業は熟練労働者養成・温存を望むゆえ，⑥ 戦時体制下の産業報国会（昭和15年～）──全国の工場・事業所毎につくられた事業一家・産業報国精神の労使一体官製労働団体。

(3) **第二次大戦敗戦後**……① 経済の民主化（財閥の解体，労働組合の育成，農地改革），政治の民主化（自由権，平等権，社会権，参政権，請求権など基本的人権の保障），② 家族制度の廃止，③ アメリカ式経営の移植（但し日本特有の内実にアレンジされた），④ 職員・工員間の身分階級的差別廃止，工員の月給制化，⑤ 人物と部門中心の仕事割りふりから仕事中心

の組織づくり（職階制）指向へ（但し日本特有の内実にアレンジされた），⑥ アメリカ的トップマネジメント制度の移植（受託経営層・全般経営層・部門経営層への分化，但し日本特有の内実にアレンジされた），⑦ 稟議制による業務の直接個別的管理指向から職務権限明確化・権限委譲・分権組織化による間接総合的管理指向へ（但し日本特有の内実にアレンジされた），⑧ 昭和30年代～40年代前半の高度経済成長期を背景とした終身雇用・年功賃金・年功昇進・企業内組合・企業内福祉の発展と定着（高度成長と適合的），⑨ 以上の戦後諸変化や変化指向にもかかわらず，日本独特の風土的文化的背景と関連して，アメリカ式経営が日本企業の経営を体質的に一変させるには至らなかった（雑種的，たこつぼ型的な摂取）。

【参考資料】アメリカ的経営の文化的背景
日本的経営およびその文化的背景とは対照的なアメリカ的特徴としてよく指摘されている点に，次のようなものがある。
① 人種のるつぼ，② 多元主義，③ 法的平等と権利の徹底，④ 個人主義（会社への義務でなく個人の権利が重要），⑤ 競争社会（自由競争原理．激しい競争意欲），⑥ 攻撃的な自己主張，⑦ 徹底的な論争（妥協や調停を好まない），⑧ 契約主義，⑨ 単なる経済利害的関係としての職場集団，⑩ 友情とビジネスの峻別，⑪ 能力主義とそれに見合う正当報酬の要求，⑫ 流動的労働市場，⑬ 標準化・大量生産・大量販売・大量消費・大量廃棄の社会，⑭ 分業化・細分化・組織化の徹底とマニュアル文化，⑮ 機械的合理主義，⑯ プロフェッショナル志向，⑰ 政府の権力の制限（権力分散），⑱ 政府対企業，企業対労働組合等の相互対立と牽制による公共利益保護という考え方

21.3　経営家族主義と戦後型集団主義経営

1．経営家族主義とその変貌

(1)　**家族制度（イエ制度）とは**……家督相続制度（男系長子単独相続，嫡子主義）を基礎にして，戸主に家族扶養義務を負わせ，家父長－家族員間の支配－服従関係を維持（家族の居住指定権，婚姻同意権など）。鎌倉時代以降，徐々に形成され，明治以後～戦前昭和の再編強化で「家族国家」観にまで至る。戦後の新民法で法律上は廃止。

(2) 戦前型**経営家族主義**……戦前の企業経営では，企業をイエ（**家共同体**）と擬制し，労使利害一致の観点から階級対立を否定➡使用者は慈悲深い「家父長」，労働者は従順な「家族」と擬制➡全人格的身分的差別，「家父長」への個人的忠誠を要求➡使用者に従順でよく働き，労働組合に関係しない者には**温情的優遇**（終身雇用，年功制，各種従業員福祉施設など丸抱え），使用者に反抗的で労働組合運動に関わる者は排除。

(3) 戦前型**経営家族主義**から戦後型**集団主義経営**へ……旧家族制度は第二次大戦後の新民法（現行民法）で法律的に廃止（家父長制の崩壊）➡個人の尊厳，男女の本質的平等，婚姻の自由，夫婦中心➡核家族割合の増加➡戦前の家父長的家族主義理念の衰退➡**戦前型経営家族主義の再編成**

① 階級対立否認・労働組合排除・労使一体論の立場から労組容認・階級対立を前提の立場への転換（労働基準法，労働組合法，労働関係調整法などが制定された影響）

② 大企業を中心として，労使関係安定化のため，終身雇用，年功制，企業内福祉制度等による丸抱え管理を維持・発展（間宏は**経営家族主義から経営福祉主義への移行**ととらえる）

③ **終身雇用・年功制・企業内福祉**は，高度経済成長期の企業成長政策が必要とする人材戦略と適合的だった

④ アメリカ的個人主義は日本人の間に十分確立せず➡（順風満帆の成長をする企業の現状を前提として）企業との一体化，企業発展を通じての生活安定・向上・自己実現を労働者は指向➡特定企業への帰属と献身による**集団主義**➡企業目標へ向っての**忠誠度・達成度の競争**

2. 戦後型集団主義経営

(1) 集団主義（個人の権利・自立性よりも集団利害や集団一体化を優先させる考え方）的心情の残存，他方でアメリカ的個人主義の流入と（非体系的・非原理的・雑種的）摂取➡折衷的雑種的混淆➡建前は個人主義，本音は集団主義➡自我・個人の確立や個人主義を前提としない集団主義（植村省三は「**日本的集団主義**」と呼ぶ）

(2) 戦後企業の組織機構の巨大化・産業官僚制化➡労働者の受動化・他人指向化と共に，組織に全人格的にコミットし積極的に忠誠を捧げる「オーガ

ニゼーション・マン」の登場（欧米にも見られた共通の側面＝W. H. ホワイトの指摘）……戦後日本集団主義を支えるもう一つの新しい要因

(3) 家父長的集団主義でなく，自発的な参加・協調・貢献が自分のためになるという実感的信条に支えられた集団主義指向➡単なる忠誠心ではなく使命・当面の任務への果敢な献身（➡品質向上，効率向上への強い意欲）

(4) 同一企業組織内での激烈な個人間競争（終身雇用下での**長期的出世競争**）——恩，恥，世間体等の意識による下支え

(5) 財閥解体（持株会社解散，財閥持株の整理・分散，財閥家族の支配力排除，財閥一族の経済界からの追放）➡**一般従業員と地続きの雇用経営者**（「雇われ重役」）による経営➡実質的平等主義（階級差縮小，機会・所得格差縮小）の雰囲気➡労使一体感➡企業経営の場は一種の**擬制的生活共同体化**

(6) **人間関係**……相互信頼，協調・調和，全員の合意，暖かい人間関係，心のつながり，自主性などを強調

(7) 問題点……① 対外部的には閉鎖性，排他性，② 企業の社会的責任意識の希薄，③ 国際化への対応が緩慢化，④ 公私混同の雰囲気を生みやすい，⑤ 管理の行きすぎ（職務上の評価の他に愛社心，日常行動などのような面の管理に至ることもある）など。

21.4 終身雇用と企業内福祉

1. 終身雇用とは何か

原則として新規学卒者を定期的に採用して定年まで長期雇用しようとする日本の労働慣行（**狭義**），あるいはそれを基礎にして形成される終身雇用，年功昇進，年功賃金，集団主義，福利厚生主義，企業内組合などのセット（**広義**，占部都美の説）。

但しそれらは道義的慣行にすぎず法的裏付けはない。大企業労働者，大学卒，管理・事務・技術労働者（いずれも特に男子）に最も典型的であった。適材の人物採用と社内教育訓練，配置，賃金や地位の上昇などが企業内の**閉鎖的労働市場**で行われる（**内部労働市場**）⇔外部労働市場（アメリカ）。

2. 終身雇用の具体的内容

(1) 入念な**学歴別採用管理**（定期採用，顕在能力・知識よりも性格・人格・将来性・潜在能力，学歴と学校歴），(2) 不断の系統的**企業内教育訓練**，(3) 企業内移動による職務歴任（ジョブローテーションで多様な職務を経験させる），(4) 多様な職務経験を積んで昇進➡**非専門職的な昇進**コース，(5) 年功序列（昇進，賃金），(6) **企業内福祉**，(7) **企業内組合**など➡誘因と貢献の長期的均衡を指向，集団主義と忠誠心，長期的出世競争レース，労使協調，学歴主義

3. 終身雇用のもとでの雇用調整方法

景気変動や季節変動に際しての雇用調整方法として，(1) 企業は景気後退期でもできるだけ雇用継続に努力，(2) 好況期も正規雇用労働者（正社員）は最小限にし，残業，パートタイマー，人材派遣などで対応，(3) 不況期には操業短縮，残業規制，配置転換，休日増加，有給休暇利用の奨励，希望退職者募集，系列企業への出向，他企業への就労斡旋，一時帰休制などの活用で対応，(4) あらかじめ労働者を多能工化しておく（➡職務歴任）により弾力的人材活用体制を整えておく

4. 終身雇用の効用

(1) 雇用の安定➡労働者の心の安定感，定着性，企業帰属意識，和，長幼の序，勤勉，(2) 雇用維持の必要性➡企業成長への強い動因（高度成長期経済と適合的），(3) 長期安定的人間関係➡情報の交換・共有・蓄積に有利➡経営方法・研究開発等での効率化・競争力強化に有利，(4) 弾力的人材活用・配置転換➡技術革新導入の円滑化，(5) 企業独自の長期的な人的投資（教育訓練など）の円滑化（投資コストの長期的回収が確実ゆえ），(6) 企業内教育訓練，配置転換，人事制度等による内部労働市場的・長期的な競争条件の創出，(7) 労務コストの節約（労働者の平均年齢が若かった高度経済成長期には平均賃金コストが安くついた，また募集採用費，教育訓練費なども節減できた）

5. 終身雇用の問題点

(1) 内部指向体質（外部者への閉鎖性・排他性，仲間内でのもたれ合いや甘え・人脈依存）➡異質なよそ者（仲間以外）への拒絶，派閥，**企業エゴイズム**（対社会的責任意識の希薄化），(2) 転職に対する経歴上のマイナス評価，(3) 雇用の硬直化，非弾力化，**人件費の固定費化**，(4) 初任給の上昇や年齢構成の高

齢化による平均賃金コストの高騰，(5)昇進ポストの閉塞（特に低成長期）→有能若手の意欲喪失，退社，(6)個別労働者の自主性・自己実現よりもその圧殺と画一化になりやすい，(7)長時間労働，私生活の犠牲，諸権利の軽視につながりやすい

6. 企業内福祉制度

個々の企業ごとに，自社の労働者や家族を対象にして行う経済的，文化的，娯楽的諸施策→

(1) **法的福利厚生**（法的に実施を強制されている）……健康保険，厚生年金保険，共済組合保険，雇用保険，労働災害補償保険，船員保険など社会保険料の会社負担分．

(2) **法定外福利厚生**（企業の任意による実施）……住宅（独身寮，既婚者社宅），医療施設，健康診断，海の家，山の家，浴場，理髪所，厚生施設および費用補助（社内食堂，購買部，制服支給，通勤費支給，託児所，育英金，家族手当），親睦（野球部・華道部・音楽部などサークル活動支援，運動会・文化祭・駅伝大会等の費用，親睦旅行費用，家庭向社内報），慶弔（結婚祝，香典，傷病見舞金，出産祝，入学祝，災害見舞，誕生会，成人式），金融制度（社内預金，団体保険，企業年金，住宅貸付金），教養娯楽（図書室，従業員クラブ，映画，演劇，各種リクリエーション活動），永年勤続表彰（記念品，旅行費），付加給付（健保付加給付，労災保険上積給付），遺児年金，持株制度．

7. 企業内福祉制度の特徴

(1)法定外福利費が法定福利費にくらべて多い傾向。(2)戦前の家族主義的生活援護施策から戦後は団体交渉に基づく福利厚生の労働条件化へ移行，(3)企業規模や企業収益力による格差

21.5 年功的人事管理

1. 年功制とは何か

人事管理で年齢，勤続年数，学歴等の属人的要素を基礎にする位階秩序→年功昇進と年功賃金

(1) **年功昇進**……新規学卒者を学歴別に定期採用し，昇進は学歴・勤続年数・年齢を基準にして行う（学歴別年功的昇進管理）↔業績基準
(2) **年功賃金**……学歴区分別（中高大など）に，勤続年数・年齢とともに賃金が上昇する**属人給**（↔職務給）。但し昇進も賃金も，「同期の桜」は入社後10年程は同一待遇，同一賃金だが，その後は差が出てくる。
(3) **年功制の文化的背景**……儒教的精神（「長幼序あり」），**タテ社会**（中根千枝），江戸期以来の年齢照応的昇進コース（子供→小役→若者→副支配→支配→隠居）
(4) **年功制の存在理由**……① OJT など企業内教育訓練や経験による技能蓄積と勤続の長さが比例→給与・地位が勤続と比例するのには合理性がある，② 長期勤続→企業への貢献度大→給与・地位が上位でも合理性がある，③ 生計費保障（年齢別賃金と生計費支出とはうまく相関する），④ 終身雇用の長期的観点に立った誘因と貢献の長期的均衡がとれている。以上の４つが理由として言われているが，定説はない。
(5) **年功制人事管理下の特徴**……① 新規学卒の学歴別定期採用，② 定年制，③ 年功昇進，④ 年功賃金，⑤ ブルーカラー賃金の俸給（月給）化，⑥ **定期昇給とベースアップ**，⑦ 年功的に「順当な人事」→昇進上の苦情処理は労使関係問題に上らない，⑧ 長時間労働と低い失業率（→好況時も常用労働者増より残業増と臨時労働者の多用で対応），⑨ 長期の企業内教育訓練の重視（社史・社風・使命の注入，肉体と精神の鍛錬，業務研修，昇任研修，人間関係と社内人脈形成，知識共有），⑩ **定期移動**による**非専門的昇進コース**（有能なゼネラリスト養成，異部門・異職種間コミュニケーションと社内人脈形成），⑪ 人事部の権威が甚大（↔アメリカの人的資源部）
(6) **年功制の問題点**……① 経営者の高齢化・固定化・任期の長期化，② 管理職ポストの不足・閉塞，管理職ポストの膨張，③ 有能若手人材の埋没，④ 組織の閉鎖性，非革新性，⑤ 人件費の固定費化と膨張
(7) **年功制修正の動き**……1970年代の石油危機，80年代以後のグローバル化とIT化，90年代の「失われた10年」など相次ぐ厳しい状況下で，① 急速な技術革新と機械化・自動化・ICT化による伝統的熟練の解体，②

労働者平均年齢の高齢化，高齢者の解雇・整理，③ 若年労働力不足と初任給上昇，④ 学歴構成の変化，⑤ 価値観変化，⑥ 国際化対応への経営体質改革，⑦ アメリカ的経営モデルの喧伝などが生じた→① 職務給，職能給指向，資格制度採用の動き，② **実力主義，成果主義**の強調，③ 日経連が「新時代の『日本的経営』」を発表（1995年）

2. 年功制下での日本のトップマネジメントの特徴
   (1) 年功の内部昇進による経営者の形成……**内部取締役**中心（↔外部取締役）。取締役間に資格的地位階層が形成されている（取締役会長，取締役社長，専務取締役，常務取締役，平取締役）。従業員中の年配者が従業員と地続きになって取締役になる。
   (2) 受託経営層（取締役会），全般経営層（社長，副社長。専務，常務），部門管理層（製造，営業，経理等の現業部門の長）の3職能区分の未分化→最高意思決定機関，最高執行機関，部門執行機関の3者が混然一体化して未分離。
   (3) 以上の(1)(2)により取締役会の独自的特徴を形成→① **常務会**（常務以上の取締役＝年配者のみが参加する会議）による実質的最高意思決定→取締役会の形骸化，② 取締役会の大規模化（内部昇進ポスト増設のため），③ **外部取締役**が少ない。
   (4) 望ましいトップの資性……社内の人望。金融機関の信用（↔アメリカでは企業家精神，戦略形成力）
   (5) トップの待遇……① 1980年代頃には一般社員と社長の平均賃金格差は日本で5～15倍，アメリカで50～100倍と言われた（最近のアメリカでは平均400倍と格差が拡大したと言われている），② 特権もアメリカのトップが格段に大きい（株式買入選択権〔ストックオプション〕，特別退職金〔ゴールデン・パラシュート〕，役員専用の食堂・駐車場・運転手・重役室，健康診断，会社買取りのスポーツ・娯楽ボックス，リゾートマンション，多額の生命保険契約等）。

3. 年功制下での日本的経営組織・管理
   (1) 学歴，卒業年次，年功等の**身分的・属人的処遇**（↔職務権限的処遇）→固定的職務への配置でなく会社や職場への帰属を指向→部門や課を中心と

した業務分掌規定（個々の職位の職務権限は曖昧，流動的）による組織編成→個々人の職務要素が十分に機能しない（職務の流動的組み替え，異種職務間での配置転換，多能工指向）→個々人の職務に結びつくべき責任・権限の所在が不明確化
(2) 業務の集団的遂行（生産現場での**柔軟な職務構造**，職場小集団と集団的作業遂行：オフィスでの**大部屋方式**，公式・非公式の会議による部門間調整，**稟議**）
(3) 年功集団の親和力→**非公式コミュニケーション・明文化されない規則**の重要性（**根回し**，以心伝心，腹芸，暗黙の了解，等）
(4) **合意（全員一致）**による**集団的意思決定**指向（常軌的業務は集団的遂行，非常軌的業務は「**根まわし→稟議**」による意思決定＝コンセンサスの積み重ね（重層的累積的集団意思決定），トップの方針を頭において課員と共に発想した提案を，課長が関連部署に根回しをし，そのうえで公式に稟議書を回議し，関連課長・部長の捺印を得てトップに承認を求める。ボトムアップ，U型意思決定（奥田健一），ミドル・アップ・ダウン（野中郁次郎），参加―総合型（岩田龍子）などと呼ばれる
(5) 試行錯誤的な柔軟な経営戦略……**プロセス型経営戦略**（奥村昭博）←重層的集団意思決定過程での**組織学習**

21.6 企業内組合と系列システム

1. **企業内組合（企業別組合）**

組合員資格を企業の正規採用従業員のみに限定し，企業ごとに形成される労働組合（↔職業別組合，産業別組合）。
(1) 終身雇用・年功制→**企業内労働市場**（企業内労使交渉，企業内労使関係）→上部団体に加盟しても個々の組合は完全な独立性を維持
(2) 職制秩序が組合内部へ強く反映されることが多い（背景に次の事情 ① 組合幹部は当該企業の従業員から選ぶ，② 組合幹部選出には勤続年数や年齢を考慮，③ 工員・職長・係長など全職種や多くの管理職を包括，④ 組合幹部が後に企業幹部になることも多い，⑤ 経営者と組合幹部の非公

式な人間関係）➡労使協調的組合運動

(3) 企業内組合は対外的・対社会的側面の視野が拡がらない弱点……① 公害企業における組合の会社都合優先，企業擁護姿勢，② 非正規採用従業員に対する素っ気なさ，正社員中心主義，③ 企業をこえた組合の大同団結の困難性

2. 系列システム

大企業が特定中小企業と継続的な取引関係を確保するための一種の組織的紐帯（企業内組織でもなく，純然たる市場取引でもない**中間組織**）。**長期的継続的取引**，株式保有，役員派遣などによる支配・従属関係になることが多い。

(1) **系列の種類**……① 原料系列，② 下請加工系列，③ 流通系列，④ 金融系列など。
(2) **長期的継続的取引**➡親企業への供給部品の開発において情報の交換・共有・蓄積（例えばデザイン・イン），ジャスト・イン・タイム➡部品の安定的供給，高品質，低コスト，信頼関係。長期的継続的取引は，株式保有，役員派遣，技術指導，経営指導，設備貸与，資金援助，親企業社員の派遣（出向）などで補完されることが多い。
(3) 市場取引から中間組織へ➡原材料取引，部品取引，資本取引の系列システム内取引化➡**閉鎖的排他的傾向**（➡日米構造協議で問題化したことがある）

21.7 日本的経営の問題点と今後の展望

1. 日本的経営の問題点

(1) 賃金・給料やポストの増加への圧力➡企業成長第一主義➡高度経済成長が望めなくなった低成長時代への適応に難点，(2) 責任分担の不明確➡限度なき労働➡**長時間労働**，**過労死**，(3) 会社第一主義，企業忠誠心➡企業犯罪，企業エゴ体質に傾斜しないか，(4) 過剰管理への傾斜（業務実績の管理だけに終らない情意・忠誠心等まで管理対象となる），(5) 終身雇用・年功制を維持するクッション（景気対応緩衝地帯）としての膨大な**非正規採用者**群，(6) 厳しい契約条件による系列利用，(7) **閉鎖的排他的体質**・同質化指向（異質なものへ

の拒否反応，反対意見・自由意見・内部告発の圧殺，コミュニティ意識の欠落等）は CSR，情報公開，グローバリゼーション時代の異文化経営にどう適合しうるか，(8)労働組合の対抗力喪失・労使協調・正社員中心主義，非正規社員の置き去り，(9)その他（遅い意思決定，能力と地位・賃金の乖離，高齢化に伴う人件費増，対外的な経営風土摩擦など）。

2. 日本的経営を取り囲む経営環境の変化

(1)国内設備投資や輸出に依存する長期高度経済成長の終焉，(2)技術革新の急進展，特に ICT の進展と情報資本主義化，(3)ソフト化・サービス化への産業構造転換，(4)人々の価値観の変化，消費市場の高度化と多様化，(5)国際情勢の大転換とグローバリゼーションの急展開（社会主義世界体制の崩壊と単一世界市場の形成，メガコンペティションとその圧力，経済摩擦，企業活動の海外移転，多国籍化，国内産業の空洞化，BRICs・VISTA・MEDUSA・MENA・NEXT11 などと呼ばれる新興諸国の急台頭），(6)労務環境の諸変化（能力主義の強調，高齢化社会，長期的若年労働力不足傾向，労働市場流動化，労働時間短縮問題，女性労働・人事の多民族化とダイバーシティ・マネジメント，格差社会化）

3. 日本的経営の展望

以下の新しい動向が，雑種性文化（たこつぼ型文化）的に，既述の日本的経営の特徴と折衷的に共存する形を当分の間とるだろう。

(1) 迅速な戦略的意思決定の必要➡ボトムアップ型意思決定の修正，コーポレート・ガバナンスの再検討
(2) 集団主義的執務体制の修正要因……個人主義的価値観の普及と定着，少数精鋭，責任明確化，成果主義，就労場所の多様化（在宅勤務，テレワーク），労働時間の多様化（フレックス・タイム，変形労働時間制，時差勤務制，週休三日制，長期休暇）など
(3) 終身雇用の変化要因……高齢社会化，選択定年制，再雇用制，雇用形態の多様化（中途採用，スカウト，外国人労働者，パート，契約社員，出向，転籍），再就職斡旋，高齢者向け別会社
(4) 年功制の変化要因……処遇の多様化（管理職定年制，管理職任期制，管理職公募制，管理職仮免制，進路選択制，専門職制），中途採用，スカウ

ト人事，職種別採用，抜擢人事，能力主義や成果主義の強化
(5) 企業内福祉制の変化要因……若年労働者の価値観変化，平均年齢の高齢化，公的福祉政策との関連づけ
(6) グローバリゼーションに伴う多様性（多様な文化，価値観を持つ従業員の協働）➡ダイバーシティ・マネジメント（Diversity Management），異文化ハイブリッド経営

【より進んだ学習のための文献】
A. 間　宏著『日本的経営の系譜』文眞堂，1989 年（初版は日本能率協会，1963 年）。
A. 宮坂純一著『日本的経営への招待』晃洋書房，1993 年。
A. 下川浩一著『「失われた十年」は乗り越えられたか：日本的経営の再検証』中央公論新社，2006 年。
A. J. C. アベグレン著（山岡洋一訳）『新・日本の経営』日本経済新聞社，2004 年。
A. 高橋伸夫著『虚妄の成果主義：日本型年功制復活のススメ』日経 BP 社，2004 年。
A. 城　繁幸著『若者はなぜ 3 年で辞めるのか？：年功序列が奪う日本の未来』光文社，2006 年。
B. 河野豊弘・S. クレグ著（吉村典久監訳）『日本的経営の変革：持続する強みと問題点』有斐閣，2002 年。
B. 日本大学経済学部産業経営研究所編『日本企業における日本的経営の変容に関する調査研究』日本大学経済学部産業経営研究所，2008 年。
C. 植村省三著『日本的経営組織』文眞堂，1993 年。
C. 津田眞澂著『日本的経営の論理』中央経済社，1977 年。
C. 三戸　公著『家の論理 1　日本的経営論序説』，『家の論理 2　日本的経営の成立』，ともに文眞堂，1991 年。

(片岡信之)

第22章
ステイクホルダー・マネジメント型企業への転換

> 《中心的論点とキーワード》
>
> 企業観変遷の現代的意義，現代企業はいかなる意味で道徳的主体なのか，CSR経営の内実，もう一つのコーポレート・ガバナンスの展望。キーワード：ストックホルダー企業，ステイクホルダー企業，道徳的主体としての企業，企業の社会的責任，株主行動主義，ステイクホルダー行動主義，コーポレート・ガバナンス

22.1 ストックホルダー企業からステイクホルダー企業への転換

1. 企業観の変遷
(1) ストックホルダー企業とステイクホルダー企業の対比

《市場経済のもとでは企業はストックホルダー企業である》
- 概要：企業の目的を詐欺や欺瞞なしに自由な市場のもとで競争し出来るだけ多くの利潤をあげ株主に還元することにもとめる。なぜならば，それが社会に最大の幸福をもたらすからである。
- 代表的な提唱者：フリードマン（Friedman, M.）
- 特徴：① **新自由主義**（リバタリアニズム），**倫理的利己主義**に立脚
  ② 株主価値（株価）重視経営の理論的根拠となっている。

転換

《現代企業はステイクホルダー企業である》
- 概要：企業の目的をステイクホルダーの利害を調整する媒介項として役立つことにもとめる。それぞれのステイクホルダーにはある目的達成の手段として扱われない権利がある，と主張
- 代表的な提唱者：フリーマン（Freeman, R. E.）

・特徴：① カントの「人格尊重の原則」に立脚
② 21世紀の企業の有力なひとつのあり方を概念化したものとして評価されている。
(2) スローン財団の「企業再定義プロジェクト」
① 1990年代前半にウェブでスローン財団の援助を得て「株式会社再定義プロジェクト」が展開される（http://www.rotman.utoronto.ca/~stake/）
➡ ステイクホルダー企業モデルに関するコンセンサス（Consensus Statement on the Stakeholder Model of the Corporation）の公開➡ステイクホルダー企業観への流れが加速
② 現代企業に要求される責務（義務）7原則（通称，**クラークソン原則**）

> 1) ステイクホルダーの関心事の認知・監視，2) ステイクホルダーとの意思疎通，3) ステイクホルダーに受け入れられる行動様式，4) ステイクホルダー間の相互依存関係の認識および経営活動の便益と負担の公平配分，5) 有害な結果を引き起こさないように外部の諸機関と協力すること，6) ステイクホルダーの利益に反する企業活動の回避，7) 企業の役割とステイクホルダーに対する責任の間に潜在的な対立があることを認識すること
>
> これらは**ステイクホルダーダイアログ**および**ステイクホルダーエンゲージメント**（⇒ステイクホルダー・マネジメント）として実践されている

2. ステイクホルダーとは誰か

(1) ステイクホルダーの解釈
① ステイクホルダー：当該企業の活動の成功ないしは失敗によって影響を受けたりあるいは影響を与えることができる個人および組織➡その企業の存続に不可欠な存在
② ステイクの意味の多様性：利害（損得の状況の認識）／権利ベースの考え方（権利には法的権利と道徳的権利がある）

(2) ステイクホルダーの属性
① 権力：企業に影響を与える手段。威圧的権力（暴力等），実利的権力（ボイコット等），シンボリック権力（社会的信用等）
② 正統性：ステイクホルダーの行動がどの程度社会に受け入れられるのか。
③ 緊急性：ステイクホルダーの要求がどの程度差し迫ったものなのか。

(3) ステイクホルダーの特定

フリーマンの初期の分類（1990年代）
株主／従業員／顧客／供給者／地域社会／経営者 ➡経営者が，ステイクホルダーの利害を調整する役割を担う
フリーマンの最近の二層モデル（2007年）
・一次的ステイクホルダー：顧客／供給者／従業員／投資家／地域社会 ・二次的（道具的）ステイクホルダー（➡企業と一次的ステイクホルダーの関係に影響を与える存在）：政府／競争相手／消費者団体／特殊な利害集団（環境保護団体等）／メディア
現実には，当該企業が，ステイクホルダーの属性を考慮して，独自の判断で特定することが求められる⬅ドナルドソン＝ダンフィ（Donaldson, T. & Dunfee, T.）が「**統合社会契約論**」（Integrated Social Contract Theory）のなかで提示した「包括的ステイクホルダー・セオリー」において，その基準が公式化されている

3. ステイクホルダーセオリーの現状

(1) ステイクホルダー・セオリーの相

1) 企業は何故にステイクホルダーの利害を考慮すべきなのか，その理由を考える➡規範的ステイクホルダー・セオリー
2) 企業は現実にステイクホルダーの利害を考慮しているのか，を解明する➡記述的ステイクホルダー・セオリー
3) ステイクホルダーの利害を考慮することは企業にとって果たして有益なのか，という疑問に答える➡道具的ステイクホルダー・セオリー

(2) ステイクホルダー・セオリーの規範性の程度

第1種規範（公平な社会を理想化）	理想的な社会を提示し，大規模な社会変革を求める。カントや**ロールズ**（Rawls, J.）に依拠した規範的な理論
第2種規範（法・制度の修正を要求）	社会が進化する方向，他の社会や過去の制度を反映した規範。フェミニスト論，**コミュニタリアニズム**等
第3種規範（会社の対応を指示）	既存の法制度を前提に，誰に道徳的責任があるのかを確認する規範。ステイクホルダー・マネジメント原則

22.2　ステイクホルダー・マネジメントの展開

1. 道徳的主体としての現代企業
(1) 企業に道徳的責任を問うことができるのか──**企業道徳主体論争**の経緯
　① 企業道徳的主体肯定説（フレンチ（French, P.）のモラル・パーソン説）

> 方程式：「主体＝意図をもって行動する存在」がある➡企業は意図をもって行動している➡企業は道徳的主体である

　② 企業道徳的主体否定説（ラッド（Ladd, J.）の構造制約説）

> 企業はフォーマル組織であり，利潤の最大限達成に向けて行動しなければならない➡特殊な目標達成を目指すことは道徳規範に従って行動することを認めないことである➡企業は道徳的主体となりえない

　③ ベラスケス（Velasques, M.）の「方法論的個人主義的」企業道徳的主体否定説

> 企業は自律的に行動ができないために，道徳的責任を問うことは間違いであり道徳的主体として認められない➡企業の行動は実質的にはその企業の構成員の行動であり，その構成員が責任をとるべきである

　④ ドナルドソンの「要件合致型」企業道徳的主体説

> 企業を道徳的主体としてみなすために必要な2つの要件（道徳的理性に基づいて意思決定が行われること／意思決定過程において，企業行動の具体的な結果を想定して政策や規則の構造を統制できること）➡多くの企業は2つの要件を完全ではないがそれなりに満たしている➡道徳主体性をほとんどすべての企業のなかに見いだせる

　⑤ 「道徳的主体としての企業」の現実的意味・解釈

> 企業の道徳主体性は特殊な種類のものである➡企業を人間と完全に同一視することはできないが，一定の意図を有する社会的存在として道徳原則が適用される対象である，という意味で，企業は道徳的主体である

(2) 企業に適用される倫理規範
  ① 目的論：行動の価値はその結果によって測定されるべきだ，との考え方
    エゴイズム（利己心と結びつける考え方）／**功利主義**（行為によって生み出される good と bad のバランスを重視する）
  ② 義務論：結果よりも，動機を重視する考え方
    カント主義／「一応の義務」論
  ③ 正義論：正義の「モノサシ」の混在
    自由としての正義／公正（平等）としての正義／権利としての正義
  ④ 徳理論：中庸を重視する考え方
    ⑤ コミュニタリアニズム：共通善を重視する考え方

2. ステイクホルダー・マネジメントの展開

(1) ステイクホルダー・マネジメントの概要
  ① ステイクホルダー・マネジメントは倫理をマネジメントの実践と戦略に転送する道具である。
  ② ステイクホルダー・マネジメントの枠組み

> 社会規範を認識する➡それら規範を読み替えてステイクホルダーの権利・義務を設定する➡経営者がステイクホルダーの権利・義務を実現する➡倫理的に正しい行動の結果，ステイクホルダーの中に企業への信頼が生まれる➡ステイクホルダーの企業へのコミットメントが高まる
> （図表22-1）
> ------
> 他方で，ステイクホルダーの権利・義務が企業外部評価指標とリンクしていると，評判と組織としての目標が同時に達成される
>
> いずれにしても，ステイクホルダーのステイク（権利）を正しく把握することが重要であり，企業内外の信頼関係の構築が企業の存続を左右する

第22章 ステイクホルダー・マネジメント型企業への転換

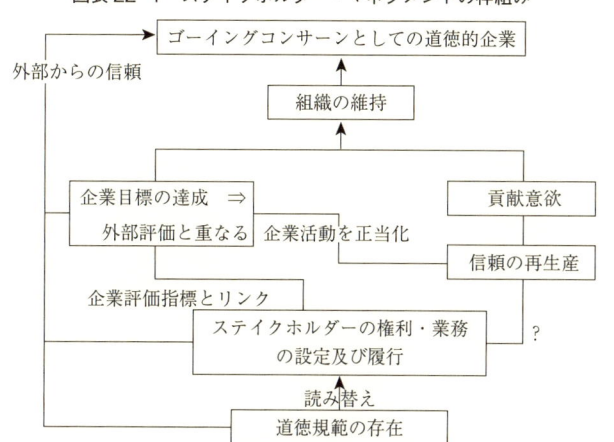

図表22-1 ステイクホルダー・マネジメントの枠組み

```
                    ┌─ゴーイングコンサーンとしての道徳的企業
外部からの信頼        │
                    組織の維持
                    ↑
        ┌─────────┬─────────┐
     企業目標の達成 ⇒         貢献意欲
     外部評価と重なる 企業活動を正当化
                              信頼の再生産
        企業評価指標とリンク
                    ステイクホルダーの権利・業務
                    の設定及び履行           ？
                    ↑
                    読み替え
                    道徳規範の存在
```

？：ステイクホルダーの権利を読み間違えると、組織として存続することが不可能になる

(2) ステイクホルダー・マネジメントの展開
  ① フリーマンのステイクホルダー・マネジメント原則

  ［正当性原則］企業はステイクホルダーのために管理されるべきである
  ［受託原則］経営者はステイクホルダーおよび会社に対して受託義務を負う

  ② 双方性マネジメントとしてのステイクホルダー・マネジメント
    イ）ステイクホルダーダイアログ
      ステイクホルダーに声をあげさせ、それに耳を傾け、応答し行動すること
    ロ）ステイクホルダーエンゲージメント
      エンゲージメントには12段階ある。操作➡セラピー➡報告➡説明➡なだめる➡コンサルテーション➡交渉➡関与➡コラボレーション➡提携➡権限委譲➡ステイクホルダーコントロール

(3) 企業は倫理的になれるのか➡企業を倫理的な存在にする現実的な方法

  現代企業は道徳的主体であるが、そのまま企業の自主性に委ねたままでは多

くの企業は倫理的な存在へと転化しない
企業に道徳的主体としての自覚を持たせ行動させるためには別の「装置」が必要になってくる。いわば「外圧」である
第1の外圧は政府の規制。これは，市場に委ねておいては解決できない問題を企業に強制的に解決させるという意味で，企業に道徳的主体としての自覚を植え付ける外圧となる。特に，社会的規制が重要
第2に，投資家の意識の変化。社会的責任投資が企業行動に大きな影響を与える存在になっている
第3は，社会と企業の契約の変容を反映した，外部企業評価。これまでの評価とは異なる「ものさし」で評価が活発に行われしかもその結果が各種のメディアを介して公表されること。「社会貢献度調査」等
これらが組み合わされて機能すると，可能性が現実性に転化（図表22-2）

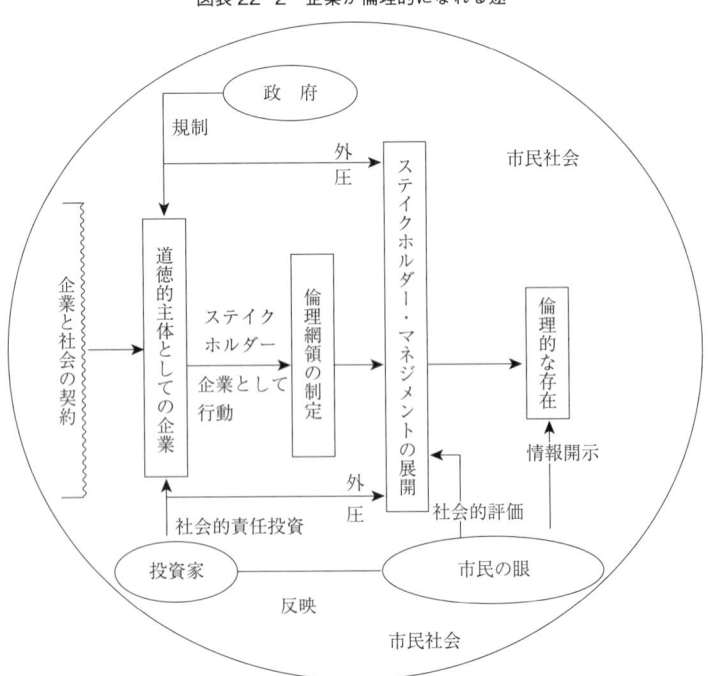

図表22-2　企業が倫理的になれる途

22.3 ステイクホルダー・マネジメントとしての CSR

1. 経営者の社会的責任と企業の社会的責任
(1) 1960-70年代の社会的責任

> 1) 概要
> ① 公害，欠陥商品，事故・災害（「企業の3悪」）を契機として，企業に社会的責任を求める運動（消費者運動）が展開される
> ② キャンペーン GM（4人の法律家が12株購入して GM の株主となり社会問題に対する経営者責任を追求するために株主提案を行う）が有名
>
> 2) 特徴：経営者の「啓発された利己心」に訴えて，経営者個人の社会的責任を問いかけたこと
>
> 3) 推移
> ① 社会的責任肯定説，否定説等活発な議論があり，またメセナやフィランソロピーが脚光を浴びたが，不況と共に，特に日本では，表舞台から姿を消す➡免罪符としての社会的責任➡ブームとしての社会的責任
> ② 当時の状況は，理論的に，経営者は「職務責任を果たすために，その手段として『社会的責任』を考慮する」（手段責任論），と総括される

(2) 現代の CSR

> 1) 概要
> ① 企業不祥事の多発だけではなく，深刻化する環境問題も影響して，企業の社会的責任（Corporate Social Responsibility : CSR）に注目が集まる
> ② CSR では，経営者ではなく，組織としての企業の責任が問われる
>
> 2) 特徴：1960-70年代の社会的責任「論」との相違
> ① 「企業と社会」論やイッシュー・マネジメント等の成果を踏まえていること。特に，ビジネス・エシックスの学問的貢献が大きい
> ② 「社会的責任」という言葉は「曖昧」であり，どのようにでも解釈されるという批判があるが，それに対して，責任主体と責任の内容という点で明確に答えることができること
> ③ CSR はステイクホルダー・マネジメントを責任という側面から捉え直した概念である

2. CSR経営
(1) 誰が，誰に対して，責任をとるのか
  1) 責任主体
    ① 自然人としての個人ではなく，組織自体が責任を問われる➡経営者は会社自体の代理人として（組織人格として）責任を問われる➡個人ではなく，組織としての責任の取り方が問われる。
    ② 1991年にアメリカで「**連邦量刑ガイドライン（1987年成立）**」を改正➡「組織の量刑」を追加➡企業倫理遵守に積極的に取り組んでいる企業は不祥事をおこしても「組織ぐるみの犯行」として判断されない➡企業が責任主体であるという「実体」が法律によって裏付けられる。
  2) 社会的の意味
    ①「社会的責任」の「社会的」の意味には，「社会的＝非経済的」という解釈（⇒通説）ではなく，「責任の対象」という視点から見た意味がある。
    ② この視点に立つと，「社会的責任」は「社会に対する責任」である。
    ③ 企業が社会的責任を負うべき相手は，現実には，企業を取り巻く環境主体である。
(2) 社会的責任の具体的内容
  1) **企業社会契約の変化**

旧い契約		新しい契約
企業が社会に要求すること		企業が社会に要求すること
法律の下で，1つの主体として認めること。土地等の生産手段の所有および従業員の雇用	⇒	法律の下で，1つの主体として認めること。土地等の生産手段の所有および従業員の雇用
社会が企業に要求すること		社会が企業に要求すること
企業本来の機能の遂行（財＆サービス，職および配当等の提供）		企業本来の機能の遂行＋本来であれば社会全体の立場から解決すべき事柄（環境汚染の防止，差別の撤廃等）への誠実な対応

2) 企業社会的責任の具体的内容
　① 通説
　　イ) **キャロル**（Carroll, A.）のピラミッド型解釈：経済的責任を基底に据えて，その上に，法的責任，倫理的責任，裁量的責任を付け加える。
　　ロ) 積み上げ方式の問題点：複数の責任を区分する明確な基準がない➡社会的責任を「○○的責任」として説明することには限界がある。
　　ハ) 「コンプライアンス＝法令遵守」は間違い➡**コンプライアンスは法令を含む社会規範に従うことである**。
　② もう1つの考え方
　　イ) 企業の社会に対する責任は，実質的には，企業の環境主体であるステイクホルダーズに対する責任である➡ステイクホルダーズに対する責任はステイクホルダーズの権利を認め尊重することである➡ステイクホルダーズの権利は，現実には，企業が制定している「倫理綱領」に盛り込まれている➡「CSR＝**倫理綱領**を制定し社会との契約を守ること」
　　ロ) 具体的な事例

顧客に対する責任	高品質の商品並びにサービスの提供，公正な対応，顧客の健康・安全，人間の尊厳を侵さないこと，文化や生活様式の保全・尊重
従業員に対する責任	仕事と報酬の提供，健康と品格を保つ職場環境の提供，情報の開示・共有，適切な苦情処理，誠実な交渉，宗教・性別・出自・人種・肌の色等々で差別しないこと，処遇および機会均等の保証，障害者雇用，従業員を傷害や病気から守ること，技能習得の奨励・支援，失業問題への配慮
オーナー・投資家に対する責任	公正で魅力ある利益の還元，情報開示，資産価値の保持・保護・拡大，株主提案の尊重
サプライヤーに対する責任	公正で正直な対応，正常な企業活動の保証，安定的関係の樹立および信頼関係の維持，情報の共有，取引条件の遵守，人道的な雇用政策を実践しているサプライヤーの開拓・奨励・優先的取引

競争相手に対する責任	市場の開放，公平な競争を介した相互信頼の樹立，不当な金銭および便宜を求めないこと，有形財産に関する権利および知的所有権の尊重，非倫理的手段で取引情報を入手しないこと
地域社会に対する責任	人権並びに民主的活動を行う団体の支援，人間形成の推進をめざす公的政策・活動の支援，地域福利水準の向上をめざす地域社会の諸団体との協力体制の確立，持続可能な開発の促進・奨励，自然環境と地球資源の保全，地域文化や生活様式の保全，「良き企業市民」となること

（出所）コー円卓会議の資料を整理（http：//www.cauxroundtable.org/）

22.4　ステイクホルダー型コーポレート・ガバナンスの展望

1．株主行動主義からステイクホルダー行動主義へ
(1)　株主意識の変遷
　①株主の二面性：所有者としての株主と投機家としての株主
　②株主意識の変遷
　　1) 所有者としての意識を欠き，投機家として行動する株主
　　　株主総会の空洞化，**株価至上主義**，等々
　　2) 所有者としての株主
　　　ウォールストリート・ルールからコーポレート・ガバナンス原則へ
　　3) ステイクホルダーズの「ひとつ」としての株主の出現
　　　ステイクホルダーズ全体の利益が守られ企業が存続できてはじめて株主が存在するという認識
(2)　**株主行動主義**から**ステイクホルダー行動主義**への転換
　《株主行動主義》
　　概要：株主としての見解を主張し積極的に行動すること
　　具体的行動：経営者との対話，キャンペーンの展開，株主総会への参加，株主提案の提出，株券の売却，等
　　含意：株主が主であり，他のステイクホルダーはそれに従属する存在
　　　→株主価値（株価）重視の経営者監視システムの確立

《ステイクホルダー行動主義》
概要：ステイクホルダーが当事者としての自覚をもって積極的に発言し行動すること
具体的行動：**社会的責任投資**，内部通報，ワークルールの希求，買い物ガイドの作成，コミュニティビジネスの展開，等
含意：ステイクホルダー行動主義を踏まえたガバナンスの構築

2. ステイクホルダー型コーポレート・ガバナンスの展望

(1) ステイクホルダー・マネジメントから見た，株主と経営者の関係

株主は法人としての株式会社が発行している株式の所有者にすぎないが，その意識において，会社（法人としての会社のもうひとつの側面である会社財産）を所有している，と思っている
しかし，会社を実質的に所有しているのは会社自体である
したがって，本人は形式的には株主（擬制資本の所有者）であるが，実質的には会社自体（現実資本）であり，その代理人が経営者である
会社を支配（管理）しているのは会社自体から信託された経営者である
経営者は会社に対して服従し機密を維持し忠実であることを求められる
そのような方向に向けて経営者の行動をコントロールする役割を果たすのがステイクホルダーズ（との社会契約）である
ステイクホルダーが本人であり，経営者がその代理人である，との見解もある→Stakeholder-agency theory

(2) ステイクホルダー型コーポレート・ガバナンスに向けた動き
 ① 概要：**コーポレート・ガバナンスの課題はさまざまなステイクホルダーの利害のバランスを取ることにある**，との立場から，ステイクホルダーのパワーを企業経営に組み込む動きが進んでいる（図表22-3）。
 ② 事例
  イ）法律および相互協定によって確立されたステイクホルダーの権利を認めるべきである，と明記されている，OECDコーポレート・ガバナンス公理（1999年制定，2004年改訂）
  ロ）アメリカのステイクホルダー法キャンペーン（ステイクホルダーの利

図表 22-3　ステイクホルダー型 CG モデル

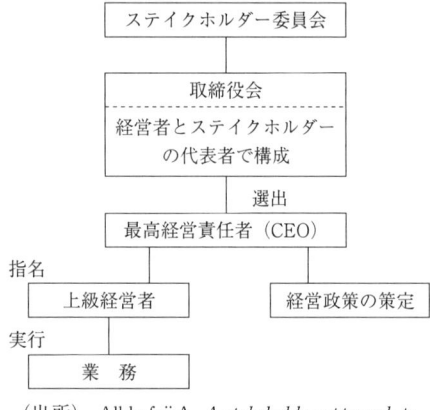

```
           ┌──────────────────┐
           │ ステイクホルダー委員会 │
           └──────────────────┘
                    │
           ┌──────────────────┐
           │      取締役会      │
           ├──────────────────┤
           │ 経営者とステイクホルダー │
           │   の代表者で構成    │
           └──────────────────┘
                    │ 選出
           ┌──────────────────┐
           │ 最高経営責任者（CEO）│
           └──────────────────┘
       指名 │              │
     ┌──────────┐    ┌──────────────┐
     │ 上級経営者 │    │ 経営政策の策定 │
     └──────────┘    └──────────────┘
       実行 │
     ┌──────────┐
     │  業　務  │
     └──────────┘
```

（出所）　Alkhafaji,A., *A stakeholder approach to corporate governance*, Quorum books, 1989, p.38.

害を護る法律の制定を求める運動）

【より進んだ学習のための文献】

A.　谷本寛治編『SRI 社会的責任投資入門』日本経済新聞社，2003 年。
A.　宮坂純一著『企業は倫理的になれるのか』晃洋書房，2003 年。
A.　谷本寛治著『CSR　企業と社会を考える』NTT 出版，2006 年。
A.　中谷常二編『ビジネス倫理学』晃洋書房，2007 年。
B.　宮坂純一著『ステイクホルダー行動主義と企業社会』晃洋書房，2005 年。
B.　松野弘・堀越芳昭・合力知工編『「企業の社会的責任論」形成と展開』ミネルヴァ書房，2006 年。
B.　宮坂純一著『道徳的主体としての現代企業』晃洋書房，2009 年。

（宮坂純一）

第 5 編

企業経営理論の発達史

第23章
経営学の歴史（アメリカ）

《中心的論点とキーワード》

アメリカ経営学はマネジメント（管理）の実践とビジネス・スクール教育の関わりの中で発展してきた。キーワード：科学的管理，テイラー，フォードシステム，人間関係論，バーナード革命，サイモン，管理過程学派，管理論のジャングル，行動科学的組織論，人的資源管理論，組織行動論，コンティンジェンシー理論，経営戦略論，企業統治，企業の社会的責任，企業倫理

23.1 アメリカ経営学の生い立ち

1. 管理の実践

アメリカ経営学は，管理（management）の実践から生じた。管理実践の革新という観点からみるなら，アメリカにおける管理のパイオニアは，**19世紀後半の鉄道**にみられる。さらに，鉄道のみならず石油精製・食品・鉄鋼・農機・自転車・ミシン工場，等の大規模化の中で管理実践の革新がみられるが，それらは鉄道と同様に，ほとんど経営者あるいは管理者の個人的資質や経験の中に解消され，共通の問題として広く論じられることはなかった。（チャンドラー『経営者の時代』1978年。）

2. 管理実践から管理の科学へ

ASME（アメリカ機械技師協会）は，もともと工学技術上の問題を論ずるため工場経営者，技術者の情報交換の場として1880年に設立されたが，その中の一部の経営者・技術者たちが，技術者こそが**経験と勘に代わる**「**管理の科学**」，すなわち工場管理の科学を打ち立てるべきであると論じた。ASME副会長**タウン**の1885年の論文，機械技師**テイラー**（Taylor, F. W.）の

1895年の論文はそのような代表的な試みであった。(H. Towne, The Engineer as an Economist, 1885. F. W. Taylor, A Piece-Rate System, 1895.)

23.2 科学的管理（Scientific Management）

1. 科学的管理運動

19世紀末から20世紀初頭にかけ，英国を追い抜き「世界の工場」となった産業国家アメリカの生産現場の合理化を支えたのは，**テイラー**らに代表される多数の工場現場の技師たちであった。工場管理のコンサルタント（**能率技師**）として活躍していたテイラーの弟子たち，具体的には，工程管理のための図表，**ガント・チャート**を開発した**ガント**，工場レイアウトおよび工程の合理化に欠かせない**時間・動作研究**を追求した**F. ギルブレス**，らが活躍した。また，テイラーとは違った派に属する**エマーソン**，**チャーチ**らも実践活動とともに管理に関する多くの著作を著わした。

2. テイラーと科学的管理

(1) テイラーの科学的管理に関する基本的な考え方は，**経験や勘に代え管理の科学による管理**を行うことであった。そのために最も必要なことは，一流の労働者がなしうる1日の仕事量（**課業**）**の科学的な決定**であった。彼は，**時間研究**によって最も能率的な作業動作・方法を探求し課業を決定した。（**指図票**による作業方法と手順の決定）そして，このような最も能率的な作業方法が保証されるためには，最も能率的な工具・設備・在庫等の作業条件を整える必要があった。（**標準作業条件の整備**）

(2) 課業管理

このように最も能率的な作業方法を明らかにした上で，課業（標準仕事量）を達成した労働者には高い賃率，達成出来ない場合には低い賃率を適用し（**差別出来高給**），個人の努力や創意工夫が能率向上と成果（報酬）に結び付くことの重要性をテイラーは，強調した。さらに彼は，以上のような管理法のさまざまな工夫を実践する**計画室の設置**（**ラインとスタッフの分離**）を主張した。（テイラー『科学的管理法』1913年。）

3. 科学的管理とフォード・システム

20世紀に入り，テイラーらに代表される科学的管理は，工場および生産過程の合理化を試みる多くの技師たちによって担われていた。その基本的分析手法は，生産活動を各要素に分解し，最も合理的な生産の手法と手順を見出し，これら試みを合理的な工場レイアウトと生産のスケジュール化に結びつけることであった。**フォード・システム**は，何万もの**規格部品**を用い，ベルト・コンベア上に配した各作業工程での作業動作を**標準化・単純化**し，少数の熟練工と多数の半熟練工とで大量に安価な標準製品（モデルT）を組み立てる画期的な**大量生産手法**の出現を意味した。この意味で**移動組立て法**とも呼ばれるフォード・システムは，大量生産のみならず科学的管理の1つの到達点であった。（藻利重隆『経営管理総論』1948年。）

4. 科学的管理の特質と人事管理論

以上のように，科学的管理は，調査・分析→標準化→統制，といった基本的接近法でもってさまざまな管理技法と原則を生み出していったが，機械技師の思考方法を反映し本質的に**メカニカル**な**管理法**であった。もっとも，テイラーも晩年「**精神革命論**」を主張していたが，その本質は労使が「**管理の科学という法則**」に従えば，労使が能率向上の成果を享受しうるというものであった。むしろ，科学的管理に刺激され，管理における人的要因に注目し，それら人的要因を扱うスタッフ職能としての人事管理を，心理学を基礎に**人事管理論**として打ち建てたのは，**スコット**や**ティード**といった心理学者であった。（奥林康司『人事管理学説の研究』1975年。）

23.3 人間関係論（Human Relations School）

1. ホーソン実験

(1) 照明実験

ホーソン実験は，1924年から1932年にかけ，電話器・通信機器を製造していた最大規模の会社だった**ウェスタン・エレクトリック社**で，照明が生産性に影響を与える要因を明らかにするため行われた実験である。当初，この実験は，照度が生産性にどのような影響を与えるかを調べる実験としてMITの電気工学の教授によって始められた。しかし，照度と生産

性の明確な関係はみられなかったので，他のさまざまな社会心理的要因を含め，より集中的な観察実験を行うためホーソン工場・継電器組立作業室での実験が続けられた。

(2) **継電器組立作業室の実験**

6人の女子工員を対象にし，1927年から1932年まで，**賃金支払法・休息時間・労働時間**，等さまざまな労働条件に変化が導入され，生産性との関係が調べられた。労働条件の改善に対応し生産性も上昇したが，労働条件を元に戻しても生産性は低下しなかった（**ホーソン効果**）。メイヨー（Mayo, E.）とレスリスバーガー（Roethlisberger, F. J.）は，この実験の途中からホーソン実験に参加している。

(3) **面接実験**

第一線監督者の**監督方法**，生産性に与えるさまざまな要因，またなぜ**労働者がそのように行動するのか**を明らかにするため，約2万人のホーソン工場労働者を対象にインタビューが試みられた。メイヨーの参加によって，当時臨床心理学で用いられていた「**非指示的面接法**」が採用された。その結果，従業員の不満は，彼らの**個人的態度や感情**，**監督者との関係**，**職場集団で生ずる社会的感情**に大きく左右されている事がわかった。

(4) **巻線作業室の実験**

被験者である14名の男子工員に知らされることなく，作業過程での工員の行動が観察された。その結果，会社が定めた職務分担を示す作業組織（**公式組織**）とは別の自然発生的に生じた仲間集団の組織である**非公式組織**が存在し，その仲間集団の**規範**が実質的に生産量を制限していることが判明した。組織が，**公式組織と非公式組織**からなることが認識された。

(F. Roethlisberger & W. Dickson, *Management and Worker*, 1939.)

2. 人間関係論と組織の理論

経済人でなく，感情を持ち集団の中で行動する**社会人**を前提とする**人間関係論**は，ホーソン実験を基礎にしメイヨーとレスリスバーガーによって生み出された考え方である。彼らは，組織は**人間の相互作用**からなる１つの**社会体系**であり，本質的に人間の組織としての側面を持っており，**能率の論理**により組み立てられた公式組織と**感情の論理**により生ずる非公式組織からなる

と考えた（図表23-1参照）。組織は，人間の組織であるという観点は，人事管理職能はライン職能であるとする**ピゴーズとマイヤーズ**の『人事管理論』を生み出した。また，人間関係論的な組織研究は，戦後の**行動科学**的な組織研究の基礎を築いた。(E.メイヨー『産業文明における人間問題』1933年。)

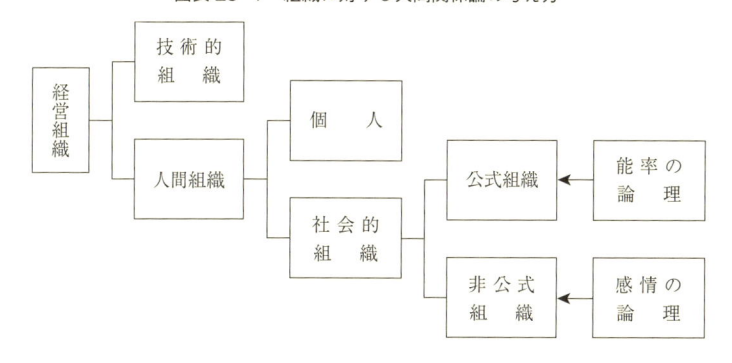

図表23-1　組織に対する人間関係論の考え方

```
                    ┌─ 技術的組織
          経営組織 ─┤                    ┌─ 個　人
                    └─ 人間組織 ────────┤              ┌─ 公式組織 ── 能率の論理
                                          └─ 社会的組織 ─┤
                                                         └─ 非公式組織 ── 感情の論理
```

23.4　現代組織論（Modern Organization Theory）

1．バーナード革命

　ながくニュージャージー・ベル電話会社の社長を勤めた博識の経営者バーナード（Barnard, C. I.）は，ハーバード大学ビジネス・スクールに関係していたパレート社会学の研究者であった医学者ヘンダーソンらとの親交の中から，組織を人間の**相互活動の体系**，すなわち組織は人間の協働体系からなるとする現代的な組織論の基礎を築いた。彼は，**自由な意思と選択能力を持つ人間**が自己の**制約された能力**を**克服**するため他者との協働体系に参加し，組織を取り巻く**物的・生理的・社会的・個人的な体系**の克服を試みるところに組織が成立すると考えた。それまでのアメリカ経営学が，管理上の技法や能率的な管理のための原則を追求し職務・職能から組織を分析したのに対し，バーナードは，初めて人間の相互活動を組織分析の基礎に置く革新的な組織論を打ち建てた。もっとも，**フォレット**（Follet, M. P.）は，すでに1910年代から政治学的集団論と福祉活動の実践から管理を協同と人間の相互活動か

ら捉えていた。(フォレット『新しい国家』1918 年。)

2. バーナード組織論

　　バーナードは，協働体系という概念を基礎にし組織を「**意識的に調整された人間活動の体系**」と定義し，組織が人間活動からなるとする「**人間の組織**」としての組織論を確立した。彼は，組織の欠くべからざる3要素を次のように示した。車を造るとか教育するといった① 組織の**共通目的**の存在。組織に対する成員の ② **貢献意欲**の存在。貢献意欲を組織目的に向かわせるよう成員の活動を調整する ③ **コミュニケーション**の存在。そして，外的環境に適応し組織の共通目的を達成することが**組織有効性**の達成（**外的均衡**），成員の動機を満たす誘因を提供することが**組織能率**の達成（**内的均衡**）と2つの概念を区別し，この有効性と能率を達成することが，経営者の役割であるとバーナードは主張した。そして，組織が，意識的に調整された人間活動である以上，組織の有効性と能率を達成する基礎は，組織構成員の貢献意欲を最大限に獲得することであるから，命令も成員に受容されて初めて権限となると考える**権限受容論**を彼は主張した。(バーナード『経営者の役割』1938 年。)

3. 意思決定の組織論

　　サイモン (Simon, H. A.) は，バーナードの人間活動の体系としての組織という考え方を受け継ぎ，組織での人間活動を**意思決定過程**の次元で捉え，**意思決定**という概念で組織を分析した。すなわち，組織は意思決定の階層的に分業化された体系なのであった。**意思決定**とは目的に対する手段の選択を意味するから，合理的な意思決定とは，目的を達成しうる多数の手段を見出し，目的にかなう最適な手段を決定することであった（**最適意思決定**）。しかし，**不確実性**の存在および人間の持つ**認知的能力の限界**から，人間は，全ての手段を見出しその中から最適な手段を選択することが出来ないので，**制約された合理性（限定合理性）**の範囲内で満足的な手段を見出し意思決定する（**満足的意思決定**）。この人間の持つ制約された合理性の限界を少しでも緩和し意思決定の合理性を高めようとするのが組織の意思決定である。

　　組織は，それぞれ専門化した職能や部門を持ち情報を蓄え標準意思決定プログラム（組織・計画・規則）を整備し，意思決定の合理性を高めようとす

る一種の情報処理システムであるとサイモンは考えた。組織での権限・教育・訓練等の**組織影響力**の行使も，不確実性に対処し意思決定の合理性を高めようとする組織の機能の1つであった。（サイモン『経営行動』1947年。）

23.5　ファヨールと管理過程学派（Management Process School）

1. ファヨールの管理論

　テイラーは，生産現場の中から管理の科学を追求し「経営学の父」となったが，フランスの鉱山・製鉄会社の社長を長く勤めた**ファヨール**（Fayol, H.）は『**産業ならびに一般の管理**』を著わし，「経営学の母」となった。もっとも，彼の著作が広く知られるようになるのは戦後のことであった。彼は，基本的な経営職能としてよく認識されている**技術**（**生産**），**商業**（**購買・販売**），**財務**，**保全**（**物と人の維持**），**会計**，といった職能に加え，その重要性にもかかわらず，当時ほとんど認識されていなかった**管理職能**の存在とその意義を明らかにした。すなわち，管理職能は，以上の経営の基本的諸職能と深くかかわり，管理職能それ自体も独自の**計画・組織・命令・調整・統制**という固有の機能を持ち，組織階層の上層部ほどこの管理職能の重要性はます。管理とは計画し組織し命令し調整し統制することであった。（ファヨール『産業ならびに一般の管理』1917年。）

2. アメリカにおける経営管理論の生成

　アメリカの経営学は，**テイラー**のような現場の技師や管理者が管理実践に則してさまざまな管理技法を生み出す試みから生じてきた。したがって，生産・人事・財務・販売・会計のような**個別職能の科学**，例えば人事管理論，財務管理論等は，1920年代にはその原型を現していた。しかし，アメリカにおいては上述のファヨールのような明解な形で管理論を主張した論者はいなかった。もっとも，すでに20年代には，大量生産と大量販売を統合し事業部制を採用していたGM社のムーニーは，ライリーとの共著『**前進する産業**』（1931年）において管理のための**組織原則**を明らかにしていた。すなわち，(1)基本原則：権限・協同・教化・訓練に基づく調整，(2)派生原則①リーダーシップ・委譲・職能に基づく階層化，②個別職能を明確にし特定

化する，③部門および全般的管理を補佐するスタッフ化。いずれにせよ，戦前のアメリカ管理論の**総合化は遅れ**ていた。(齊藤毅憲『経営管理論の基礎』1983年。)

3. 管理過程学派 (Management Process School)

戦前のアメリカにおいても，ファヨールのように管理を**プロセス（過程）**として捉える論者はいた。ブラウンは，管理を plan-do-see の諸側面に分けていた（A. Brown, *Organization*, 1945.）。しかし，トップ・マネジメントを含めた企業経営全般の管理を体系的かつ明快に述べていたのはフランスの**ファヨール**であった。その彼の著作『産業ならびに一般の管理』の**英訳版**が戦後アメリカにも普及し，**ニューマン**が『**経営管理**』（1951年）において，**クーンツ**と**オドンネル**が『**管理の諸原則**』（1955年）においてファヨール管理論の基本的枠組みを採用した。とりわけ後者は，管理を**計画・組織・人員配置・指揮・統制**の過程であるとし，各管理過程に経営実践の諸技法と理論を対応させ，経営管理の包括的な分析を示すことにより，ファヨールの考え方は，**管理過程学派**として普及していった。

4. 管理論のジャングル (*The Management Theory Jungle*, 1961)

戦後，MBA制度を含め大学でのビジネス教育が普及していく中で，当時の大学のビジネス教育を批判した1959年のゴードン・ハウエルそしてピアソン報告の影響もあり，大学のビジネス教育の中に行動科学あるいは数量的な**学際的接近法**がみられるようになった。**クーンツ**（Koontz, H. D.）は，これらを**管理論のジャングル**と呼び，次のように分類した。(1)**管理過程学派**，自らを含めファヨールを始祖とする学派(2)**経験学派**，デールなどの比較研究およびケース・スタディー(3)**人間行動学派**，心理学・社会心理学的な接近による人間関係論や行動科学的な組織研究(4)**社会システム学派**，バーナードのような社会学的な組織研究(5)**意思決定学派**，ゲームの理論を含め，経済学的な選択理論(6)**数理学派**，ORや経営科学にみられる数学的接近法。

1980年，クーンツは再び管理論のジャングルを取り上げ，11の学派に分類した。1961年から20年後のアメリカ経営学のジャングルはますます増殖していたのである。(H. D. Koontz, *The Management Theory Jungle Revisited*, 1980.)

23.6 アメリカ経営学の発展

1. 行動科学的組織論から組織行動論・人的資源管理論へ

　戦後，人間関係論のように，組織と組織の人間行動を心理学あるいは社会心理学的な接近法から分析する多くの研究がなされた。これら研究は，**後期人間関係論**あるいは**行動科学的組織論**（図表23-2参照）と呼ばれた。その代表的論者は，アージリス『組織とパーソナリティー』（1957年），マグレガー（D. McGregor）『企業の人間的側面』（1960年），リッカート『組織の行動科学』（1967年），ハーズバーグ『仕事と人間性』（1966年）等であった。これら論者の多くは，マズローの欲求段階説にみられるような人間性心理学の人間観（**自己実現的人間**）に共鳴していた。すなわち，アージリスは，人間の健全なパーソナリティーが発揮しうるような組織への転換を，リッカートは，権威的な組織から参加的かつ支持的リーダーシップが発揮される「**システム4**」と呼ばれた組織への移行を，ハーズバーグは，仕事の経済的報酬や作業環境のような衛生要因を重視する経営から，仕事の内容（職務内容）

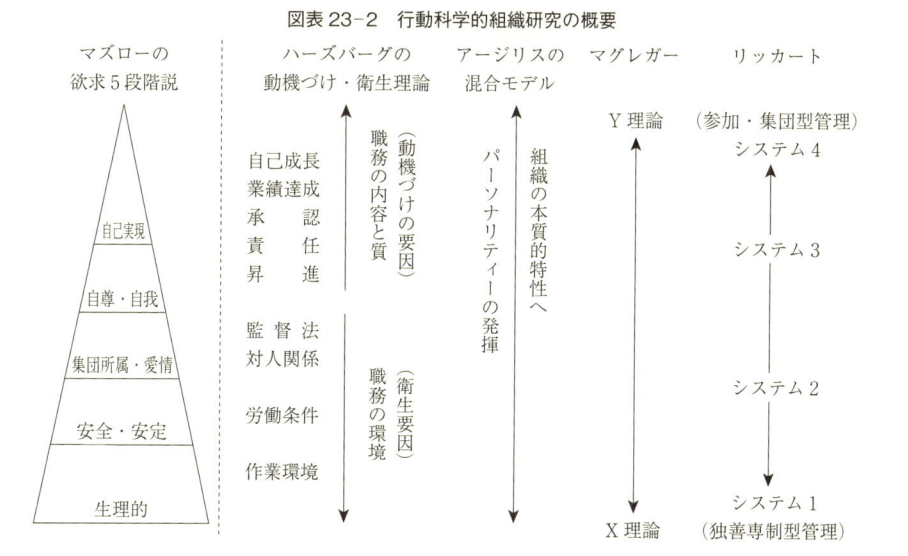

図表23-2　行動科学的組織研究の概要

マズローの欲求5段階説	ハーズバーグの動機づけ・衛生理論	アージリスの混合モデル	マグレガー	リッカート
自己実現 自尊・自我 集団所属・愛情 安全・安定 生理的	（動機づけの要因）自己成長／業績達成／承認／責任／昇進　→　職務の内容と質 （衛生要因）監督法／対人関係／労働条件／作業環境　→　職務の環境	パーソナリティーの発揮　→　組織の本質的特性へ	Y理論　↕　X理論	（参加・集団型管理）システム4／システム3／システム2／システム1（独善専制型管理）

そのものが動機づけ要因になるような**職務再設計**（**職務充実**）を主張した。そして，**マグレガー**は，伝統的な**X理論**の管理から，参加的な**Y理論**の管理を主張した。このような研究は，やがて**組織行動論・人的資源管理論**の展開を導くのであった。

2. 組織行動論と人的資源管理論 (Organizational Behavior and Human Resource Management)

　行動科学的組織論は，欲求段階説にみられるような**動機づけの内容**に注目し組織と人間を分析したが，**組織行動論**は行動科学的組織論に刺激され，**動機づけの過程**に注目し組織の人間行動を分析した。組織行動論は，行動科学的組織論を受け継ぐと共にその後登場した動機づけの過程理論に基づきながら，組織の中で人間はどのように行動するかを説明しようとした。このように，組織および組織の人間行動に対する多様な実証研究と知識が蓄積していく中で，経営戦略との関係で組織における人間行動を活性化し，いかにして企業業績を上げるかが大きな問題となって来た。すなわち，80年代に入り，日本やドイツの企業に対し競争上の優位を回復するためには，**職務の再設計**（**職務拡大・職務充実**）やチームを利用した**QCサークルや参加的意思決定**（**QWL運動**），さらには企業文化の改変等の**組織開発**（**OD**）の理論と技法が注目され始めたのである。これらは，組織行動論として蓄積された諸理論と技法に基づき，組織と組織の人間行動を再活性化することが不可欠であるとする**人的資源管理論**の考え方に基づくものであった。

3. 環境適応の組織論（コンティンジェンシー理論）

(1) 1960年代に入ると，ベルタランフィーやミラーといった自然科学者による**オープン・システム論**が組織研究の枠組みとして注目され始めたこともあり，組織が**環境**との間で積極的に**相互作用**する存在であるとの認識が深まってきた。このような認識とはべつに，英国のウッドワードは実証研究に基づき企業が用いる生産技術の違い，彼女の場合 ① 単品・小バッチ生産 ② 大バッチ・大量生産 ③ 装置生産，の違いが管理および組織構造の差異に関連しており，しかも高い業績は**技術の種類と組織構造の適合性**に関連していると主張した。（ウッドワード『新しい企業組織』1965年。）

(2) 一方，アメリカにおいても，**トンプソン**（Thompson, J. G.）は，組織

が用いる組織内の相互作用のパターンの差異が管理と組織構造の差異を生み出すと考え,その適合性を論じた。(トンプソン『オーガニゼーション イン アクション』1967年。) そして,ローレンスとローシュ (Lawlence, P. R. & Lorsh, J. W.) は,実証研究からプラスチック産業,コンテナ産業,食品産業では,それぞれの産業が直面する環境多様性の違いが組織構造と管理方法の差異をもたらしており,組織と環境の高い適合性が企業業績と関連していると主張した。(ローレンス=ローシュ『組織の条件適応理論』1967年。) このような,**組織と環境の適合性の追求**は,普遍的な唯一最善の管理原則はないとする**環境適応の組織論(コンティンジェンシー理論)**と環境適応の**戦略的経営論**を生み出すことになった。

4. セオリーZ (アメリカ生まれの日本的経営論)

1980年代に入って,日本企業の経営が注目されるようになった。アメリカでもベストセラーとなった**ウィリアム・オオウチ**の『**セオリーZ**』(1981年) は,その副題が「アメリカ企業は,どのようにして日本の挑戦に打ち勝てるか」に示されるように日本的経営の研究をベースにした経営学であった。このようなアメリカでの**日本的経営**への注目もあり,日本の集団主義的経営や **OJT**, **QC サークル**, **JIT** (カンバン方式), **カイゼン**, **ケイレツ**, 等が注目された。80年代以降,日本的経営論のみならず,日・米・欧等の**比較経営論**が試みられるようになった。

5. 経営戦略論の登場

1960年代になると,**アンソフ** (Ansoff, H. I) は企業の長期的意思決定は投資決定論(戦略計画)では説明できないとし**経営戦略論**を展開した。即ち,経営戦略は自社および他社の能力分析に基づき,変化する市場環境の中で製品・市場次元の発展可能性と**シナジー効果**を考慮し論ずべきであると主張した。(アンソフ『企業戦略論』1965年。) そして,1970年代になると,経営実践との関連で大きな影響を与えたのはボストン・コンサルティング・グループの **PPM 理論**であった。この考え方は,どの事業領域に資金投入することが将来の企業収益とキャッシュフローを最大化しうるのか,つまり多角化したアメリカ大企業の事業選択に指針を与えたのである。

経営戦略論の市場→戦略→組織といった接近法は,**コンティンジェシー**

理論の市場→組織と基本的視点を共有するものであった。そして、80年代の規制緩和の流れと産業組織論の**市場行動**（産業の総体としての企業行動）**→市場成果**（生産と配分の効率）といった視点から経営戦略論を展開したのがポーター（Porter, M. E.）であった。彼は①同業他社との競争状態②新規参入業者の脅威③代替品の脅威④サプライヤーとの交渉力⑤買い手との交渉力、この**5つの競争要因**に働きかけ、基本戦略①コストリーダーシップ戦略、あるいは②差別化戦略に基づき、③事業領域を絞り込む「選択と集中」の戦略、を提唱した。つまり5つの競争要因に働きかけ自社独自の**競争優位**のポジションを創造・確保する**ポジショニング理論**を展開した。（ポーター『競争優位の戦略』1985。）

他方、ミンツバーグ（Mintzberger, H.）は分析的でトップマネジメント中心の計画的戦略論ではなく、逐次の環境変化に適応しながら組織内で戦略が順次に創造・形成されていく組織内プロセスに注目し「創発的戦略論」を主張した。（ミンツバーグ『人間感覚のマネジメント』1989年。）**ハメル**と**プラハラード**は、組織が持つ顧客価値創造能力や新規分野・新製品を開発する能力といった組織の持つ中核的経営資源を「**コア・コンピタンス**」と名づけ、戦略は「コア・コンピタンス」の視点から論じられるべきであると主張した。（ハメル＝プラハラード『コア・コンピタンス経営』1994年。）経営戦略は組織内の戦略形成過程や組織資源・組織内能力に注目する資源ベースの戦略論が展開された。

6. 企業統治・社会的責任・企業倫理

1980年代の規制緩和の流れと経営戦略論の流行の中で、**企業統治**（コーポレート・ガバナンス）・**企業の社会的責任・企業倫理**の問題が再び問い直されることになる。戦前の1930年代、バーリ＝ミーンズ（Berle, A. A & Means, G. C.）は、**経営者支配**の下にある巨大株式会社の将来に対し、今後経営者は公的観点のもと、さまざまな社会集団（株主のみならず従業員・消費者等）の欲求のバランスをとりながら発展させるべきものであると結論づけていた。（バーリ＝ミーンズ『近代株式会社と私有財産』1932年。）即ち、「会社は誰のためにあり、どのように運営されるべきか」に関し、**株主主権論**よりも**ステイクホルダー**（利害関係者）的な会社観のもとで経営されるべきである

と主張し，同時に企業統治の原点が**経営者権力の統制**問題にあることを示した。つまり，企業統治に関しては会社機関，とりわけ取締役会の改革，企業の社会的責任に関しては利害関係者に対する社会的責任，と言った基本的方向性を示していたのである。そして，戦後バーリーは，巨大株式会社問題の根底にある，今日の企業倫理と呼ばれている考え方の原型「会社良心論」を展開していた。(中村瑞穂編著『企業倫理と企業統治』結章，2003年。)

　現代経済の中核的制度となっている企業と社会の関わり，「**企業と社会**」の問題はアメリカにおけるマネジメント論の発展においても欠かせざる課題となっている。

【より進んだ学習のための文献】
A. 渡辺　峻・角野信夫・伊藤健一編著『やさしく学ぶマネジメントの学説と思想』ミネルヴァ書房，2003年。
A. 中野裕治・貞松　茂・勝部伸夫・嵯峨一郎編著『はじめて学ぶ経営学』ミネルヴァ書房，2007年。
B. 岸田民樹・田中政光著『経営学説史』有斐閣，2009年。
B. D. A. レン著（佐々木恒男監訳）『マネジメント思想の進化』文眞堂，2003年。

（角野信夫）

第24章
経営学の歴史（ドイツ）

《中心的論点とキーワード》

ドイツの経営学は，20世紀初頭商科大学の中心科目として生成し，学問としての科学性を追求してきた。第二次世界大戦後は，グーテンベルク理論を中心に発展し，現代では組織，環境，コーポレート・ガバナンスの問題にも積極的に取り組んでいる。キーワード：経営経済学，方法論争，共同決定，企業体制

24.1 ドイツ経営学の特徴

1. 科学性の追求

アメリカ経営学が工場や企業の中から生成し，プラグマティックに現実の問題の解決を追求してきたのに対し，ドイツ経営学は，**商科大学**の中心科目として生成してきたため，方法問題を重視。生成期の1910年代の第1次方法論争以来，1930年代，1950年代，1970年代と四度にわたる方法論争が展開され，学問としての科学性を追求してきた。

2. 経営経済学という名称

日本でいう「経営学」に相当するものは，ドイツでは厳密には「経営経済学」とよばれ，経営の経済的側面を主として研究。したがって価値の流れを扱う会計学が含まれる。経営の社会的側面や人間的側面は「経営社会学」で，心理学的側面は「経営心理学」で取り上げられる。技術的側面を研究する「経営科学」も存在（図表24-1参照）。現実の問題を解決するためにさまざまな学問分野の知識を動員し，多面的なアプローチをするアメリカ経営学とはかなり異なる。

図表 24-1　ドイツの経営諸科学

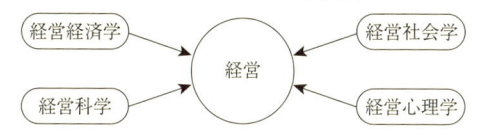

経営経済学　→　経営　←　経営社会学
経営科学　↗　　　↖　経営心理学

24.2　生成期のドイツ経営学

1. 商科大学の設立
(1) 国外進出と植民地の獲得……ドイツの資本主義が独占段階に入ったことを契機に経営学は生成。後発資本主義国のドイツでは国内市場が狭く，国外市場への進出と植民地の獲得に重点が置かれた。
(2) 専門経営者の養成……そのため国外進出の要員として専門経営者の養成が必要となる。このような実践的要請に答えて 1898 年のライプチッヒ商科大学を筆頭にドイツ各地に商科大学が設立される。

2. 私経済学樹立運動
(1) 中心科目としての私経済学……設立当初は，主として国民経済学，法学，簿記などの商業諸学が講義されていたに過ぎない。中心科目となりうる学問の確立が焦眉の問題となり，経営学の前身である**私経済学**や**商業経営学**が，主として国民経済学と商業学に依拠して樹立された。
(2) 経済学からの私経済学不要論・有害論……企業者のための学問は不要であるばかりか有害であるという経済学からの非難があり，金儲け論であるという批判を回避するために私経済学にいかに科学性を持たせるかが大きな課題であった。

3. シェアーの一般商業経営学
(1) 商業学の科学化……シェアー（Schär, J. F.）は，1911 年の『一般商業経営学』において，旧来の伝統的商業学を批判し，その科学化を通じて商業経営学を確立。
(2) 商業の目的……商業の目的を収益性ではなく，最小の費用で生産者と消費者を結びつける組織をつくること（経済性）に求めた。

4. シュマーレンバッハの技術論的私経済学

(1) 技術論としての私経済学……生粋の商科大学人であったシュマーレンバッハ（Schmalenbach, E.）は、「技術論としての私経済学」（1912年）の中で純粋科学に対する技術論の優位性を主張した。
(2) 経済性……技術論においては目標に対する手段の経済的な合理性が問題とされ、計算制度を用いて経済性を把握することが課題となる。

5. ニックリッシュの一般商事経営学
(1) 純粋科学としての私経済学……ニックリッシュ（Nicklisch, H.）は、1912年の『一般商事経営学』において営利経済としての企業を純粋科学の立場より体系的に叙述。
(2) 規範論への転化……ただしこのニックリッシュの立場は、第一次世界大戦後、規範論的経営経済学へと転化していった。

24.3　両大戦間のドイツ経営学

1. 労資協調政策とインフレ政策
(1) ワイマル共和国の成立……1918年のドイツ革命によってドイツ帝国は崩壊。資本側の譲歩政策によって資本主義体制を維持、ワイマル共和国が成立。敗戦国ドイツは、1320億金マルクという巨額の賠償金を背負って再出発。
(2) 労資協調政策とインフレ政策……資本側が、革命を阻止するために展開したのが労資協調政策であり、独占資本の復活・強化のために利用したのが1923年を頂点とするインフレ政策であった（図表24-2参照）。

2. ニックリッシュの経営共同体論
(1) 目標としての経営成果……ニックリッシュは経営を欲求充足のための労資の共同体としてとらえる。したがって利潤ではなく、労資の共同の取り分である「経営成果」が経営目標として設定される。このようなニックリッシュの経営共同体論には労資協調政策が反映している。
(2) 経済性……共同体論に基づき独自の経済性論を展開。ニックリッシュの経済性は、生産過程における最大限の成果の算出と分配過程における労資それぞれの給付に応じた公正な成果の分配を意味する。

図表 24-2　マルクの減価指数

	対ドル相場	卸売物価
1913 年 1 月	1.0	1.0
1920 年 1 月	15.4	12.6
1920 年 7 月	9.4	13.7
1921 年 1 月	15.4	14.4
1921 年 7 月	18.3	14.3
1922 年 1 月	45.7	36.7
1922 年 7 月	117.0	101.0
1923 年 1 月	4,279.0	2,785.0
1923 年 7 月	84,150.0	74,787.0
1923 年 8 月	1,100,100.0	944,041.0
1923 年 9 月	23,540,000.0	23,949,000.0
1923 年 10 月	6,014,300,000.0	7,095,800,000.0
1923 年 11 月 15 日	1,000,000,000,000.0	750,000,000,000.0

（出所）W. フィッシャー著（加藤栄一訳）『ヴァイマルからナチズムへ』みすず書房，26 ページ。

3. F. シュミットの実体資本維持論

(1) インフレの影響……独占資本がその地位の復活・強化に利用したインフレ政策は，他面急速な貨幣価値の下落の中で企業の財産をいかに維持し，仮装利益をどのように排除するのかという問題を生んだ。

(2) 実体資本維持論……シュミット（Schmidt, F.）は，1921 年に『有機観貸借対照表学説』を著し，経済全体との有機的関連において企業の実体資本（具体的物財）を維持するためには，取得価格ではなく，取引日の再調達時価に基づいて経営計算を行わねばならないと主張した。

4. 相対的安定期

(1) インフレの終息……驚異的なインフレーションは，1923 年のレンテンマルクの発行によって終息。ドイツ経済はアメリカの資本援助のもと 1929 年の世界経済恐慌までは相対的に安定する。

(2) 産業合理化運動……相対的安定期は，「ドイツ経済性本部」を中心に産業合理化運動が大規模に推進された時期である。またこの時期は合理化政策の強行による慢性的な操業短縮や貨幣資本の循環の鈍化による弾力性の喪失，高い失業率などの矛盾を抱えていた。

5. リーガーの私経済学

(1) 相対的安定期とリーガー……リーガー（Rieger, W.）の『私経済学入門』は，相対的安定期の動きを最も典型的に示す学説。かれは，労資協調政策のためにヴェールをかけられていた利潤概念を私経済学の中心にすえ，利潤を目的とする企業を研究対象とした。

(2) 貨幣資本の循環・回転……リーガーは，相対的安定期の矛盾を貨幣的・財務的な危険として強く意識し，技術的な経営の問題ではなく，貨幣資本の循環・回転の問題に重点を置いた。

6. シュマーレンバッハと固定費の問題

(1) 経済性の追求……シュマーレンバッハは『動的貸借対照表論』（1926年）や『原価計算と価格政策の原理』（1925年）において経済性（共同経済的生産性）を中心に会計制度の技術論的研究を進めた。

(2) 固定費の問題……1928年に「新しい経済体制の関門における経営経済学」という講演で相対的安定期の矛盾を指摘。経営規模の拡大による固定費の増大により自由経済は拘束経済に移り，市場の価格機構が機能しなくなり，自由経済は崩壊すると主張。この背景には，当時の慢性的過剰設備や低操業度という企業の実態がある。

7. 経営経済学のファシズム化

(1) 世界経済恐慌……1929年の世界経済恐慌の勃発によりアメリカ資本はドイツより引き揚げドイツ経済は行き詰まった。1933年にワイマル共和国は崩壊し，ヒトラーが政権についた。

(2) 経営経済学のファシズム化……それに伴いナチスの時代には経営学もファシズム化し，ザンディッヒ（Sandig, C.）やアウラー（Auler, W.）などによりナチス的な有機体論が展開された。

24.4　第二次世界大戦後のドイツ経営学

1. ドイツの復興と社会的市場経済原理

(1) 占領政策より復興援助政策へ……第二次世界大戦後，米ソ対立を背景にアメリカの政策が「占領政策」より「復興援助政策」に変化。旧西ドイツの工業生産は，戦後わずか5年で戦前の水準を上回った（図表24-3参

照)。

図表24-3 戦後ドイツの工業生産指数（1937年＝100）

1946年	34
1947年	40
1948年	60
1949年	89
1950年	113

(2) 社会的市場経済……戦後ドイツの経済体制を支えた経済政策原理。ミュラー・アルマックによって立案され，エアハルトによって政策化された。ハイエクたちのフライブルク学派の経済学に基づく経済政策である。
(3) 4つの柱……この経済政策は，①競争秩序の維持・形成，②社会的介入の規制，③生産手段の私的所有，④社会的公正を柱としている。**社会的市場経済原理**に基づいて「奇跡の繁栄」といわれる戦後の急速な発展を遂げる。

2. グーテンベルクの経営経済学

(1) 経営経済学原理の公刊……グーテンベルク（Gutenberg, E.）は，『経営経済学原理』の第1巻生産論を1951年に出版。戦後のドイツ経営経済学の発展に決定的な影響を与える。
(2) グーテンベルクの企業概念……グーテンベルクは，企業を「**営利経済原理**」，「**自律原理**」，「**単独決定原理**」からなる統一体として把握。この企業概念は，社会的市場経済原理に対応している。

図表24-4

社会的市場経済原理	グーテンベルクの企業概念
競争秩序の維持・形成 ⇔	営利経済原理
社会的介入の規制 ⇔	自律原理
生産手段の私的所有 ⇔	単独決定原理

(3) 生産要素の結合過程……グーテンベルクは具体的にこの企業を労働給付，経営手段（機械，設備等），材料といった生産要素の結合過程としてとらえ，生産要素の投入とその結合成果の数量的な関係（生産性）を問題とした。

(4) 管理の問題……基本的な生産要素を結合する**企業者職能**（マネジメント）を第4の生産要素として重視。この企業者の管理的労働を重視する点は，**ハイネン**（Heinen, E.）の意思決定論的経営経済学に受け継がれる。

3. 経営経済学のマネジメント論化

(1) アメリカ経営学の影響……1970年代に入るとドイツ経営学の中にアングロサクソン系の組織論，行動科学的意思決定論，システム論が積極的に導入され，経営経済学のマネジメント論化が推進される。組織論，行動科学を応用して**意思決定論的経営経済学**を展開したのがハイネンであり，**システム論的経営経済学**を展開したのが**ウルリッヒ**（Ulrich, H.）である。

(2) ハイネンの意思決定論的経営経済学……ハイネンは研究対象を意思決定問題に限定し，企業でのあらゆる事象を意思決定より説明しようとした。グーテンベルクにおいては生産要素の1つであった管理の問題を中心にすえ，マネジメント論として経営経済学を確立。その際ハイネンは，グーテンベルクの完全な合理性という基準を**サイモン**（Simon, H. A.）に依拠して限定された合理性という基準に修正し，人間を限定的に合理的な意思決定主体として描いた。それにより現実的な企業者像を捉えようとした。

(3) ウルリッヒのシステム論的経営経済学……ウルリッヒは，企業を生産的な社会システムとして把握し，システム論とサイバネティクスに基づいて企業の内部構造ならびに企業と環境との関係を解明。企業を「構造化されたシステム」と規定することにより企業の下位システムの形成とシステム要素間の問題を解明。また「目標志向的なシステム」と規定することにより企業の目標形成過程と企業の目標システムを分析した。かれを出発点とするシステム論的経営経済学の構想は，1970年代に入るとスイスを中心に急速に広まり，**ザンクト・ガレン学派**を形成した。

(4) ブライヒャーの統合的マネジメント論……ウルリッヒの後任としてザンクト・ガレンに赴いたコジオール学派の**ブライヒャー**（Bleicher, K.）は，企業の存続と発展を志向した**統合的マネジメント論**を主張。規範的マネジメントと戦略的マネジメントと業務的マネジメントという3つのレベルを区分し，その相互関連を解明し，企業の統合的マネジメントを理論化した。規範的マネジメントでは企業理念に基づいて企業の一般的な目標が規

定され，企業政策の指針が決定される。戦略的マネジメントでは企業政策に基づいて具体的な行動プログラムが定式化され，このプログラムは業務的マネジメントのレベルでは業務的指令として具体化される。

4. 新制度派経済学による組織論

(1) 新制度派経済学の導入……1980年代のドイツ経営学の特徴としてアメリカのコース（Coase, R.），ウィリアムソン（Williamson, O.）らの**新制度派経済学**の受容をあげることができる。グーテンベルク学派の研究者たちを中心に取引費用理論，所有権理論，エイジェンシー理論といった新制度派経済学がドイツ経営学の中に導入された。

(2) 新制度派経済学の特徴……グーテンベルクが依拠した伝統的なミクロ経済学では完全な合理性や情報の完全性が前提とされたが，新制度派経済学においては慣習やルール，組織といったさまざまな制度が経済主体の行動や経済全体に影響を与えるという視点から，制度の発生や変化が分析される。

(3) ピコーの組織論……特にミュンヘン大学でハイネンの講座を引き継いだピコー（Picot, A.）は，新制度派経済学を組織論に積極的に導入し，**組織の経済学**を展開した。

5. 共同決定の拡大と利害多元的企業モデル

(1) 共同決定法の成立……1950年代，60年代にパラダイムを形成したグーテンベルク理論に対し1970年代には再検討する動きも出てきた。その契機となるのは，1970年代の社会民主党政権下での経営参加の拡大，特に1976年の**共同決定法**の成立である。

共同決定法は，**モンタン共同決定法**（1951年）に基づく石炭・鉄鋼業での共同決定を他の産業にも拡大しようとするもので，モンタン産業以外の従業員2000人を超える株式会社と有限会社に適用される。そのためドイツの大企業のほとんど全てで共同決定が実現されている。

(2) ドイツのトップ・マネジメント組織……ドイツのトップ・マネジメント組織の特徴は，アメリカ型の取締役会のみの一元制システムとは異なり，業務執行機関である**取締役会**（Vorstand）と監督・統制機関である**監査役会**（Aufsichtsrat）からなる二元制システムにある。そして共同決定法

に基づきこの監査役会に労働側代表が半数参加している。監査役会の労働側代表には，企業外部の労働組合の代表と企業内部の経営協議会の代表が含まれており，労働側に資本側と共に経営者をガバナンスし，経営戦略の意思決定に影響を及ぼす可能性が制度的に認められている。

(3) ドイツの監査役会……ドイツの監査役会は，日本の監査役会とは異なり単なる監督機関ではない。ドイツの監査役会は，取締役の任免権を持っており，また取締役の一定業務に関して同意権を留保している。その意味では取締役会と並ぶ第2の意思決定主体でもある。

(4) 共同決定法の特徴……① 形式的には監査役会の労資同数が実現。② 内容的には次の点でモンタン共同決定法よりも後退。まず監査役会の議決が可否同数の場合，資本側代表の監査役会会長が第2票目を投ずる。労働側に管理職（leitende Angestellte）より1名参加。モンタン共同決定法とは異なり**労務担当取締役**の選出に際して監査役会の労働側代表は特別の権限を持っていない（図表24-5参照）。

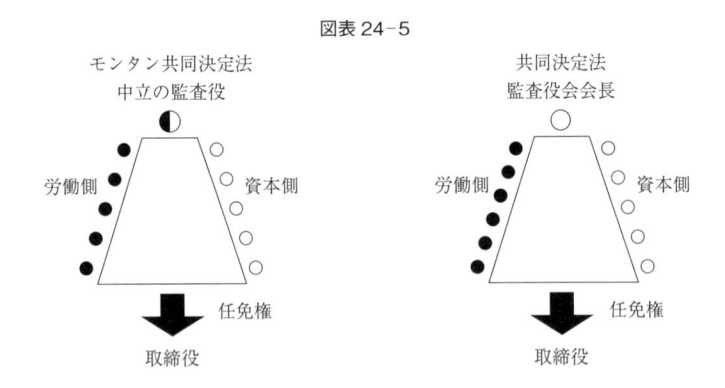

図表24-5

| モンタン共同決定法 中立の監査役 | 共同決定法 監査役会会長 |

(5) 利害多元的企業モデルの展開……共同決定制度による従業員利害の拡大を踏まえてグーテンベルクに代表される利害一元的な企業モデルに対し利害多元的な企業モデルが**シュタインマン**（Steinmann, H.）や**コジオール学派**の**R.-B. シュミット**（Schmidt, R.-B.）および**シュミーレヴィッチ**（Chimielewicz, K.）らによって展開された。

6. R.-B. シュミットの企業用具説

(1) 企業用具説……企業は用具であり，出資者のみならずあらゆる**ステイクホルダー**（利害関係者）が，自分の個人的目標を満たすために企業を用具として利用できるという命題。シュミットの理論には共同決定に基づく労働者の権利の拡大が反映。労働者利害を**企業用具説**によって積極的に取り上げる。

(2) 企業経済学の体系……この用具命題に基づいて『企業経済学』第1巻基礎編では企業目標の形成過程を解明。第2巻目標達成編では目標達成過程と企業の担い手（出資者，経営者，従業員）が目標達成に及ぼす影響を分析。第3巻成果使用編では成果の分配にまで踏み込んだ理論を展開。グーテンベルクに代表される利害一元的な企業モデルに対して利害多元的な企業モデルを提示し，その後の企業体制論，コーポレート・ガバナンス論の基礎を形成した。

7. シュミーレヴィッチの企業体制論

(1) 企業体制の概念……シュミーレヴィッチによると**企業体制**とは「基本的で，長期的に有効な企業の構造規制の総体」のことである。このような概念を提示し，どのようなステイクホルダーがいかなる機関を通して自分たちの利害を展開し，支配あるいは規制の正当性を主張できるかを解明。

(2) 規制の問題……シュミーレヴィッチは，企業を多様なステイクホルダーより構成される社会構成体として把握。それに基づいて権力と所得の分配の問題，支配の正当性の問題，監督組織と管理組織の問題を解明。規制の問題を経営学において取り上げる枠組みを提示し，共同決定に基づく労働者の監査役会への参加や企業にさまざまなステイクホルダーが関わっている点を明らかにした。

8. シュタインマンの企業体制論

(1) 企業体制論の基本問題……共同決定の拡大や巨大企業における所有と経営の分離に基づきシュタインマンも1970年代より利害多元的な企業体制論を展開。所有権と管理権の一体化を前提とした利害一元的な企業体制を変革し，複数のステイクホルダーを包摂した利害多元的な企業体制を構築することにより企業権力を社会的に規制しようとした。

(2) 社会構成体としての企業……企業をさまざまなステイクホルダーより構

成される社会構成体として捉えるシュタインマンは，企業に不可欠な利害として従業員の利害と資本所有者の利害と公共の利害をあげている。そして監査役会を利害多元的な企業協議会に変革することを提唱した。

9. 環境経営学の展開

(1) **ドイツの環境政策**……1990年代以降のドイツ経営学の発展傾向として環境経営学の発展をあげることができる。経済活動による環境への負荷が大きくなるにつれ環境保護を経営学にどのように位置づけるのかという問題が生じた。循環型の社会システムを構築するために1991年に**包装廃棄物規制令**，また1994年には**循環経済・廃棄物法**が公布された。それにより廃棄物をリサイクルして原料やエネルギーとして生産過程に戻す循環ルートの確立が目指される。

2002年には廃車の無料回収とリサイクルを定めた廃車リサイクル法が成立，2006年には家電製品の無料回収を定めた電気・電子機器法が施行。拡大生産者責任の原則に基づき企業は，製品の設計・開発段階から製品の使用後の回収，廃棄段階に至るまであらゆる局面において環境への負担の軽減とリサイクルに取り組むことになる。

(2) **環境経営学の発展**……このような動きの中から環境経営学が生成，発展した。特に環境保護を積極的に企業戦略に取り込む**環境マネジメント論**や環境マーケティング論が展開された。この場合，環境保護目標は，利益目標の制約要因ではなく，市場機会あるいは企業機会として捉えられ，経済的な目標を達成するための手段として位置づけられる。

(3) **メッフェルトとキルヒゲオルクの環境マネジメント論**……**メッフェルト**（Meffert, H.）と**キルヒゲオルク**（Kirchgeorg, M.）は，ブライヒャーの統合思考に基づいて環境マネジメント論を提示。規範的マネジメントのレベルでは持続的発展という企業理念に基づいて資源保護，廃棄物発生の回避，あるいは二次原料としての利用が目標として設定され，戦略的マネジメントのレベルでは行動プログラムにおいて材料のリサイクルの可能性，再生できない資源の投入回避，合成材の使用の制限，二次原料の再投入などが策定される。業務的マネジメントのレベルでは行動プログラムを実施するためのリサイクル技術の開発などが具体化される。メッフェルトとキ

ルヒゲオルクにおいては環境保護問題は経済的目標に対して目標—手段関係において把握されている。

【より進んだ学習のための文献】
A. 吉田和夫著『ドイツの経営学』同文舘，1995年。
A. W. ヴェーバー著（深山　明・海道ノブチカ監訳）『経営経済学入門』中央経済社，1996年。
B. 海道ノブチカ著『現代ドイツ経営学』森山書店，2001年。
B. 海道ノブチカ著『ドイツの企業体制』森山書店，2005年。
C. 万仲脩一著『企業体制論—シュタインマン学派の学説』白桃書房，2001年。
C. A. ピコー＝H. ディートル＝E. フランク著（丹沢安治他訳）『新制度派経済学による組織入門』白桃書房，2007年。

（海道ノブチカ）

第25章

経営学の歴史（日本）

> 《中心的論点とキーワード》
>
> 　江戸・明治期以後の商業諸学から大正期に経営学が成立し，昭和初期までに①アメリカ系，②ドイツ系，③批判経営学系の3学派が誕生し，その後今日まで，各時代背景の変化に対応しながら，議論内容を修正しつつ継承されてきていることを見る。キーワード：ドイツ的経営経済学，アメリカ的経営管理論，日本の批判的経営学

25.1　経営学成立前史

1. **江戸期**
　基本的には**商人学**……商人道徳論プラス商取引に必要な読み・書き・算盤
2. **明治初期（明治1～22年，1868～1889）**
　欧米の会社制度・洋式簿記・教育などの輸入，欧米経済学書や商業諸学書・商業事情書などの翻訳刊行
3. **明治中期（明治23～36年，1890～1903）**
   (1) 翻訳でなく日本人による商業諸学書の刊行が多く見られるようになる
   (2) 新しい動きとして商法解説書，広告研究書（浜田四郎『実用広告法』(M35)）
   (3) 実業人物評伝・立志会のブーム
   (4) 商業諸学の内容整備・方法論的省察の中から単一の**商業学**へ（飯田旗郎『商業汎論』(M35)など）
   (5) 社会経済学的志向を残す商業経済学と区別される個別経済的な**商業経営学**の提唱（三浦新七『商業経済学』(M36)）……抽象的方法論としての提

唱で，具体的内容展開はない
(6) **私経学**としての商業経済学・工業経済学の提唱（金井延『社会経済学』(M35))……方法論としてのみ
(7) 日本初の『**工場管理法**』(重宗彦熊 (M35)) と**工業経営論**（佐藤五百巌・河合勇『工業経済』(M36))……但し両者とも今日的な意味では管理論でも経営論でもない（前者は現場業務論，工学的）
(8) 労働問題の実態調査（農商務省『職工事情』(M36) など）と**労働保護論**（川上清『労働保護論』(M30)。鈴木純一郎『工場労働保護政策及其理論』(M36))
(9) **カルテル・トラスト論**の出現（後藤勇『シンヂケート及トラスト』(M34)。東郷昌武『トラスト論』(M35)。西川源三郎『独占及ツラスト』(M35))

4. 明治後期（明治37～45年，1904～1912）

(1) **商業学（商事要項）の理論的深化➡基礎的な総論部分の独立➡商業通論**（内池廉吉，坂本陶一，斎藤朋之丞，伊藤重治郎，石川文吾らの『商業通論』）
(2) **商業学の経営学化志向**（土屋長吉『商業経営法』(M39)，同『商店組織及経営』(M43)，同『会社組織及経営』(M43)。坂本陶一『商業通論及経営』(M41))……但し今日的な組織も経営も述べられていない
(3) **商事経営学**の提唱（内池廉吉『商業学概論』(M39)。上田貞次郎「商事経営学とは何ぞや」(M42))……方法論としてのみ
(4) 商業学は商業政策・商業経済学・商業経営学を含むとする**三位一体的商業学観**（例えば三浦新七）への批判➡商業学イコール商業経営学とする見方（商業学を個体的視点に限定）へ
(5) 工業研究の重要化（工業政策論・工業経済論・**工業経営論**）➡窪田重弌『工業実地経営論』(M41)（但し管理論も経営論も，実際にはない）
(6) 企業論研究の本格化（坂西由蔵『企業論』(M37)。津村秀松『企業の形式の発展』(M38)。戸田海市『合同（かーてる及とらすと）』(M43)。**気賀勘重**『企業の連合及合同』(M44)。児林百合松『会社論』(M45))……企業の巨大化，独占化を反映

(7) 「企業」と「経営」の概念論争（坂西由蔵，関一，上田貞次郎ら）（M37～）……ドイツ学界の影響

(8) 労務論的研究の深化と多様化（① **工場法**関連，② 労使関係関連，③ **賃銀論**，④ **産業心理学**的研究，⑤ **労働時間短縮と労働効率向上問題**）――殆どは未だ論文

(9) テイラー・システムの紹介開始（安成貞雄（M44））――紹介論文

(10) 商科大学必要論（東京高商関係者を中心とした昇格論）……堀光亀「商業大学必要論」（M40）ほか

5. 要約

商業＋商店＋商人中心の江戸期から工業＋近代的企業＋管理組織中心に移り（明治末期），それに伴い商人学（江戸期）から商事経営学，工業経営論，企業論志向へと変貌（明治末）。今日の経営学に繋がる寸前まで発展。

25.2 経営学の誕生――大正期（大正1～15年，1912～1926）

1. 政治的・経済的背景

大正1年藩閥打倒の第一次護憲運動（➡大正政変。政党・産業資本家の勝利。大正デモクラシーの出発点）。**大正3年第一次世界大戦参戦**（➡対中国利権拡大。**大戦景気**による輸出急増，重化学工業の発達）。大正4年対華21カ条要求（対中国権益拡大要求）。大正6年ロシア革命。大正7年米騒動。工業**電化率62%**（蒸気➡電力への動力革命）。大正8年パリ講和会議。五・四運動（中国），三・一独立運動（朝鮮）。大日本労働総同盟友愛会創立。大正9年国際連盟成立。普通選挙運動盛ん。**戦後恐慌**（株価暴落，銀行取り付け，企業倒産，輸出激減，財閥の独占強化）。第1回メーデー。大正10年ワシントン会議。日本労働総同盟（友愛会の改称，協調的）。大正11年ワシントン軍縮条約。大正12年関東大震災➡経済界混乱，**震災恐慌**。大正13年第二次護憲運動，政党内閣制度の確立。大正14年ロカルノ条約。治安維持法。普通選挙法。日本労働組合評議会（総同盟から分裂。共産党系）。

2. 経営学誕生に関係する動向

大正2年星野則行がテイラー『科学的管理法』を翻訳。大正5年工場法施行令公布。大正6年小樽高商で商工経営講座。大正8年東京帝大経済学部に工場管理論講座（**渡辺鉄蔵**）。早大商科で広告心理学（**上野陽一**）。大原社会問題研究所設立。大正9年東京商科大学開校（旧東京高商，現一橋大）。大阪高商（現大阪市大）で商工経営論・科学的管理法開講（**村本福松**）。協調会『社会政策時報』創刊。ライオン歯磨がテイラー・システム導入。中山太陽堂に工場能率課。この頃，多くの企業に労使協議機関。大正10年慶應義塾に工場管理開講（**神田孝一**）。大正11年東京商大に工場管理開講（**上野陽一**）。農商務省に能率課設置。大正12年日本能率協会設立。**荒木東一郎**が経営コンサルタント事務所開設（日本初）。大正13年フォード社が日本フォード自動車㈱を設立しT型フォード組立生産を開始。大正14年日本産業能率研究所設立（**上野陽一**）。テイラー協会日本支部設立（**上野陽一**）。大正15年日本経営学会設立。早川金属（現シャープ）でラジオの流れ作業生産。

3. 経営学的研究の動向

(1) アメリカ経営学文献の翻訳・導入（テイラー，ギルブレス，スコット，ミュンスターバーグ，ブスコ，アトキンソン，ニストローム，リー，ガント，ブリスコ，エマーソン，ラウントリーら）――実務家を中心に

(2) ドイツ経営学の翻訳導入（リーフマン，シュモラー，ビュッヒャー，シュマーレンバッハら）――留学した学者を中心に

(3) **科学的管理法・工場管理・工場能率増進法・標準化・単純化に関する著書・論文の急増**（**神田孝一**『実践工場管理』(T1)，同『労働能率研究』(T11)，同『工場管理論』(T15)。**井関十二郎**『新式工場管理法精義』(T5)。鈴木恒三郎『工場管理実学』(T5)。勝田一『能率増進工場設備』(T7)。**国松豊**『科学的管理法綱要』(T15)。**池田藤四郎**『能率増進科学的経営法』(T12)。田中満三『科学的工業管理学』(T13)。**渡辺鉄蔵**『工場経営論』(T15)。**農商務省**『欧米工業能率』(T8)，同『疲労と労働能率』(T13)。中外産業調査会『能率増進科学的工場経営法』(T13)。大阪市民博物館『能率の研究』(T12))

(4) 経営学の総論的著書の刊行（**渡辺鉄蔵**『商事経営論』(T11)。**増地庸治**

郎『経営経済学序論』(T15) ＝日本で初めて「経営経済学」の名称をつけた書。以上はドイツ系であるが，英米系として**村本福松**『商工経営論』(T14)，**馬場敬治**『産業経営の職能と其の分化』(T15) がある)。

(5) 　資本調達の重要性➡**財務論**（松崎寿『工業金融論』(T2)。橋本良平『株式会社財政論』(T6)。興梠杢太郎『工業財務論』(T7)。春日井薫『起業金融論』(T12)。西尾清一『企業の財政』(T14))

(6) 　アメリカ人事管理論の影響➡賃金形態・利潤分配・労使協議・工場委員会・工場衛生，産業心理などの研究（高峯博『労働心理』(T8)。**神田孝一**『日本工場法と労働保護』(T8)。林癸未夫『利潤分配制度』(T8)，同『温情主義的施設』(T8)。佐野克己『時間及疲労を省く工場と労働』(T8)。**宇野利右衛門**『職工採用法』(T11)。安藤謐治郎『心理学的適性検査法』(T11)。松本亦太郎『能率の心理学的研究』(T13)。農商務省『疲労と労働能率』(T13)。増田幸一『適性考査法要領』(T14)。石原修『労働衛生』(T12)。村田岩次郎『労働災害』(T11)。永井享『産業立憲と産業福利』(T11)。**滝本誠一**『利益分配法』(T9)。社会政策学会編『賃銀制度並純益分配制度』(T11)。橋本卓一『工場委員制度』(T9)。藤井悌・三村起一『工場委員制度』(T11))

(7) 　商業経営論・広告論・販売能率増進法・デパート論（**土屋長吉**『商業経営論』(T1)。**浜田四郎**『現代式商店の経営』(T5)。**佐々木十九**『模範小売店経営法』(T5)。渡部明『最近商業経営』(T14)。**井関十二郎**『生きた広告』(T3)，同『広告心理学』(T12)。中尾清太郎『今日の広告学』(T4)。**清水正巳**『小売商店広告法』(T5)。松宮三郎『広告学概論』(T13)。円城寺良『販売力増進策』(T6)。大野辰見『商業心理学』(T11)。中外産業調査会編『能率の販売経営法』(T13)。石渡泰三郎『百貨店問題管見』(T14)。清水正巳『中流商店の経営法——デパートメントストアとマーケットの対抗策』(T13))——**科学的管理法の販売面への影響**がみられる

(8) 　企業論・企業集中論の進展（**上田貞次郎**『株式会社経済論』(T2)。佐野次郎・垣内幸太郎『本邦企業者連合及合同』(T3)。松尾音次郎『企業集中論』(T9)。猪股淇清『株式会社本質論』(T10)。佐藤雄能『株式会

第25章　経営学の歴史（日本）　　335

社』（T14）。上田貞次郎『社会改造と企業』（T10））

4. 要約

(1) 大正期は実務家周辺を中心に**アメリカの科学的管理法**とその亜流が紹介導入され，従来の管理論的色彩の少なかった**商業学・商業経営学・工業経営論**に**管理論**的要因が付加される。対象も**商業現場業務活動**の記述中心から**生産現場（工業）管理活動**中心に移る。さらに科学的管理法の影響をうけた**労務管理論**や**販売管理論**的な研究の簇生。他方，**ドイツの私経済学・経営経済学・企業論**の影響を受けた書が，学者を中心に刊行された。

(2) 上記のように，①商業→工業，②業務（作業）→管理，③企業論の進展によって，①工業資本（工業企業）を典型的対象とし，②事業・企業・経営（管理）の3者が俎上にのぼり（第4章参照），③3者を管理論・組織論を中核にして統一的にとらえる今日の経営学への端緒が切り開かれた（**経営学の誕生**）。

(3) 時期的には**神田孝一『実践工場管理』**（T1）以後**大正8年**頃までの諸著作で経営学の誕生と見，それ以後**日本経営学会創立**（T15）に至る過程で，この動きは一層確固たるものになったとすることができる。

25.3　不況と戦争下での転変（昭和1～19年，1926～1944）

1. 不況と産業合理化の時期（昭和1～9年，1926～1934）

(1) 政治的・経済的背景……①**金融恐慌**（S2）→**金解禁**（S5）→**昭和恐慌**（S5～6），②協調外交挫折，軍部・右翼の台頭→**満州事変**（S6）→国際連盟脱退（S8），③**産業合理化審議会**設置（S4），**重要産業統制法**（S6）

(2) 経営学の動向

① 能率増進・**産業合理化**の文献が多数刊行された……勝田一『能率増進工場管理』（S2）。上野陽一『産業能率論』（S4）。皆川豊作『能率増進工場経営』（S4）。国松豊『工場経営論』（S6）。宇野信三『工場管理法概論』（S6）。平井泰太郎『産業合理化図録』（S7）など。

② ドイツ経営学の影響→**経営経済学**書続出（増地庸治郎『経営経済学』（S4）。池内信行『経営経済学の本質』（S4）。佐々木吉郎『経営経済学

の成立』(S5) など) ……単なる翻訳・紹介の域をこえるようになった

③ 企業集中・**統制**論（小島精一『企業集中論』(S4), 同『企業統制論』(S5)。宇原義豊『我国の産業統制』(S6) など) ……統制経済化の現実を反映

④ マルクス主義の影響を受けた経営学（**中西寅雄**『経営経済学』(S6)……大正デモクラシーの残り火。のちの批判的経営学の嚆矢

⑤ その他に百貨店，チェーンストア，小売商問題，配給組織，販売能率増進，広告，月賦販売制度，通信販売，仲介商人排除など。

2. 軍部支配と戦時体制の時期（昭和10～19年，1935～1944)

(1) 政治的・経済的背景……① 五・一五事件 (S6) と二・二六事件 (S11) ➡ 軍部支配，② 日中戦争 (S12～)，③ 思想統制 ➡ 総力戦体制（**統制経済・国民徴用**）➡ 翼賛体制，④ 重化学工業発展 ➡ **新興財閥**（森，日産，日窒，中島ら），⑤ 経営学の戦時体制への全面的協力化が進む

(2) 経営学の動向

① **経営経済学**・経営学総論の著書が多数刊行された（向井鹿松『経営経済学総論』(S9)。平井泰太郎『経営学通論』(S10)。室谷賢治郎『経営経済学概論』(S10)。上田貞次郎『経営経済学総論』(S12)。松井辰之助『経営経済学原論』(S12)。村本福松『経営学概論』(S13)。佐々木吉郎『経営経済学総論』(S13)。池内信行『経営経済学序説』(S15)。池田英次郎『経営経済学』(S17) など) ……概してドイツの影響が強く，経営の**経済学**として位置づける傾向。

② ナチス下の経営と経営学紹介（高瀬太郎『ナチス戦時株式統制』(S18)。ジールプ（木田訳）『ナチス労務配置政策の発展』(S18) ほか) ……産業組織，指導者原理，経営共同体，賃金政策，労働政策，資本統制，利潤統制，カルテルなどの論点。

③ **統制経済**関係の経営学書の登場（大木秀男『統制経済と持株会社』(S15)。山城章『価格統制の研究』(S15), 同『生産拡充と利潤統制』(S17)。増地庸治郎編『統制経済下に於ける経営学』(S16)。平井泰太郎『統制経済と経営経済』(S17)) ……産業統制，**企業統制**，**工場統制**，配給機構統制，小売業統制，**利潤統制**，経理統制，**労務統制**，統制会な

どの論点。
④ 企業論の新展開（山本安次郎『公社企業と現代経営学』(S16)。竹中龍雄『営団の比較制度論的研究』(S19)。山城章『新企業形態の理論』(S18) など）……カルテル・トラスト・コンツェルン論，財閥論，**特殊会社，国策会社，営団，戦力増強企業整備，公企業**，公益企業などの論点。
⑤ **生産力拡充**➡合理化・工場管理の新展開（村本福松『生産管理』(S12)。安藤彌一『工場改善』(S15)。新馬新七郎『新体制下に於ける工場管理』(S16)。増地庸治郎編『生産力拡充と経営合理化』(S18)。香川元俊『決戦下の工場能率増進』(S18) など）……生産力拡充，能率，技術を強調。
⑥ 労務管理理論の新展開（古林喜楽『経営労務論』(S11)。淡路円治郎『人事管理』(S13)。桐原葆見『戦時労務管理』(S17)。乗富丈夫『徴用労務管理』(S17)。古林喜楽『戦時労務と経営』(S18)。日下部朝太郎『決戦下の勤労管理』(S19)。米谷隆三『企業一家の理論』(S19) など）。
⑦ その他に**配給組織，**配給機構，百貨店，連鎖店，広告，**産業組合・商業組合・協同組合，商権擁護問題**など。

25.4　敗戦後復興期（昭和20〜29年，1945〜1954）

1. 政治的・経済的背景

(1) 占領政策（軍国主義除去，民主主義，平和産業），対米従属，(2) 民主化政策，(3) 農地改革，財閥解体，労働運動の発展，(4) 経済再建政策（金融緊急措置令，傾斜生産方式，経済安定九原則，ドッジ・ライン，シャウプ勧告），(5) 朝鮮戦争特需（特需景気），(6) 独立国化，対米依存，逆コース。

2. 経営学の動向

(1)　アメリカ経営学の流入・紹介（テイラー，フォード，HR，バーナード，サイモン，バーリ＝ミーンズ，バーナム，ゴードン，ホールデン＝フィッシュ＝スミス）

(2)　企業民主化論，企業体制論（経済同友会企業民主化研究会編『企業民主

化試案』(S22)。岡村正人『株式会社の民主化』(S22)。山城章『企業体制の発展理論』(S22)。栗田真造『新経営論の構想——資本家的経営の反省』(S23)。高宮晋『経営協議会論』(S23)。森五郎『経営協議会論』(S23) など）……占領下の経済民主化政策を反映

(3) 所有と経営の分離論（山城章『資本と経営の分離』(S22)。古川栄一『新経営者』(S23)。藻利重隆『株式会社と経営者』(S23)。酒井正三郎『経営者社会の理論と構造』(S23) など）→「新経営者」論争に多数論者が参加……経済民主化政策を反映

(4) アメリカ的組織論・管理論の導入（古川栄一『アメリカ経営学』(S23)，同『経営管理』(S26)。馬場敬治『経営学と人間組織の問題』(S29)。尾高邦雄『産業における人間関係の科学』(S28) など)。

(5) 経営学は経営経済学なのか経営組織学なのかの論争……アメリカ流組織論・管理論の流入によるドイツ流経営経済学体系への問い直し。

(6) 経営学批判・批判的経営学の再生（北川宗蔵『経営学批判』(S21)，同『経営学方法論研究』(S22)。牛尾真造『近代経営学批判』(S24)。馬場克三『企業の経営と労働問題』(S22)。古林喜楽『経営経済学』(S25)，同『賃金形態論』(S28) など）……マルクス主義的立場。戦後民主化と労働運動高揚を反映。

25.5 高度経済成長・開放経済体制期（昭和30～48年，1955～1973)

1. 政治的・経済的背景

(1)対米依存の継続，(2)国連加盟，(3)安保条約改定，(4)高度経済成長（神武景気→岩戸景気→オリンピック景気→いざなぎ景気）と経営学ブーム，(5)国際的開放経済体制へ（貿易自由化，IMF 8条国移行，OECD 加盟），(6)大型合併，コンツェルン復活，(7)高度経済成長政策のひずみ（各種公害，高物価)。

2. 経営学の動向

(1) アメリカ経営学研究が続く（占部都美『近代経営管理論』(S32)，『近代管理学の展開』(S41)，同『意思決定論』(S43)，同『企業行動科学』

（S43）。雲嶋良雄『経営管理学の生成』（S39）。古川栄一『経営管理』（S43）。藤芳誠一『経営管理論』（S43, 45）。一寸木俊昭『経営管理論』（S44）。森本三男『経営組織論』（S45）。降旗武彦『経営管理過程論の新展開』（S45）。植村省三『現代企業と組織理論』（S46）。藻利重隆『ドラッカー経営学説の研究』（S34）。北野利信『アメリカ経営学の新潮流』（S37）。岡本康雄『ドラッカー経営学』（S47）。山本安次郎・田杉競編『バーナードの経営理論』（S47））……単なる紹介でなく理論的・体系的把握→管理論の量的・質的大発展。

(2) ドイツ経営学への再注目（**市原季一**『ドイツ経営学』（S29），同『ドイツ経営政策』（S32），同『西独経営社会学』（S40）。鈴木英寿『ドイツ経営学の方法』（S34）。高田馨『ドイツの職務評価』（S40）。大橋昭一『ドイツ経営共同体論史』（S41）。吉田和夫『ドイツ企業経済学』（S43）。海道進・吉田和夫編著『ドイツ経営学説史』（S43）など）……西ドイツの奇跡的復興への注目と関連。

(3) 日本の経営，経営学にも一定の関心（**間宏**『日本労務管理史研究』（S39）。尾高邦雄『日本の経営』（S40）。山城章監修『稟議的経営と稟議制度』（S41）。古林喜楽編著『日本経営学史』（S46）。野口祐ほか『現代日本の株式会社』（S48）。古川栄一編著『実証分析日本の企業成長』（S48）など）……アベグレン『日本の経営』（占部監訳）（S33）がきっかけ。

(4) アメリカ経営学を大幅にとりこんだ経営学総論書の刊行（**野田信夫**『経営学』（S30）。占部都美『近代経営学』（S30）。古川栄一『経営学通論』（S31）。藻利重隆『経営学の基礎』（S31）。坂本藤良『現代経営学』（S34）。山城章『実践経営学』（S35）。山本安次郎『経営学要論』（S39）。桜井信行『現代経営学』（S42）など）……戦前のドイツ流総論書との相異。

(5) 批判的経営学系の研究の増加（**今井俊一**『経営労務論』（S30）。岩尾裕純『経営技術の研究』（S33）。野口祐『現代企業経営制度論』（S33）。上林貞治郎『現代企業における資本・経営・技術』（S33），同『経営経済学』（S36）。海道進『社会主義企業経済学研究』（S33）。三戸公『個別資

本論序説』(S34), 同『アメリカ経営思想批判』(S41)。長谷川広『労務管理論』(S35)。馬場克三『経営経済学』(S41)。同編『経営学方法論』(S43)。古林喜楽『経営労働論序説』(S42)。角谷登志雄『経営経済学の基礎』(S43)。武村勇『科学としての経営学』(S44)。権泰吉『経営組織論の展開』(S45)。木元進一郎『労務管理』(S47)。片岡信之『経営経済学の基礎理論』(S48))。

(6) その他, 企業の所有と支配, 企業集団, 関係会社管理, 企業合同, 系列化, 経営理念など。

25.6 高度経済成長の終焉と経営合理化・怒濤的輸出・対外進出期（昭和48年〜昭和61年, 1973〜1986）

1. 時代背景

(1)日本列島改造ブーム (S47-48), 総合商社の**商品・土地投機**, 地価暴騰, (2)**変動相場制**への移行 (S47-48), **円高不況** (S46-, S58-62), **高度経済成長の終焉**, (3)第一次・第二次オイルショック (S48, S54) ➡ 石油価格暴騰➡企業による**便乗値上げ・買占め・売り惜しみ**, 狂乱物価, (4)企業の利益至上主義への批判,「**企業の社会的責任**」追及➡財界・業界・企業の「**行動基準**」作成, 企業の公害部門新設, 利益還元の財団設立, (5)不況下の猛烈な**経営合理化**の進行, コスト低減, 高付加価値化指向, **生産技術革新とIT化**, (6)オイルショック対応の**産業構造転換**（重化学工業路線➡省エネ・省資源型技術・情報技術, 重厚長大産業➡軽薄短小産業・美感遊創産業）, (7)不況による国内需要の停滞➡猛烈な**海外輸出**へ, 企業国際化の進展

2. 経営学の動向

以上の時代背景のもとで, 下記の諸点に関する議論が盛んとなった。

(1) 産業構造変化や企業合理化に関連しての**技術革新・情報化・効率的生産システム**……水野武『産業構造転換と中小企業』(S59)。土屋守章『技術革新と経営戦略』(S61)。**奥林康司**『ME技術革新と企業経営および労働の将来』(S60-61)。伊藤淳巳『情報化時代の経営とコンピュータ』(S56)。大野耐一『トヨタ生産方式』(S53)。**門田安弘**『トヨタ生産方式

の新展開』(S58)

(2) 急激かつ大きな**環境変化に素早く柔軟に対応する**ことを意識した**組織論・経営戦略論の登場**（コンティンジェンシー理論，流動的組織，オープンシステム論，経営戦略論）……高宮晋ほか『日本的経営と動態組織』(S48)。降旗武彦・赤岡功『企業組織と環境適合』(S53)。占部都美『組織のコンティンジェンシー理論』(S54)。中村元一ほか『企業環境と経営戦略』(S48)。古川栄一『経営戦略論』(S49)。河原祐介『経営戦略論』(S55)。伊丹敬之『経営戦略の論理』(S55)。石井淳蔵『経営戦略論』(S60)。井沢良智『国際経営戦略論』(S59)

(3) 企業の国際化に対応した理論（**多国籍企業論，国際経営論，国際経営比較論**）……中村常次郎・村山元英『国際経営学概論』(S48)。日本経営学会『経営国際化の諸問題』(S49)。野口祐『多国籍企業』(S49)。村山元英『国際経営比較論』(S50)。竹田志郎『多国籍企業の支配行動』(S51)。岩尾裕純『多国籍企業経営論』(S54)。藤井光男『日本多国籍企業の史的展開』(S54)。多国籍企業研究会『日本的多国籍企業論の展開』(S54)。小林規威『日本の多国籍企業』(S55)。高宮晋『多国籍企業と経営の国際比較』(S56)。植木英雄『国際経営移転論』(S57)。安室憲一『国際経営行動論』(S57)。亀井正義『多国籍企業論』(S58)。村松司叙・佐藤宗弥『国際経営財務』(S59)。根本孝・諸上茂登『国際経営論』(S61)

(4) 輸出急増下での**日本的経営**への国際的注目，国際化に伴う日本的経営の国際的文脈での再検討。新しい企業環境下で迫られる日本的経営の再検討，輸出急増に伴う日本的経営への海外評価の高揚，日本企業の海外進出に伴う日本的経営の特殊性と普遍性の見極めなど評価や議論の多様化を背景に……山城章『日本的経営論』(S51)，同『日本的経営の構築』(S54)。津田眞澂『日本的経営の擁護』(S51)，同『高齢・高学歴下の日本的経営』(S52)，同『日本的経営の論理』(S52)，同『日本的経営の台座』(S55)，同『日本的経営の進路』(S57)，同『日本的経営と産業社会』(S57)。岩田龍子『日本的経営の編成原理』(S52)，同『「日本的経営」論争』(S59)。占部都美『日本的経営を考える』(S53)，同『日本的経営は進化する』(S59)。土屋守章『日本的経営の神話』(S53)。伊藤淳巳『日

本的経営の現状と展望』(S54)。安藤喜久雄・石川晃弘『日本的経営の転機』(S55)。植村省三『組織の理論と日本的経営』(S57)。伊丹敬之『日本的経営論を超えて』(S57)。佐久間賢『日本的経営の国際性』(S58)。山田保『日本的経営と欧米的経営』(S58)。小椋康宏『日本的経営財務論』(S59)。藤井光男・丸山恵也『日本的経営の構造』(S60)。林吉郎『異文化インターフェイス管理』(S60)。正木久司『日本的経営財務論』(S60)。加藤寛『日本的経営は崩壊するか？』(S60)。島田恒『日本的経営の再出発』(S61)。

(5) 不況下の**経営合理化**や**高齢社会化**のもとでの労務諸問題（合理化下の人事管理，経営参加，労働の人間化，モチベーション，小集団活動など）……**木元進一郎**『労務管理と労使関係』(S49)。**占部都美**『経営参加と日本的労使関係』(S52)。**西田耕三**『日本的経営と働きがい』(S53)。**角瀬保雄**『現代日本企業と民主化問題』(S55)。木元進一郎『現代日本企業と人事管理』(S56)。下山房雄『現代日本企業と賃金管理』(S57)。**長谷川広**『現代日本企業と労使関係』(S56)。松島静雄『高齢化社会の労働者』(S58)。佐野陽子『高齢化社会における人的資源管理の新しい課題』(S60-61)。松本正徳『日本的経営と「合理化」』(S60)。吉川栄一『参加の経営と企業革新』(S51)。岸田尚友『経営参加の社会構造』(S53)。**大橋昭一**『経営参加の思想』(S54)。武沢信一『労働の人間化』(S50)。**奥林康司**『労働の人間化・その世界的動向』(S56)。嶺学『労働の人間化と労使関係』(S58)。吉田修『西ドイツ労働の人間化』(S60)。面地豊『労働の人間化と経営社会学』(S60)。**西田耕三**『ワーク・モチベーション研究』(S51)。松井賚夫『モチベーション』(S57)。三隅二不二『リーダーシップ行動の科学』(S53)。小集団活動，QCに関する多くの実務書。

(6) **現代企業の所有と支配**，**企業の社会的責任**……従来から継続の議論に加えて，機関株主化・法人株主化の進展を受けて法人資本主義（奥村宏），所有中心社会から組織中心社会への移行（三戸公），会社主義，「会社自体」論，「日本は資本主義でない」論（西山忠範）などの論点をまじえての新展開。また，企業の利益至上主義への批判と関連して，企業の社会的責任論……**三戸公・正木久司・晴山英夫**『大企業における所有と支配』

(S48)。高田馨『経営者の社会的責任』(S49),同『経営の倫理と責任』(S64)。西山忠範『現代企業の支配構造』(S50)。對木隆英『社会的責任と企業構造』(S54)。土屋守章『企業の社会的責任』(S55)。日本経営学会『現代企業の所有と支配(S59)。森本三男『企業の社会的責任』(S56),同『企業の社会的責任と収益性』(S63),同『企業社会業績測定法としての企業格付け』(S64)。奥村宏ほか『21世紀の日本の株式会社像』(S60)

25.7 バブル経済―バブル景気―期
(昭和62年～平成2年,1987～1990)

1. **時代背景**
(1) 対外輸出ドライブによる**経済大国化**➡**日本たたき**➡内需拡大に向けた**産業構造調整**,(2) プラザ合意(S60)による急激な円高➡日本企業の**海外進出・多国籍化**,余剰資本の**対外直接投資**の増加,(3) 対外輸出ドライブによる資金の日本流入,空前の**資産バブル**到来,平成バブル景気(土地や株の高騰とキャピタルゲイン追求熱,リゾート開発),(4) 労働環境の変化(男女雇用機会均等法の制定(S61),労働者派遣法施行(S61)),(5) リクルート事件など**企業犯罪**➡企業批判,「良き企業市民」の要求➡社会貢献,フィランソロピー,メセナの隆盛(➡企業メセナ協議会,財団設立,経団連1％クラブ)。

2. **経営学の動向**
以上の時代背景のもとで,下記の諸点に関する議論が盛んとなった。
(1) 変化に対応する**企業変革論**,**組織革新論**,**経営戦略論**……加護野忠男『企業革新のモデル』(S62),同『企業のパラダイム変革』(S63)。西田耕三『創造体質への企業変革』(S63)。高宮晋『現代経営学と組織論』(S62)。東矢謙一『社内ベンチャー＆分社化戦略』(S63)。今井賢一・金子郁容『ネットワーク組織論』(S63)。花岡菖『変化の時代の経営戦略と情報ネットワーク』(H1)。山口史朗『現代の経営行動と組織変革』(H1)。西田耕三『トヨタの組織革新を考える』(H2)。日本経営学会『九

〇年代の経営戦略』(H3)。十川広国『企業家精神と経営戦略』(H3)。岡部鉄男『企業競争と経営戦略』(H3)

(2) 国際化に対応する**国際経営論・多国籍企業論・国際財務論**……竹田志郎『多国籍企業の新展開』(H62)。根本孝・諸上茂登『国際経営の進化』(S63)。鈴木典比古『多国籍企業経営論』(S63)。林昇一『国際経営の戦略行動』(H1)。林倬史『多国籍企業と知的所有権』(H1)。中村久人・桑名義晴『最新国際経営論』(H2)。亀井正義『多国籍企業の経営行動』(H3)。大塚順次郎『国際財務戦略』(H3)

(3) 企業批判の中での**企業と社会，社会的責任**に関する議論……杉下正『企業経営の社会的責任』(S63)。桜井克彦『現代の企業と社会』(H3)

(4) 変革期の**人的資源管理**……吉川栄一『これからの日本型人事管理』(S62)。山田雄一『配置と昇進制度』(S62)，同『ハイタッチ人事管理』(H1)。佐久間賢『国際経営と日本型労使関係』(S62)。根本孝『外資系企業の人的資源管理』(S63)。岡本秀昭『国際化と労使関係』(S63)。池内守厚『人的資源と生産技術』(S63)

25.8 「バブル崩壊」と「失われた10年（平成不況）」以後 （平成3年〜，1991〜）

1. 時代背景

(1) 不動産融資総量規制（H2）➡信用収縮，地価下落，**バブル崩壊**，長い景気低迷へ

(2) 銀行・証券会社など大手金融機関の破綻（山一証券，三洋証券，北海道拓殖銀行，日本長期信用銀行，日本債券信用銀行など）➡金融不安，護送船団方式の行き詰まり

(3) 企業倒産，大型企業統廃合の続出

(4) 相次ぐ**企業不祥事・企業犯罪・汚職**，「マフィア資本主義」➡経団連**企業行動憲章**（H3），**企業倫理**問題，**CSR**格付，**PL法**，**社会貢献**，**地球環境**問題，環境マネジメントシステムISO14001，循環型社会形成促進基本法，**SRI**（社会的責任投資）ファンド

(5) 労働市場での規制緩和・撤廃→従業員解雇，労働者派遣対象業種の原則自由化，派遣切り，雇い止めの深刻化，非正規雇用の急増，就職氷河期，人事の国際化
(6) 世界的な経済危機の連続（ポンド危機（H4），メキシコ危機（H6～），アジア通貨危機（H9）），リーマンショック（H20）
(7) 湾岸戦争（H2-3），石油が高騰（H3），イラク戦争（H15～）
(8) 社会主義世界体制の崩壊（ベルリンの壁崩壊（H1），天安門事件（H1），ソ連邦崩壊（H3），経済相互援助会議（コメコン）解散（H3））→世界的規模での資本主義的統一競争市場の成立→累乗化された国際的**大競争**（メガコンペティション），社会主義国の資本主義化

2. 経営学の動向

　以上の時代背景のもとで，下記の諸点に関する議論が盛んとなった。

(1) 新時代・新パラダイム下の企業経営……林昭『現代社会と日本の大企業』(H7)。中央大学総合政策研究科経営グループ『21世紀日本企業の経営革新』(H16)。日本経営学会『日本企業再生の課題』(H17)。赤羽新太郎編著『経営の新潮流』(H19)。日本経営学会『新時代の企業行動』(H19)。今口忠政ほか『日本企業の経営革新』(H20)。片岡信之・海道ノブチカ『現代企業の新地平』(H20)。村田和彦『企業社会と市民生活』(H22)。中條秀治『株式会社新論』(H17)。伊藤秀史・沼上幹ほか『現代の経営理論』(H20)。山下達哉『グローバル社会と日本企業』(H4)。庭本佳和『バーナード経営学の展開　意味と生命を求めて』(H18)。谷口照三『戦後日本の企業社会と経営思想』(H19)。細川孝・桜井徹『転換期の株式会社』(H21)

(2) 大競争時代の経営……和多田作一郎『大競争時代の新・物流システム』(H7)。川端大二『大競争時代の管理者』(H8)。足立孝義『大競争時代の企業変革』(H9)。角谷登志雄『大競争時代の流通・消費と経営』(H9)。角瀬保雄『「大競争時代」と規制緩和』(H10)。川端基夫・宮永昌男『大競争時代の「モノづくり」拠点』(H10)

(3) 企業の連携・統合に関する研究……後藤光男『企業提携の時代』(H4)。林伸二『日本企業のM&A戦略』(H5)。村松司叙『日本のM&A』(H7)。

高橋泰隆『日本自動車企業のグローバル経営』(H9)。岡部光明『日本企業とM&A』(H19)。大阪市立大学証券研究センター『グローバルM&A時代の日本企業』(H19))

(4) 激変時代の**経営戦略**……**鮎沢成男・鈴木幸毅**『経営戦略論』(H12)。**足立辰雄**『現代経営戦略論』(H14)。**寺本義也・岩崎尚人**『経営戦略論』(H16)。**林昇一・高橋宏幸**『現代経営戦略の潮流と課題』(H16)。**佐久間信夫・芦澤成光**『経営戦略論』(H16)。**十川廣國**『経営戦略論』(H18)。**伊丹敬之**ほか『戦略とイノベーション』(H18)

(5) **グローバル化**に対応した議論……**田中拓男**『日本企業のグローバル政策』(H3)。**竹田志郎・島田克美**『国際経営論』(H4)。**安室憲一**『グローバル経営論』(H4)。**石井昌司**『日本企業の海外事業展開』(H4)。**林吉郎**『異文化インターフェイス経営：国際化と日本的経営』(H8)。**洞口治夫**『グローバリズムと日本企業』(H14)。**竹田志郎**『日本企業のグローバル市場開発』(H17)。**鈴木秀一**『企業組織とグローバル化』(H18)。**菅原陽**ほか『グローバル資本主義と企業システムの変容』(H18)。**牧弘允・日置弘一郎**『会社文化のグローバル化』(H19)。**岩田智**『グローバル・イノベーションのマネジメント』(H19)。**村山元英**『国際経営と経営文化』(H19)。**赤羽新太郎・夏目啓二・日高克平**『グローバリゼーションと経営学』(H21)。**椙山泰生**『グローバル戦略の進化』(H21)。**大石芳裕**『日本企業のグローバル・マーケティング』(H21)，同『日本企業の国際化』(H21)

(6) 不祥事続出に対する**企業倫理問題**……**水谷雅一**『経営倫理学の実践と課題』(H7)。**山田経三**『経営倫理と組織・リーダーシップ』(H7)。**西岡健夫**『市場・組織と経営倫理』(H8)。**鈴木辰治**『企業倫理・文化と経営政策』(H8)。**宮坂純一**『ビジネス倫理学の展開』(H11)。**鈴木辰治・角野信夫**『企業倫理の経営学』(H12)。**田代義範**『企業と経営倫理』(H12)。**高巖**『企業倫理のすすめ』(H12)。福留民夫『日本企業の経営倫理』(H12)。**中村瑞穂**『企業倫理と企業統治』(H15)。**水尾順一**『セルフ・ガバナンスの経営倫理』(H15)。安達巧『企業倫理とコーポレートガバナンス』(H15)。**出見世信之**『企業倫理入門』(H16)。**小林俊治・百田義治**

第25章 経営学の歴史（日本）

『社会から信頼される企業』(H16)。万仲脩一『企業倫理学』(H16),同『企業倫理学の構想』(H16)。岡本大輔・梅津光弘『企業評価＋企業倫理』(H18)。高橋浩夫『トップマネジメントの経営倫理』(H21)。田中照純・劉容菁・西村剛『企業倫理を歩む道』(H22)。佐久間信夫・水尾順一『コーポレート・ガバナンスと企業倫理の国際比較』(H22)

(7) 企業の社会的責任（CSR）・SRIの議論の高まり……丹下博文『企業経営の社会性研究』(H13)。谷本寛治『SRI社会的責任投資入門』(H15),同『SRIと新しい企業・金融』(H19),同『CSR経営』(H16)。足達英一郎・金井司『CSR経営とSRI』(H16)。小林俊治・齊藤毅憲『CSR経営革新』(H17)。伊吹英子『CSR経営戦略』(H17)。亀川雅人・高岡美佳『CSRと企業経営』(H19)。労務理論学会『企業の社会的責任と労働』(H20)。足立辰雄・井上千一『CSR経営の理論と実際』(H21)

(8) 地球環境問題と経営……安室憲一『地球環境時代の国際経営』(H11)。鈴木幸毅『環境経営学の確立に向けて』(H11),同『循環型社会の企業経営』(H12),同『環境マネジメントシステムと環境監査』(H15)。三橋規宏『地球環境と企業経営』(H13)。井上甫『地球環境問題と各国・企業の環境対応』(H13)。足立辰雄・所伸之『サステナビリティと経営学』(H21)。高垣行男『環境経営戦略の潮流』(H22)

(9) 企業統治（コーポレート・ガバナンス）論の高まり……平木多賀人『日本の金融市場とコーポレート・ガバナンス』(H5)。寺本義也ほか『日本企業のコーポレート・ガバナンス』(H9)。松村勝弘『日本的経営財務とコーポレート・ガバナンス』(H9)。久保利英明『日本型コーポレート・ガバナンス』(H10)。加護野忠男『日本企業の再生とコーポレート・ガバナンス』(H11)。伊丹敬之『日本型コーポレート・ガバナンス』(H12)。菊池敏夫・平田光弘編著『企業統治の国際比較』(H12)。伊丹敬之ほか『企業とガバナンス』(H17)。高橋俊夫『コーポレート・ガバナンス』(H17)。宮坂純一『ステイクホルダー行動主義と企業社会』(H17)。仲田正機『比較コーポレート・ガバナンス研究』(H17)。平田光弘『経営者自己統治論』(H20)。海道ノブチカ・風間信隆編著『コーポレート・ガバナンスと経営学』(H21)

⑽　変革期・グローバル化のもとでの新たな**人的資源管理**……**奥林康司**『変革期の人的資源管理』(H7)。**白木三秀**『日本企業の国際人的資源管理』(H7)。**西川清之**『人的資源管理入門』(H9)，同『人的資源管理論の基礎』(H22)。**二神恭一**『企業と人材・人的資源管理』(H12)。**服部治・谷内篤博**『人的資源管理要論』(H12)。**島弘**『人的資源管理論』(H12)。**平野文彦**『人的資源管理論』(H12)。**花岡正夫**『人的資源管理論』(H13)。**趙暁霞**『中国における日系企業の人的資源管理についての分析』(H14)。**岩出博**『戦略的人的資源管理論の実相』(H14)，**木下徹弘**『グローバル競争時代の人的資源管理』(H15)。**菊野一雄・八代充史**『雇用・就労変革の人的資源管理』(H15)。平野文彦・**幸田浩文**『人的資源管理』(H15)。**佐護譽**『人的資源管理概論』(H15)。大泉常長『海外人的資源管理の理論と実際』(H16)。**赤岡功・日置弘一郎**『労務管理と人的資源管理の構図』(H17)。**白木三秀**『チャイナ・シフトの人的資源管理』(H17)，同『国際人的資源管理の比較分析』(H18)。キャメル・ヤマモト『グローバル人材マネジメント論』(H18)。**佐藤博樹**ほか『登録型人材派遣企業の経営戦略と人的資源管理』(H19)。片岡洋一『人的資源管理と組織設計』(H20)。**古沢昌之**『グローバル人的資源管理論』(H20)。八代充史『人的資源管理論』(H21)

⑾　**批判的経営学系の衰勢と新たな模索**……「叢書現代経営学」全20巻 (H10-18)，「現代社会を読む経営学」全10巻 (H21-22)

【より進んだ学習のための文献】

A. 並木高爽・齊藤毅憲・中嶋誉富・松本幹雄著『モノづくりを一流にした男たち―日本的経営管理の歩みをたどる』日刊工業新聞社，1993年。
A. 経営学史学会編『経営学史事典』文眞堂，2002年。
A. 山本安次郎著『日本経営学五十年―回顧と展望』東洋経済新報社，1977年。
A. 吉田和夫著『日本の経営学』同文舘出版，1992年。
B. 裴　富吉著『経営学発達史：理論と思想』学文社，1990年。
B. 裴　富吉著『経営学の生成：日本経営学史序説』白桃書房，1994年。
C. 古林喜楽編著『日本経営学史　人と学説』日本評論社，1971年。
C. 古林喜楽編著『日本経営学史　人と学説　第2巻』千倉書房，1977年。
C. 片岡信之著『日本経営学史序説―明治期商業諸学から経営学の胎動へ』文眞堂，1990年。

C. 経営学史学会編『日本の経営学を築いた人びと』文眞堂, 1996年（経営学史学会年報第3輯）。

（片岡信之）

事項索引

数字・欧文

3メガバンク 71
4P 121
4メガバンク 48
6大企業集団 71
ASME 305
BPO 255
BRICs諸国 256
　――の海外進出 256
CAPM 202
CSR 297, 344, 347
CVP分析 225
DCF法 203
EMS 254
H因子 158
ICT 250
　――革命 256
IGファルベン 27
IT 18
JIT生産システム 46, 137, 287, 315
LPC得点 175
M&A 59
　――の増大 200
M&A&D 60
MBA 312
MM理論の資本コスト 203
M因子 158
M機能 173
NPV 203, 204
OBM 257
OD 314
ODM 255
OEM 255
OJT 144, 315
PPM理論 315
PV 203, 204
P機能 173

QC7つ道具 136
QCサークル 162, 314, 315
QWL運動 314
R&D 129
　――とマーケティングのインタフェイス 131
　――マネジメント 130
REFA 26
ROA 201
ROE 201
ROI 201
SBU 100
SL理論 176
S-O-R説 162
S-R説 162
SRI 344, 347
TOB 200
TQC/M 137
　――とJITのシナジー 137
Tグループ訓練 178
U型意思決定 286
WACC 202, 221
X理論 164, 314
Y理論 164, 314
ZDグループ 162

あ

アウトソーシング 20
アセスメント基準 211
アセンブリー・ライン・システム 11
アベイラビリティ 198
アメリカ 22
　――機械技師協会 305
　――式生産方式 10
　――的な「合理性原理」 32
「アメリカ化」の再来 32
安全の欲求 156

い

委員会設置会社 68, 79
生き生き組織 268
異業種交流 57
移行経済諸国 252
意思決定 108, 310
　――の環境 108
　――論的経営経済学 324
意志疎通 178
一般的経営学 62
一般的誘因 111
移動組立て法 307
イネイブラー 167
意味探求 165
　――人モデル 160, 166
依頼人 201
インセンティブ 155
インターネット 17
　――・バンキング 196
インドICT企業 257

う

ウェスタン・エレクトリック社 307
受身的で責任を回避する価値観 266
運転資金 191, 192

え

営業外収支 192
営業的収支 192
エイジェンシー関係 201
営利経済原理 323
エクセレント・カンパニー 265
エンカウンターグループ 178
円滑なコミュニケーション 270

事項索引

エンパワーメント 155
エンプロイアビリティ 145

お

大株主支配論 86
オーガニゼーション・マン 280
オフショア 20
——・アウトソーシング 253, 254, 255, 256, 257
オフショアリング 254, 256, 257
オープン・システム 96
——論 341

か

海外進出 47
海外直接投資 253
海外取引 9
会計と報告技術 12
外国人投資家 199
会社
——革命 84
——機関 65, 79
——自体説的経営者支配論 89
——自体の株主化 82
——人間 147
解釈主義的アプローチ 273
回収期間法 204
改善 207
カイゼン 315
外部金融 81
外部資金 193, 196
外部労働市場 281
改良的な道 21
価格 121
科学的管理運動 40
科学的管理法 14, 333
課業 306
——管理 160, 306
限りある経営資源 218
革新 207
確定資本金制 78
額面株式 196
加重平均資本コスト 202, 221

課題指向的 176
——リーダーシップ 176
課題の構造度 176
価値
——前提の経営 209
——多元社会 100
——に関わる意思決定 117
活性化された企業文化 266
過程指向的 178
過程理論 156
可能性期待 157
過度経済力集中排除法 42
カフェテリアプラン 148, 161
株価 196
——至上主義 300
——至上主義経営 146
株式
——会社 65
——会社革命 88
——会社制度 35
——会社の物的会社性 79
——資本 78, 202
——譲渡制限会社 67
——相互持合い 199
——(増資)・公社債 195
——と社債の相互接近化 80
——の種類 195
——の発行形態 195
——分割 195, 196
——分散的経営者支配論 88, 89
——保有比率 199
——持合い 71
株主 195
——安定化 43
——価値重視の経営 32
——権 78
——行動主義 300
——主権論 316
——総会 79
——の外在化 81
ガラス張りの人事考課 143
借入金 196
借入形態 197
カルチュラル・マーケティング

125
カルテル 21
官営模範工場 34
官業 34
——払下げ 35
環境—戦略—経営資源—組織—管理・実行システム 122
環境適応理論 315
環境マネジメント論 328
関係指向的 175
——リーダー 176
韓国 ICT 企業 257
監査
——委員会 79
——役会 79, 325
——役(会)設置会社 68, 79
感受性 178
勘定科目法 225
感情の論理 308
間接金融 193
——システム 47
——方式 193
カント主義 294
ガント・チャート 306
管理 93, 105
——会計 220
——階層 264
——過程学派 312
——機構 30
——システム 30
——者ピラミッド 87
——職能 311
——責任単位 15
——組織 12, 114
——の科学 305, 306
——論 335
——論のジャングル 312
官僚制組織 12

き

機会主義的側面 94
機械的組織 97
機関株主 82
機関所有説的経営者支配論 89

352　事項索引

機関投資家　200
企業　52
——再生　16
——財務の安全性　192
——財務の健全化　199
——社会契約　298
——者職能　324
——者利得　80
——集団　42, 43
——主体理論　80
——成長率極大化　85
——成長率最大化　85
——組織のソフト面　264
——組織のハード面　264
——体制　327
——統治　90, 316
——統治論　347
——道徳主体論争　293
——独自の事業領域　122
——と社会　317, 344
——内組合　286
——内福祉　280
——内部資金極大化　85
——内労働市場　286
——の意思決定と行動パターン　263
——の個性・体質　263
——の社会的責任　316, 342
——の社会的責任・SRI　347
——の目的　118
——の連携・統合に関する研究　345
——文化　263, 314
——文化の変革　272
——別組合　140, 182
——変革論　343
——民主化　338
——目的が推移　85
——用具説　327
——理念　4
——倫理　316, 344
——論　331
「企業」と「経営」の概念論争　332
危険負担　52, 64

危険分散　59
技術
——革新　45, 57
——・品質・機能重視の市場特性　31
——・品質・生産重視の経営観　30
擬制資本　78, 80
帰属の欲求　156
期待　157
規定品質　207
機能資本　80
機能主義的アプローチ　273
規模の経済　59
基本的欲求　156
基本理念　210
キャピタル・ゲイン　195
キャリア・モチベーション　165
狭義　52
業際化　57
凝集性　162
行商人　9
業績に対する関心　174
競争認識　212
競争優位　316
協調会　333
共通
——した規範　263
——の価値観　270
——目的　93, 106
——目的の明確化　108
協働　107
——意思　106
——意欲　93
——システムと組織　92
——体系　52, 264
共同態としての日本企業　142
共同決定法　325
協同組織金融機関　196
業務
——委員会　28
——改善案　228
——改善計画　220
——活動　220
——システム　211

——的意思決定　229
共有している価値観　263
協労的　176
規律ある文化　3
銀行　196
——業務の特殊性　21
——の再編成　199
——破綻　199
近代会計を開発　12
近代的経営の特性　12
近代的マネジメント　43
金融
——機関の種類　196
——システム　47
——資本支配論　86
——商品取引法　194
——庁の監査　199
——ビッグバン　199
金利　197

く

組別生産　27
クラークソン原則　291
グリッド　175
クリーンテック　57
グリーン・メール　200
グループ・ダイナミクス　162
クローズド・システム　96
クロスボーダーM&A　256
グローバル
——化　19
——・ガバナンス　260
——なICT産業　257
——な利害関係者　250

け

経営　52, 93
——学の研究対象　62
——学の誕生　335
——学批判　338
——学ブーム　338
——家族主義　280
——家族主義の再編成　280
——課題　213
——管理　218

事項索引　　　　　　　　　　353

――管理の一般原則　12
――経済学　335, 336
――構造　219
――作用　52
――資源　200
――資源認識　212
――資源の手段側面　215
――者教育・管理者教育　30
――者効用関数の最大化　85
――者支配　84, 316
――者支配論　88
――者社会　88
――者の思想・信条　266
――情報管理　214
――情報管理の手段側面　214
――情報管理の目的側面　214, 215
――情報の選択と分析　213
――戦略　346
――戦略のあり方　266
――戦略論　315, 341, 343
――存在　52
――体　52
――体の自立化　80
――テクノクラート　36
――の対象　51
――品質　209
――品質向上プログラム　209
――風土　266
――理念の制定　271
計画　219
――室　306
――的意思決定　94
――立案　219
経済人モデル　159, 161
経済のサービス化　48
継続企業　52
啓発された利己心　297
系列　315
――システム　287
――の種類　287
結果　212
権威　115

原価
――会計　12
――センター　229
――態様　225
――分解　225
減価償却　193, 197
研究開発　129
――費　130
現業部門組織　14
権限　115
――受容説　115
――受容論　310
――・責任明確化の原則　93
現在価値指数　223
現在価値指数法　223
現在価値法　204, 203
現実資本　78, 80
現代企業の所有と支配　342
限定合理性　310

こ

コア・コンピタンス　316
ゴーイング・コンサーン　52
合意（全員一致）による集団的意思決定　286
高LPC得点者　175
公開会社　67
後期人間関係論　313
広義の生産　129
工業化時代　206
――の企業経営　207
工業経営論　331
合資会社　65
公式組織　94, 106, 308
――成立の必要十分条件　106
工場管理法　331
工場結合体　24
工場法　332
公職追放措置　42
公正理論　161
構造改革案　221
構造改革計画　219
構想と執行の分離　186
工程管理　133

高低点法　225
公的資本　73
合同会社　67
行動科学的組織論　313
合同製鋼　24
高度成長　46
公募発行　195
合名会社　64
合理化運動　24
功利主義　294
合理性の制約　94
交流分析　178
互換部品制　10
顧客
――価値を創造する経営革新　207, 208
――主導の時代　206
――主導品質　207
――認識　212
――の創造　85
――本位　210
国際
――競争力　253
――経営　255
――経営比較論　341
――経営モデル　256
――経営論　341, 344
――貢献　57
――財務論　344
――的市場　199
――的労働基準　187
――標準産業分類　53
国内市場の狭隘性　21
個人
――人格　159
――的意思決定　94
――投資家　199
国家所有企業　256
固定資産会計　12
個別駆動方式　26
個別資本コスト　221
コーポレート・ガバナンス　48, 90, 301
コミュニケーション・ネットワーク　270

「ゴミ箱」モデル　101
コミュニケーション　93, 106
コミュニタリアニズム　292
雇用ポートフォリオ・モデル
　　143
ゴールデン・パラシュート　200
コングロマリット　15
コンツェルン体制　38
コンティンジェンシー理論　315,
　　341
コントローラー制度　43
コンピテンシー給　152
コンビニエンスストアー　47
コンビネーション　24
コンプライアンス　299

さ

最終貸し手　193
最終借り手　193
最小自乗法　226
最低許容可能利潤　84
財閥　36
　　——解体　42
　　——同族支配力排除法　42
再販価格　45
細部目的　108
差異分析　230
財務会計　12
財務活動　192
債務不履行　193, 196
財務報告　12
作業　93
差別（異率）出来高給制　160
差別出来高給　306
参加型リーダーシップ　268
参加システム　164
産業
　　——育成政策　44
　　——概念　53
　　——革命　10
　　——官僚制　81
　　——合理化審議会　335
　　——心理学　332
　　——電化　25
　　——民主主義思想　185

——モラール　155
——構造　53
ザンクト・ガレン学派　324
三位一体的商業学観　331

し

仕掛り数と生産期間　135
時間研究　306
時間・動作研究　160, 306
次期目標利益　219
事業　51
　　——概念　53
　　——機会　57
　　——共同体　28
　　——兼営持株会社形態　71
　　——構造　54
　　——構造の再構築　59
　　——戦略　57
　　——の仕組み　120
　　——部　28
　　——部制　265
　　——部制組織　98
　　——分類　54
　　——別（業種別）経営学　62
　　——ポートフォリオ　61
資金供給者　194
資金需要者　194
私経済学　319, 331
自己
　　——株式の有償取得　200
　　——金融　193
　　——実現人モデル　157, 160
　　——実現欲求　156
　　——資本　80, 192
　　——資本比率　192
「仕事中心的」なリーダーシップ
　　172
資産再評価　45
資産の証券化　200, 201
支持関係の原理　172
事実前提による経営　209
事実に基づく経営　213
市場型間接金融　194
市場細分化　120
市場適応策　30

システムとは　94
システム４　172
システム論的経営経済学　324
持続可能型社会　100
執行的意思決定　94
実践工場管理　335
実体システム　214, 215
　　——に必要な情報　215
私的で非公式　9
シナジー効果　167, 315
支払利息　196
資本
　　——運動の二重化　78
　　——概念の多様化　80
　　——確定の原則　77
　　——計算単位　52
　　——結合単位　52
　　——減少制限の原則　77
　　——構成　202
　　——資産評価モデル　202
　　——充実維持の原則　77
　　——主体理論　80
　　——剰余金　80
　　——剰余金からの配当　200
　　——の証券化　78
　　——の動化　78
「資本」概念の変化・多様化
　　80
指名委員会　79
社員重視　210
社会
　　——貢献　344
　　——人モデル　160, 162
　　——的市場経済原理　323
　　——的責任　344
　　——的責任投資　301
　　——との調和　210
　　——の公器　249
社会—技術システム　96
社債
　　——格付け　196
　　——権者　195
　　——の種類　196
ジャスト・イン・タイム　46, 137,
　　287, 315

事項索引　　355

社是・社訓　266
社長会　71
社内広報　270
社風　263
自由金利　197
「従業員中心的」なリーダーシップ　172
就業規則　189
集権的職能部制　14
集合駆動方式　26
終身雇用　140, 280
　――の効用　282
　――のもとでの雇用調整方法　282
　――の問題点　282
集団
　――威信　165
　――参画型経営管理　172
　――主義経営　280
　――投資スキーム　194
集中的・直接的管理体制　26
自由な市場　199
受益証券　194
受託製造　257
手段性期待　157
出資者と経営者の分離　80
出資の形態　64
主導産業　54
需要構造の変化　56
種類株式　195
循環経済・廃棄物法　328
準公的会社　88
純粋持株会社形態　70
上位権限説　115
上位権限の仮構　116
商科大学　318
商業
　――学　330, 331
　――学の経営学化　331
　――経営学　319, 330
　――通論　331
状況論的アプローチ　169
消極的誘因　111
証券化による流動化　201
証券市場　194

商権擁護問題　337
商事経営学　331
商事要項　331
使用者団体　182
小集団活動　162
譲渡自由な等額株式制　78
商人学　330
消費生活協同組合　74
商品・サービス貿易　250
情報
　――化時代　206
　――化時代の企業経営　207
　――技術　18
　――交換機能　43
　――システムのマネジメント　214
　――処理システム　311
　――通信革命　250
　――の選択・収集　213
　――の非対称性　201
　――の分析・加工　214
　――マネジメント　213
正味現在価値　204, 223
　――法　203, 204, 223
剰余金の株主還元政策　200
殖産興業　34
職人と製造業者　9
職能給　151
職能別組織　12
職務
　――拡大　314
　――給　149
　――再設計　314
　――システム　160
　――充実　159, 314
　――特性論　164
　――内容　158
　――モチベーション　160
ショッピングモール　47
所得格差　259
所有と経営の分離　338
自律原理　323
新会社法　67, 200
新株の発行　195
新株予約権付社債　196

新株予約権の権利行使　196
新規事業への進出　200
人権問題　259
新興財閥　40
人事管理論　307
新自由主義　290
新制度派経済学　325
新製品の成功要因　131
　――プロジェクト　132
人的資源管理　139, 344, 348
　――論　314

す

垂直的コミュニケーション　270
垂直的統合　13
スイフト社　13
水平的コミュニケーション　270
水平的統合　12
スウェットショップ　187
スキャッター・グラフ法　226
スケール・メリット　46
スタッフ　11
スタンダード石油　13
ステイクホルダー　249, 260, 291, 316, 327
　――エンゲイジメント　291
　――型企業統治論　91
　――企業　290
　――行動主義　300
　――資本主義　186
　――・セオリー　292
　――ダイアログ　291
　――としての従業員の二面性　153
ストックホルダー
　――型企業統治　90
　――型企業統治論　90
　――企業　290
スーパーチェーン　47
住友　36

せ

成果主義報酬システム　161

事項索引

生活賃金運動　188
星座状連関を形成した支配　88
生産
　——管理の諸活動　132
　——システム　30
　——性向上運動　16, 44
　——性の高い集団の監督者の
　　　特徴　171
　——性の低い集団の監督者の
　　　特徴　171
　——の合理化　22
　——の定義　129
成熟度　177
精神革命論　307
製造準備　130
製品　121
製品または地域毎に部門化　15
政府系金融機関　196, 197
制約された合理性　310
生理的欲求　156
責任会計　231
責任センター　229
積極的な企業家精神　16
積極的な人事政策　273
積極的誘因　111
説得の方法　112
設備資金　191, 192
ゼネラル・スタッフ　29
ゼネラル・マーチャント　8
セル生産方式　138
センシティビティー訓練　178
戦術会計　220
戦術計画　220
専制型のリーダーシップ　170
全体的な統合機能　268
専門
　——化企業の形成　9
　——化の原則　93
　——化（分業）の利益　114
　——経営者　12, 37, 82
　——経営者と経営目的　84
　——経営者の本質　82
専用機械　25
戦略　213
　——会計　220
　——会計の手続　220
　——計画　219
　——的意思決定　222
　——的事業単位　100
　——ドメイン　122

そ

総売上高を最大　84
創業者利得　80
総合本社　14
相互持合い　82, 87
創造性と革新性　269
創造的適応　119
ソシオ・テクニカル・システム
　163
ソシオメトリー　162
組織
　——影響力　311
　——開発　314
　——学　338
　——学習　286
　——学習論　101
　——革新　27
　——革新論　343
　——化・制度化された主体
　　　79
　——形態　264
　——原則　311
　——構造　109
　——行動論　314
　——人　79
　——人格　159
　——進化プロセス論　101
　——図　264
　——的意思決定　94
　——能率　310
　——能力　242, 246
　——の経済学　325
　——の3要素　159
　——の成熟度　208
　——プロフィール　212
　——文化　243
　——文化論　101
　——への貢献　111
　——有効性　310

た

第1次産業　53
第2次産業　53
第3次産業　53
第5の経営資源　269
対外直接投資額　253
第三者割当発行　195
対人システム　160
対人モチベーション　159
対内直接投資額　253
ダイナミック・ケイパビリティ
　245, 246, 247
ダイバーシティ・マネジメント
　143
代表取締役　79
代理人　201
台湾ICT企業　257
多角化　38
　——戦略　14
多角経営　36
卓越した経営　209
多国籍企業　15, 250
　——論　341, 344
脱海外工場の国際経営モデル
　255
脱国内開発，脱バックオフィス
　の国際経営モデル　255
脱国内製造　255
脱国内製造の国際経営モデル
　254
脱コングロマリット化　16
他人資本　80, 192
多品種少量生産　46
単位組織　114
短期借入金　196
短期計画　220
団体交渉　183
単独決定原理　323

ち

チェーンストアー 41
地球環境 344
 ——問題 260
 ——問題と経営 347
知識創造社会 100
チームワーク 162
中間管理者層 12
中間組織 287
忠誠度・達成度の競争 280
中長期計画 219
中長期目標利益 219
中長期予想利益 221
長期決済型賃金 149
長期相対取引 46
長期的継続的取引 287
直接金融 193
 ——方式 193
賃銀論 332
沈滞した保守的な企業文化 266

つ

通産省 44
通商産業政策 44
通信網の改革 10

て

低LPC得点者 176
ディーセント・ワーク 190
テイラー協会日本支部 333
テイラー・システム 39, 332
 ——の修正 26
適正利潤 84
敵対的買収 200
テクノクラート支配説的経営者支配論 88
テクノクラート支配論 89
テクノストラクチュア 85, 89
デザイン・イン 287
撤退戦略 245
デフォルト 193, 196
デュポン社 15

と

ドイツ 22
 ——経済性本部 321
 ——の私経済学・経営経済学 335
 ——労働時間研究委員会 26
東京商科大学 333
統合社会契約論 292
統合的マネジメント論 324
動作意識 136
投資センター 230
投資の対象 51
統制 219
統制会計 220
 ——の手続 229
統制範囲の原則 93
道徳的意思決定 117
道徳的主体としての現代企業 293
道徳的側面 94
透明で公正な市場 199
独自能力 210
独自目的 84
特殊会社 73
特殊的誘因 111
特殊法人 73
特性論的アプローチ 169
特定目的会社 194
独立行政法人化 74
トップ層の沈滞 273
ドミネイト・アプローチ 158
ドメイン 61
トヨタ生産方式 46
取締役会 79, 325
取引系列 69
取引コスト 43

な

内部
 ——金融 81
 ——資金 193
 ——収益率 204
 ——統制方式 43
 ——留保 193

 ——労働市場 281
流れ生産 27

に

日産 40
日窒 40
日本
 ——株式会社 44
 ——経営学会創立 335
 ——経営学会 333
 ——的経営 315, 341
 ——的経営組織・管理 285
 ——的経営の形成史 276
 ——的経営の内容 275
 ——的経営の問題点 287
 ——的雇用慣行 142
 ——的集団主義 43, 280
 ——的労使関係 40
 ——のトップマネジメントの特徴 285
 ——標準産業分類 53
任意雇用原則 189
人間
 ——関係論 308
 ——に対する関心 174
 ——の組織 308
 ——らしく働くこと 261
認識環境 237

ね

ネオ・コーポラティズム 186
ネットワーク組織論 100
根まわし 286
年金基金社会主義 87
年功
 ——昇進 284
 ——制 280
 ——制修正の動き 284
 ——制人事管理下の特徴 284
 ——制の存在理由 284
 ——制の文化的背景 284
 ——制の問題点 284
 ——賃金 140, 188, 284
年俸制 152

の

農業革命　10
能率　93
　──の論理　308
能力主義管理　140
農林系金融機関　196

は

配給組織　337
配当規制　200
ハイブリッド化　30
発行市場　195
発展途上国　252
パートナー企業　257
範囲の経済　59
販売共同体　28
販売高成長率極大　85
反復の意思決定　109
汎用機械　25

ひ

非営利協同組織　74
非公式組織　94, 308
ビジネス・チャンス　57
ピーターズ＝ウォーターマン　265
必要収益率　202
ヒトという経営資源　139
批判的経営学　338
ヒューマン・リレーションズ　162
非預金金融機関　197
品質重視・機能重視の生産体制　31
品種別生産　27

ふ

ファウンドリ　257
ファミリーフレンドリー企業　148
ファンド　194
フェア・グローバリゼーション　260, 261
フォーディズム　186

フォード・システム　26, 307
フォロワー　168
負債　196
　──資本コスト　202
　──比率　192
　──利子率　202
普通社債　196
物的会社化　77
プラザ合意　47
ブランド・モチベーション　166
不良債権処理　199
フリンジ・ベネフィット　161
フレックスタイム制　146
プログラム化された意思決定　94
プログラム化されていない意思決定　95
プロジェクト・チーム　99
プロセス型経営戦略　286
プロダクト・ポートフォリオ・マネジメント　242
プロモーション　121
文化から戦略へ　272
分権化　265
分権的事業部制　15
分社化　265
分社化された事業単位　267

へ

米欧日多国籍企業　252
平均会計収益法　204
閉鎖的排他的傾向　287
閉鎖的労働市場　281
ヘイシステム　161
ペティ＝クラークの法則　56
ベルト・コンベアー・システム　11
変革認識　213

ほ

報酬委員会　79
報酬システム　160
報酬モチベーション　159
法人

──株主　82
──企業の資金余剰　199
──所有を基礎にした経営者支配　87
──性　78
包装廃棄物規制令　328
法定外福利厚生　283
法的福利厚生　283
放任型のリーダーシップ　170
ポジショニング　121
　──理論　316
ポジティブアクション　144
ボストン商人　11
ホーソン
　──研究　162
　──効果　308
　──実験　307
ボトムアップ　286
ホワイトカラー・エグゼンプション　146
本源的証券　193

ま

マーケティング
　──・オリエンティッド・ファーム　41
　──戦略　120
　──とイノベーション　118
　──・ミックス　46
マトリックス組織　99
マネジリアル・マーケティング　46
マネジリアル・グリッド理論　173
マルチバリエイト・アプローチ　158
満足基準　84
満足的意思決定　310

み

未成熟─成熟理論　163
三井　36
三菱　36
ミドル・アップ・ダウン　286
みなし労働時間制　147

事項索引　　　　　　　　　　　　　　　　　　　　359

民間金融機関　196
民主型のリーダーシップ　170
民主的リーダーシップ　268

む

無額面株式　196
無機能資本　80
無限責任出資者　65
無条件報酬　161
無担保社債　196

め

メインバンク　47, 199
　　──制　70
メカニカルな管理法　307

も

目的─手段の連鎖　109
目標管理　164
目標利益　219
　　──達成点　227
モジュール化　20
持分会社　68
モチベーション　111, 155
モデルT　307
モラール　155
モンタン共同決定法　325

ゆ

誘意性　157
誘因　111
　　──の主観的側面　112
有機的組織　97
有限会社　65
有限責任事業組合　69
有限責任出資者　65
有限責任制　77
有効性　93
有効的買収　200
輸送革命　9

よ

洋風消費財産業　41
預金金融機関　196
予算　229

剰余金の配当　200
弱い資本蓄積　21
四大財閥　39

ら

ライバル企業　257
ライン　11
　　──・スタッフ制　12
　　──とスタッフの分離　306

り

利益　192
　　──図表　227
　　──責任単位　15
　　──責任単位制　29
　　──センター　230
　　──の配当　200
　　──剰余金　80
利害
　　──関係　117
　　──関係者　249, 316
　　──調整　84
　　──の不一致　201
リコール　129
利潤極大　85
利子率　203
リストラ　59
リストラクチャリング　59, 254, 265
リーダー　168
　　──スタイル　176
　　──・成員関係　176
　　──のセンシティビティーを高める　178
　　──の地位の勢力　176
リーダーシップ　117
　　──条件適応理論　169
　　──・スタイル研究　169
　　──の有効性の限界　114
リーディング・インダストリー　54
理念システム　160
理念モチベーション　160
流通　121
　　──革新　46

　　──系列化　46
　　──市場　195
　　──面の取分　22
流動数曲線　135
流動性　196
流動的組織　341
留保利益　197
稟議　286
リーン組織化　16
倫理綱領　299
倫理的利己主義　290

れ

例外の原則　93
劣後債　196
レファ・システム　26
連鎖店制度　41

ろ

労使関係　140, 180
労使協議制　185
労働
　　──委員会　184
　　──協約　183
　　──組合　181
　　──契約法　189
　　──CSR　187
　　──時間短縮と労働効率向上　332
　　──争議　184
　　──保護論　331
　　──問題　259
労務担当取締役　326
ロールズ　292
ロンバート型貸出制度　197

わ

ワークライフバランス　144, 147
ワークルール　301
割引キャッシュフロー法　203
割引率　203

人名索引

あ
アージリス　163
アダムス　161
荒木東一郎　333
淡路円治郎　337
アンソフ　315

い
池内信行　335, 336
池田英次郎　336
池田藤四郎　333
井関十二郎　333, 334
市原季一　339

う
ウイリアムソン　85
上田貞次郎　331, 334, 336
上野陽一　333, 335
ウェルチ　16
ウォズニアク　18
内池廉吉　331, 331
宇野利右衛門　334
占部都美　338, 339, 341, 342
ウルリッヒ　324

え
エジソン　16

お
大木秀男　336

か
カッツ　172
金井　延　331
ガルブレイス　85, 88
神田孝一　333, 334, 335

き
北川宗蔵　338
キャロル　299
桐原葆見　337
キルヒゲオルク　328
ギルブレス　160

く
グーテンベルク　323
国松豊　333, 335

こ
コトラー＝ケラー　118
古林喜楽　337, 338, 339, 340

さ
サイアート＝マーチ　85
サイモン　84, 165, 310, 324
坂西由蔵　331
坂本陶一　331
桜井信行　339
佐々木吉郎　335, 336

し
シェアー　319
シュタインマン　326
シュマーレンバッハ　320, 322
シュミット　321, 326
シュミーレビッチ　326
ジョブズ　18

す
スコット　88

た
高田　馨　339, 343
高宮　晋　338, 341, 343
田杉　競　339

つ
土屋長吉　331, 334

て
テイラー　13, 22, 160, 305, 306, 311
ディーン　84

と
ドナルドソン＝ダンフィ　292
ドラッカー　85, 87, 118
トンプソン　314

な
中西寅雄　336

に
ニックリッシュ　320

の
野田信夫　339

は
ハイネン　324
ハーズバーグ　156, 158
ハックマン　164
パッチェン　166
バーナード　159, 309, 310
バーナム　88
馬場克三　340, 338
馬場敬治　334, 338
ハーブレヒト　89
バーリ　87
バーリ＝ミーンズ　84, 316

ひ
ピコー　325
ピーターズ＝ウォータマン

人名索引

265
平井泰太郎　335, 336

ふ
ファヨール　311, 312
フォレット　309
フライシュマン　172
ブライヒャー　324
フランクル　165
フリードマン　290
フリーマン　290
古川栄一　338, 339, 341
ブルーム　156
ブレーク　173

へ
ヘンフィル　172

ほ
ホイットニー　10
ポーター　316
ボーモル　84
ホワイト　170

ま
マグレガー　164, 313
マコーミック　10
増地庸治郎　333, 335, 336, 337
マズロー　156
松井辰之助　336
マリス　84

み
三浦新七　330
ミンツバーグ　316

む
ムートン　173
村本福松　333, 334, 336, 337

め
メイヨー　162, 308
メッフェルト　328

も
藻利重隆　338, 339

森　五郎　338

や
山城　章　336, 337, 339, 341
山本安次郎　337, 339

り
リーガー　322
リカート　169, 171, 172
リピット　170

れ
レヴィン　162, 169, 170
レスリスバーガー　163, 308

ろ
ロックフェラー　13
ローラー＝ポーター　156, 157
ロールズ　292
ローレンス＝ローシュ　315

わ
渡辺鉄蔵　333

執筆者紹介 （執筆順）

《敬称略》

第1章　小林啓志　（大東文化大学）
第2章　山崎敏夫　（立命館大学）
第3章　藤田誠久　（龍谷大学）
第4章　片岡信之　（桃山学院大学）
第5章　小田福男　（小樽商科大学）
第6章　片岡信之　前出
第7章　三井　泉　（日本大学）
第8章　藤井一弘　（青森公立大学）
第9章　鈴木幾多郎　（桃山学院大学）
第10章　由井　浩　（龍谷大学）
第11章　宮坂純一　（奈良産業大学）
第12章　村杉　健　（大阪工業大学）
第13章　三島倫八　（龍谷大学）
第14章　宮坂純一　前出
第15章　本田英夫　（龍谷大学）
第16章　大西　謙　（龍谷大学）
第17章　政岡光宏　（龍谷大学）
第18章　庭本佳和　（甲南大学）
第19章　夏目啓二　（龍谷大学）
第20章　田中照純　（立命館大学）
第21章　片岡信之　前出
第22章　宮坂純一　前出
第23章　角野信夫　（神戸学院大学）
第24章　海道ノブチカ　（関西学院大学）
第25章　片岡信之　前出

（2011年3月30日現在）

編著者略歴

片岡信之
(かたおかしんし)

1939 年　岡山県に生まれる
　　　　京都大学大学院経済学研究科博士課程修了　京都大学博士（経済学）
現　在　桃山学院大学経営学部教授／龍谷大学名誉教授
主　著　『日本経営学史序説』文眞堂，1990 年
　　　　『現代企業の所有と支配』白桃書房，1992 年
　　　　『アジア日系企業における異文化コミュニケーション』文眞堂，1997 年（共編著）
　　　　『はじめて学ぶ人のための経営学』文眞堂，2000 年（共著）
　　　　『ベーシック経営学辞典』中央経済社，2004 年（共編著）
　　　　『はじめて学ぶ人のための経営学入門』文眞堂，2008 年（共著）
　　　　『現代企業の新地平』千倉書房，2008 年（共編著）
　　　　『アドバンスト経営学』中央経済社，2010 年（共編著）

新版　要説経営学

2011 年 3 月 30 日　第 1 版第 1 刷発行　　　検印省略

編 著 者　　片　岡　信　之
発 行 者　　前　野　　　弘

東京都新宿区早稲田鶴巻町 533
発 行 所　株式会社　文眞堂
電　話　03（3202）8480（代表）
郵便番号〔162-0041〕　振替 00120-2-96437

組版：㈱シナノ／印刷：シナノ書籍印刷㈱／製本：㈲イマヰ製本所
©2011
定価はカバー裏に表示してあります
ISBN978-4-8309-4694-3 C3034